モダンランドスケープ
Modern Landscape Architecture
アーキテクチュア
・

Marc Treib
マーク・トライブ 編著
Toru Mitani
三谷 徹 訳著

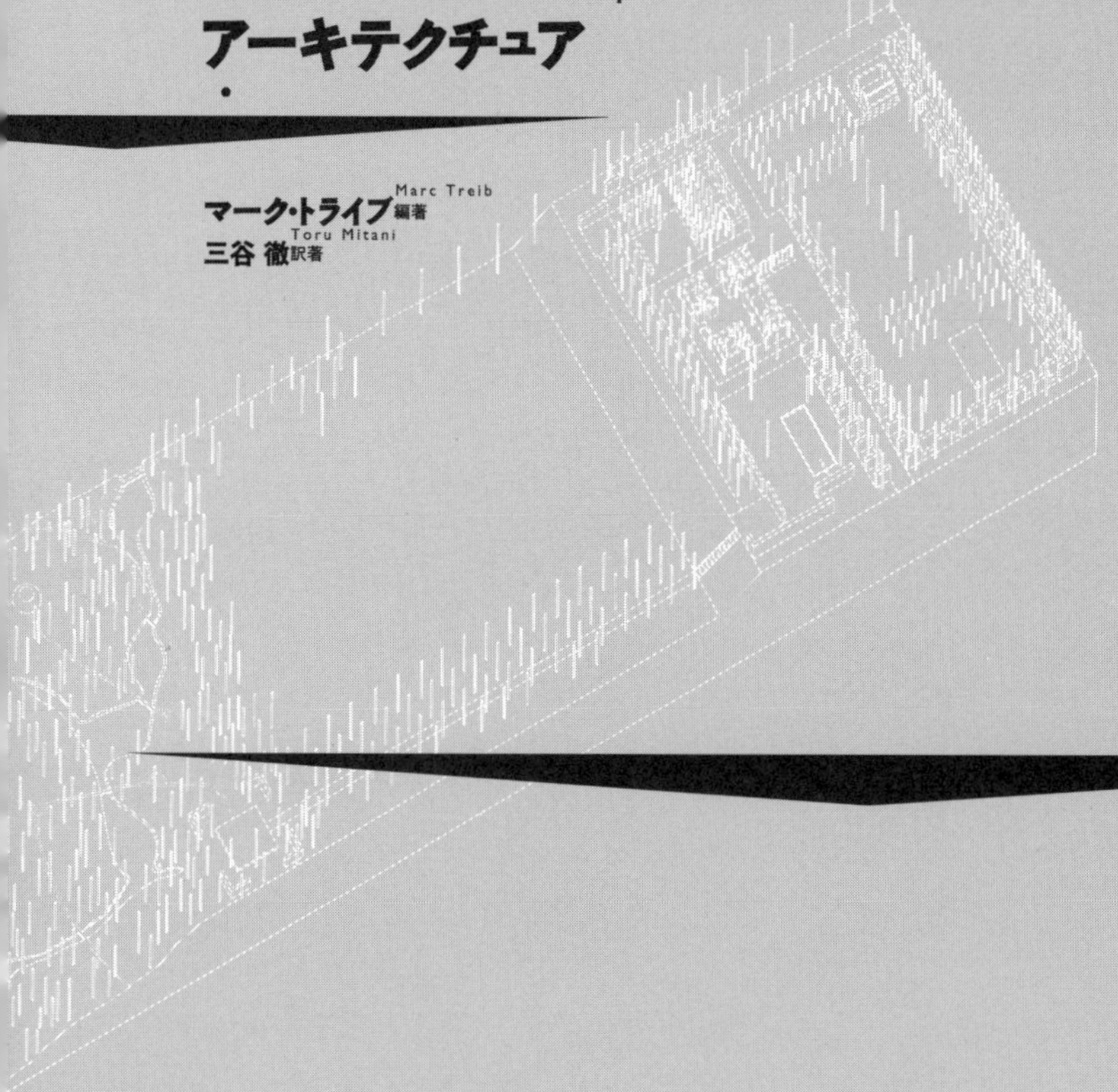

MODERN LANDSCAPE ARCHITECTURE : A CRITICAL REVIEW edited by Marc Treib

Published 2007 in Japan by Kajima Institute Publishing Co., Ltd.

This translation published by arrangement with The MIT Press through The English Agency (Japan) Ltd.

モダンランドスケープアーキテクチュア

目次

本書には二つの時代が織り込まれている。二〇世紀末に著された複数の論考と、二〇世紀前半に著された小論である。前者は今日のモダニズム研究者によるものであり、後者は、後に巨匠となる若きランドスケープアーキテクトたちが離散的に雑誌に発表していた記事の「再録」である。これら古い記事が著書の形でまとめられたのはこれが初めてである。現代からの視点と半世紀以上前の議論が互いに呼応する構成、こうした立脚点からランドスケープのモダニズムを改めて眺め渡そうという目論見は、編者マーク・トライブの卓越した着想であり、本書の大きな特色となっている。また本書は、モダニズムの主要作品に数多くの写真と図版によって触れることができるという醍醐味をもつ。世に建築モダニズムの本があまた溢れるのに比べ、ランドスケープのモダニズムについての著書はまことに寡少である。その意味でも本書は包括的教書として頁を繰る価値をもつ。各作家、作品についての論考はそれぞれ独立した論文であり、そのどれもが近代ランドスケープへの魅力的な入口となるであろう。そして半世紀前の巨匠たちの小論に触れてみるとき、改めて気づかされるのは、近代ランドスケープの熟成にはこの半世紀という時間が不可欠であったことである。今我々のいるこの時代こそ、その過程を振り返るときなのである。——三谷 徹

はじめに

I

近代ランドスケープアーキテクチュア、いまだ語り尽くされたとはいえないこの物語を始めるために、一九八九年の一〇月、カリフォルニア州立大学バークレー校にて、シンポジウム〈近代建築『再』評価〉が開かれた。シンポジウムの目的は、ランドスケープアーキテクチュアにおける近代主義の教義を査定し、その成果と限界を再評価することである。加えて近代ランドスケープの専門家たちに、進むべき道を示す理念を形づくろうというものでもあった。幸運にも、アメリカの近代ランドスケープアーキテクチュアの創設者ともいうべき四人のうち三人が顔を揃えることとなった。ガレット・エクボ、ダン・カイリー、ジェームズ・ローズである（ジェームズ・ローズは一九九一年の秋にはこの世を去った）。シンポジウムは、ここ半世紀近く開かれなかった創設者たちの同窓会の様相を呈し、歴史に残る催しとなった。

既に第三世代として活躍する近代ランドスケープの継承者たちは、創設者たちの仕事から、ある理念を受け入れ、ある理念を否定する。そして究極的には自分たちの新しい理念を組み込む。そうしたランドスケープアーキテクトの代表格はピーター・ウォーカー、ワレン・バード、マーサ・シュワルツ、アレクサンダー・シェメトフといった面々である。

矛盾しているように聞こえるかもしれないが、デザイナーは自分たちの行っていることに関して、いつも一定した見解をもっているわけではない。ご存知のように、一つのプロジェクトに関する議論は、プロジェクト進行中よりずっと後日に洗練されてくるものであり、その設計プロセスもそれが実際つくられたときよりも、より理論的に、有効に、そして鮮明に描き出されるものである。デザイナーのみの内輪的議論を調整し、また考察を深めるために、ランドスケープ史、人文地理、美術といった専門分野を代表する人々にも参加してもらった。パース・ルイス、キャサリン・ホーネット、ジョン・ディクソン・ハント、ロバート・アーウィンである。彼らの視線は、ランドスケープデザイナーが仕事をする文化と歴史の織物を精査し、他領域で展開したモダニズムに匹敵するモダニズムを見つけだした。

シンポジウムの会期を通じて、いくつかの人物および理念の枠がこのシンポジウムに欠けていることが意識されるようになった。それはクリストファー・タナードやトーマス・チャーチ、一九二〇年代のフランスの近代庭園のつくり手たちの試みである。このギャップを埋めるために、グレッグ・ブレム、ドロシー・インバート、ランス・ネッカー、ルーベン・レイニーに論文を依頼することになった。また、三〇年代から四〇年代を通してモダニストの先駆者でもあった、ジェームズ・ローズ、フレッチャー・スティール、クリストファー・タナードによってランドスケープの核となる一連の小論が発行されているが、それらも多くは今日簡単には手に入れることができない。そこでそうした小論のいくつかも再録することとなった。

建築の理念は芸術の理念に遅れること一五年、そしてランドスケープアーキテクチュアはさらに一五年とこれまでいわれてきた。この時間的差異が生じる一つの原因は、単純に生物的限界によるものである。すなわち、植物は育つのに時間がかかるのである。しかし、それで一〇〇パーセント説明されたともいえない。ランドスケープは、技術的かつデザイン的要因からも決まるが、同じく文化的な価値観によっても左右されるのである。建物とは異なり、とてつもなく醜い木や草花などあるかといえば、そんなものはない。ということは、例えば、四本の樹木が植えられるとなれば、それがどんな樹種であろうと、また、どんな配置であろうと、それはほとんどの人にとって環境に有益な所作として映るだろう。木を植えれば快適というこの第一段階があまりにも大きな価値をもつため、高度な段階において何がなされているかという問題は、なかなか表に現れないのである。しかし、単に緑を植えることとランドスケープアーキテクチュアを区別するものは、この第二の価値なのであり、新しい理念が展開されるのもまさにこのレベルでしかない。

ランドスケープアーキテクチュアの中に新しい理念が芽生えることを阻止している第二の要因は、自然的な伝統、すなわちピクチュアレスクの伝統への根深い偏愛である。都市の膨張につれ自然は縮小する。都市の規律から、あるいは混沌から逃れる別世界として、自然風な形にデザインすることがますます魅力的に見えてくる。その結果、近年の地表に繰り広げられる形態的ランドスケープを自然的に見えないという理由で批判する向きもある。しかし、こうした形態性に対する類別的蔑視をしていると、深遠な詩学とデザインによって人を感動させる世界をつくり上げたランドスケープという芸術の力を見過ごしてしまうことになる。ランドスケープアーキテクチュアの芸術性は、自然的な言語によっても形式的な言語によっても、表現されうるはずである。近代主義者が既に議論したごとく、整形式であるか非整形式であるかは問題ではない。

我々の世紀においては、生命力に満ちた（いいかえてよければ、美しい）ランドスケープアーキテクチュアを創り出す唯一の解答、唯一の様式、唯一のアプローチといったものは存在しない。シンポジウムをまとめ、この本を編纂するにあたっての私自身の望みは単純なものであった。建築同様、ランドスケープデザインも、一芸術であるという信念である。このことは、社会性に無責任であったり、土地や気候、生態系を無視することを意味するものではない。しかしながら、建築領域と同じく、次のことがいよいよ自明の理となるのである。もし、芸術性—すなわち与えられたプログラムの社会的関心事と、分析的発見を意図的に表現する所作—を設計者がもちえない場合には、そこに市民参加があろうとなかろうと、児童公園ないしは公園がいかに善意でつくられようと、社会的価値をもたないということである。そして形態的魅力からもほど遠くなるのである。物事の一面に指標を与え、それに考案を加えることはできる。しかし、もう一面からのアプローチがなければ、形態は与えられないのである。

もちろん、複数の小論を一冊の本に編纂しただけで、近代ランドスケープアーキテクチュア自体が求めた包括的研究の再現となるわけでもなく、その問いかけすべてに答えるものともならない。しかし、ランドスケープデザインのモダニズムの登場によって、どのような特定の事柄が生じたかを確認することはできる。考察と批評の穴は残されたままになるであろうが、二〇世紀のランドスケープアーキテクチュアの物語を紡ぎ出す一つの方法として、パズルの部品を収集することはたぶんできるであろうし、最近の事例から学ぶ新しい力も生まれるであろう。

建築や絵画と異なり、近代ランドスケープデザインは、過去を消し去ることはしなかった。いつの時代もランドスケープデザインは、その素材も概念構造枠も一つ前の時代のものを保持する。たとえば、デザインが始まる敷地がそもそも同じものである。二〇世紀に入っても、庭園も公園も伝統的な形で存続し、世界を新しくしようとするランドスケープデザイナーはほとんど現れなかった。

しかしながら、目を見はるべき例外もある。フランスで近代美術、特にキュビズムの形を庭園に応用しようとした一群の作品である。ガブリエル・グーヴレキアンの奔放な作品がその始まりであり、一九二五年のアールデコ博覧会を中心に、単独作品、共同作品に限らず小さいながらも精力的な一連のプロジェクトが発表された。ところが一九三七年には、審美的基準というより、社会的要請、余暇と運動の供給が説かれ、これらの実験にも終止符が打たれてしまう。ル・コルビュジエなどの近代主義建築家は、ランドスケープと植物素材を、一般的緑地、すなわち、建物の間に植栽帯を提供するもの、あるいは目に映える景観を与えるものとしか見なさなくなってしまうのである。

アメリカでは、一九世紀復古趣味の古典様式が上流階級で流行し、大きな邸宅が公然とつくられた。しかし、ガレット・エクボ、ダン・カイリー、ジェームズ・ローズの三人のランドスケープアーキテクトは、三〇年代を通じて近代建築の理念を自分たちの作品に組み込み、自分たちの時代によりふさわしいランドスケープの設計を意識的に試みていた。ガレット・エクボは、カリフォルニアのみならずあらゆる場所におびただしい数の庭を実現した。それらの庭園では、内部空間と外部空間の結合や新しい素材が試みられ、アメリカ型住宅形式である宅地開発に応用されていった。時を同じくして、エクボは次々と設計事務所を立ち上げ、小さな敷地の計画から地域全体を扱うより大型のプロジェクトものへと拡大していった。

ジェームズ・ローズは、敷地の特徴に基づく設計にこだわり、東洋思想を反映するプロセスの感性を大事にした。ほとんどの作品を通じて、自分でその詳細まで目を配ることのできる限定されたスケールのプロジェクトにこだわった。彼の闘病とその死によって、残念ながら最近の彼の作品に関しては描き出すことができなかった。逆にダン・カイリーは、小さな個人庭園から巨大な空港施設までさまざまなスケールにわたる数多くのプロジェクトを手掛け、近代の形態を古典の感性と融合する作風を発展させた。彼のデザインはアンドレ・ル・ノートルに見られた明晰さへの共感を表しており、今日のランドスケープアーキテクチュアにはめずらしく、洗練されたディテール施工を実現させている。モダニズムの先駆者として四人目をあげるなら、若干年長のトーマス・チャーチであろう。チャーチは、カリフォルニアの生活様式を庭園に取り込み、古典的秩序を近代的な形態と組み合わせた。この四人のランドスケープアーキテクトの作品が、アメリカの近代ランドスケープデザインの典型を示し、また作品を論ずる際の基準を与えたのである。

一九六〇年代は、ランドスケープアーキテクチュアにおける形態的関心が大きく後退した時代であった。混迷する社会情勢と生態学への急激な意識の高まりの中で、末期的な美学否定が生じ、ランドスケープデザインにおける形態に対する議論が全く影を潜めてしまう。その一方、オルムステッドのピクチャレスクな美学が、自然風を装うランドスケープとして影響力をもちつづけたのである。同時代の文化の中心的成果としてこの領域と芸術を、そしてその職能を見直すランドスケープアーキテクトが少数ながら現れたのは、ここ一〇年ほどのことである。

彼らはある意味、そうした状況に押し出されたのである。六〇年代初期、一群の彫刻家がランドスケープを、彼らの芸術の核として用いた。彼らのいわゆる「アースワーク」は、場所とその場所の形、素材、状況の特徴を彫刻のテーマとして取り込んだのである。その純粋なものの見方にはある限界があったものの、概念の再構築は多くの点で彼らのアートの基本であった。その一方、建築家も古典的様式と理念の再考察を通じて、ランドスケープを、単に建物をへだてる緑地帯ではなく、建築の一部であり建築群を結びつけるものとして再評価した。ランドスケープアーキテクトは、ある意味このような状況に対する自己防衛もあり、ランドスケープの美学の新しい形をつくり始めざるをえなかったのである。そこで動き出したあるグループ（といってもなんら正式な連携をとったわけではないが）は、自分たちの作品理念を言語化し公にすることに精力的である。しかしながら、ランドスケープアーキテクチュアにおけるモダニズムの形式を確認し、その展開を追調査する仕事は、いまだ極めて限られたものである。

III

当のシンポジウムは、カリフォルニア州立大学バークレー校美術館の館長ジャクリン・バースと、環境デザイン学部長ロジャー・モンゴメリー、そしてランドスケープアーキテクチュア学科長ランドルフ・T・ハスターJr. の支援のもと実現したものである。ランドスケープアーキテクチュア学科のスタッフ一同、特にポーレット・ギロンの助力は並々ならぬものであった。シンポジウムの進行においては、クリス・アルバート、ティーバ・ヘッセ、マーサ・パンダーソンを中心とするボランティアメンバーが甚大な貢献をしてくれた。環境デザイン学部の資料コレクションから出されたガートルード・ジキルとビートリックス・ファランドの特別作品展に関しては、ダイアン・ハリスに感謝せねばならない。また大学美術館との連繋を図ってくれたニーナ・ハブスにも多大なる感謝の意を表する。彼女はプログラムの計画を立て、どんな困難に際しても常に、それもユーモアをもって解決の道を見つけてくれた。またシンポジウムの運営に対し、ビートリックス・ジョーンズ・ファランド基金からかなりの財源を得た。

本書の編纂にあたっては、ケン・タダシ・オオシマのあくことなき調査補助にその多くを負っている。筆者の章の写真に関しては、ケビン・ギルソンに、また筆者の適確な初稿チェックに関してはマリー・マクロードとルーベン・レイニーに、そして常にはげましを与えてくれたマーク・フランシスに感謝の意を表する。スピロ・コストフは、長年にわたって筆者のよき友であり、計り知れない議論の相手となってくれたにもかかわらず、ついに今月その生涯を閉じた。これは建築の歴史にとっても大きな才能の喪失である。

さらに、収集品からの複製を快諾してくれた美術館と団体にも感謝する。プログレッシブアーキテクチュア誌（もとペンシルポイント誌）、アーキテクチュラルレコード誌、ランドスケープアーキテクチュア誌には、ここにおさめたジェームズ・ローズの小論、エクボ、カイリー、ローズ三者共著の小論、そしてフレッチャー・スティールの小論、四編の掲載許可に謝辞を述べたい。各図版については可能なかぎり原典を追跡し、複写許可を確認した。

筆者の合衆国における近代ランドスケープアーキテクチュアに関する研究の一部は、カリフォルニア州立大学の研究委員会から支援を受けている。

本書の編集、制作はMITプレスの助力によって進められた。特別編集長のロジャー・コノバー、マシュー・アバットの精力的で徹底した編集、テリー・ラムローの出版助手としての知識には改めて感謝したい。

慣例的にはこの仕事にもっとも大きな貢献をした人物を記して、序を終えることになる。それは難しいことではあるが、シンポジウムのための図版制作に、時には進んで、時には止むなく個人的な時間まで費やしてくれたドロシー・インバートにその栄誉を与えたい。彼女は、本書におさめられた多くのプロジェクトを筆者のもとにもちこみ、適確な見識を示してくれた。そうした見識のいくつかは筆者自身のものとなり、またいくつかは受け流された。また彼女のおかげで一九二〇年代のフランスのランドスケープデザインに関する膨大な知識を共有することができた。彼女は、誰もが必要と感じる—時にはこわいほど—共同編集者であった。彼女の存在なくしてこの仕事は完成しなかったことはいうまでもない。

マーク・トライブ　一九九一年一二月

第1章

ランドスケープアーキテクチュアの近代公理

マーク・トライブ

I

モダニズムの感性がアメリカのランドスケープアーキテクチュアにおいて生み出したもの、そのほとんどは、他の芸術領域が依存した一つの信念に基づいている。それは、芸術は同時代の技術的、社会的状況がもたらす生活様式と足並みを揃えて成長すべきであるという信念である。近代ランドスケープの形成過程は、ある束縛—手の込んだ新古典主義や郊外生活者たちが小さな敷地に好むデザイン趣味—からの脱出として見ることができる。もちろん、ランドスケープの形態言語のルーツにも、他の芸術からの影響が見うけられる。しかしランドスケープは、絵画、彫刻、音楽といった比較的独自に創造が行える芸術とは異なり、設計の性格上、二つのファクターを考慮しなければならない。一つは、人々とともにあり人々に使われるということ、もう一つは、生物である緑を計画するために植物学や生態学の理解が必要とされることである。この二つのファクターがランドスケープアーキテクチュアにおけるモダニズムの感性を方向づけ、また制御もしたのであり、その成果を他の美術やデザインとは異なるものとしたのである。

近代ランドスケープアーキテクチュアは、他芸術の展開の影に隠れるようにしてゆっくりと出現してくる。その最初の足跡は、クリストファー・タナードが一九三八年に著した「近代ランドスケープの庭」であろう。それは前年から始まったアーキテクチュア・レビュー誌の連載記事であり一九四八年に全面改稿されている。同時期に出されたジークフリード・ギーデオンの「空間・時間・建築」[1]と同じく、タナードの議論も、歴史と批評を組み合わせて、ランドスケープデザインの歴史的文脈と現代における方向づけを打ち立てようとするものであった。タナードは提言する。もはや古い価値観と形態は、芸術的にも計画的にも今日の需要を満たすことはできないと。彼は古いものにとって代わる新しいランドスケープをデザインするために、三つのアプローチを提示する。機能性、芸術性、共感性である。最後のものは日本の伝統から発想を得たものである。程度の差こそあれ、この三要素はこの時代に活躍したデザイナーの多くの作品に見ることができるものである。[2]

1-1：
＜水と光の庭＞　ガブリエル・グーヴレキアン、パリ、1925年。ジョゼフ・マラス著「庭園1925」より

二〇世紀初頭の二、三〇年間、ランドスケープデザインにおいてはジョルジュ・ブラックやパブロ・ピカソのキュビズムが達成したような歴史的改革はほとんど見うけられない。近代ランドスケープの真なる一歩と目されるようなプロジェクトは一つとして、また作家も一人として現れなかった。ランドスケープアーキテクトであり批評家でもあったフレッチャー・スティールは、一九三〇年に大いなる諦めを込めてこう述べている。「近代の庭がどのようなものであるかは人々の頭の中にしかない。その理由は、それが様式として存在していないからである。新しい理念を応用することにおいて、庭師は他の芸術家にいつも遅れをとってきた」[3]。教義は一貫していながら言説は不確実に揺れ動き、雑多な人々の入り混じったグループが現れ、多くはランドスケープアーキテクチュアの教育を受けておらず、近代に分類されうるプロジェクトがいくつか現れたが、その程度はまちまちであっ

た。ヨーロッパにおけるその時期のランドスケープの立脚点は、作家にしても作風にしても流動的であったが、後年一つの傾向が、アメリカをはじめとする国外のデザイナーによって継承されてゆくことになる。[4] この小論は、合衆国における近代ランドスケープアーキテクチュアの発展をごく大雑把に概観しようとするものである。またアメリカのランドスケープデザインと理念を共有し、その実現に影響を与えたり貢献したものは、合衆国外の作品や作家であってもこの小論に含むこととした。

II

新世紀が到来した時代、アメリカのランドスケープアーキテクトは、ボザール正統派の習得とフレデリック・ロー・オルムステッドの自然風な作風の模倣に夢中であった。都市的なもの個人的なものを問わず、前者はより正式なデザインに応用され、後者は教育機関のキャンパスなどの公共施設や公園などに応用された。とはいえ、この二つの流儀が完全に使いわけられていたわけではない。一般的には自然風な公園の多くにも整形式の要素が挿入され、直線的な古典の軸も多くは木々でやわらげられていた。

ヨーロッパ、例えばフランスのランドスケープデザイナーも、合衆国と同じ二極性―整形様式と自然風様式―の問題に終始していた。前者は大きな所領の庭園復元などに用いられ、後者はパリなど大都市圏の公園設計に用いられた。この時代の作庭家は少なからずこの二様式と格闘していたが、一方で近代ランドスケープを展開するにあたって、当時の美術思潮を反映した幾何学様式の形態的特徴を引用している。[5]

一九二五年開催の、後に〈アールデコ博覧会〉と呼ばれるパリ万国博は、フランスの庭園史にとっても世界の庭園史にとっても貴重な実例を示すものとなった。博覧会のランドスケープ作品はどれも小規模ながら、同時代の視覚美術や実用芸術から得た理念の発露を試みている。作品は有機、無機を問わぬさまざまな素材でつくられた彫刻、レリーフで、ある意味見る者の意表をつくものであった。それでもこれらの小庭園は、作庭の考え方を根本的に見直す時代が世界大戦後に到来することを示唆するものとなったのである。

今日からすれば、博覧会のランドスケープ作品には、奇抜さを漂わすものが少なからずある。例えば、ロベール・マレ=ステファンとジャン&ジョエル・マルテルが建造したコンクリートの木や、アルベル・ラプラードの〈鳥の庭〉に設けられた鳥籠などである。しかし一方で、ガブリエル・グーヴレキアンの〈水と光の庭〉のように非常に際立ったデザインもある。会場の中央遊歩道に接する三角形の敷地に押し込まれたその庭は、敷地の三角形を主要なモチーフとしている。この幾何学形は、全体平面形や中央の水盤の形に見られるだけでなく、周壁のガラスタイルや芝の傾斜面の形にまで現れている。表面をガラスで覆われた球体が一つ、昼夜を通して回転し、その鏡張りの表面は光を捉えあるいは放射する。〈水と光の庭〉は、その過激な外観と厳密なデザインのうちに、単なる幾何学モチーフの実験にはとどまらない真に形態的な展開を示している（図1-1）。

〈水と光の庭〉の評判は高まり（好意的なものも否定的なものもあったが）、その結果グーヴレキアンは、シャルル・ド・ノエイユ子爵から改めて三角形の庭の設計依頼を受けた。南フランス、イエールの別荘の庭であり、建築家はロベール・マレ=ステファンである。プリズムのような形態をしたコンクリート造のその別荘の建築理念は、近代主義者の通例にたがわず立地と無関係であった。ここでグーヴレキアンが実現した庭は、近代ランドスケープアーキテクチュアの象徴となるものであった。キュビズムの発想による現代的パターンを、敷地にふさわしい調和のとれた形態におさめたものである。さらに重要なことは、そのデザインが、無機的なもの、よくてもお気に入りの草花の陳列棚となっていたそれまでの慣例を根こそぎひっくり返し、生きた素材によるものを実現した点にある。

別荘東面の三角形の小さな敷地という問題を、グーヴレキアンは、ジャック・リプシッツの〈生命の喜び〉という回転する彫刻を頂点に配し、そこに向けて空間を階段状にもちあげていくことで解決した。少しずつ上昇する地面には、チューリップと磁器タイルの矩形が市松に配置され、両側から小さな青い花の咲く山型が空間をはさみこむ。敷地の制約を逆に利用したこの構成は、鉱物と植物という素材の厳格な幾何学形に全体的統治を与えている。

〈アールデコ展〉に続く時代の多くの作品が美術の様式を応用していたように、ノエイユ子爵の庭もその形態をキュ

1-2：
＜バラの庭、ノームキーグ＞　フレッチャー・スティール、マサチューセッツ州ストックブリッジ、1930年代。［マーク・トライブ撮影］

1-3：
＜スミスウィック邸庭園、平面図＞　フレッチャー・スティール、マサチューセッツ州グローチェスター、1929年（未完）。［SUNY ESF 文書館］

ビズム―より正確にいえばキュビズム的―発想から引用している。グーヴレキアンのデザインの特徴、基本的な左右対称性と地表パターンの強調は当時の庭園の流行となった。しかし、キュビズムが提示していた時間／空間の新しい統合的形態の習得はほとんど用いられていない。それらの庭園が、地面から三次元へと移行することのほとんどない平面構成であり、絵画、彫刻、建築空間へ移行する浮き彫りにも及ばなかったことは、ドロシー・インバートが近年明らかにしている。[6]

フレッチャー・スティールの作品もこの限界を越えていない。スティールは多くの地域を旅し、近代ランドスケープアーキテクチュア初期におけるヨーロッパと合衆国のつなぎ役となった重要な人物である。二〇年代にフランス国内を旅していることから、スティールも博覧会の庭やその他の新しい庭を訪れたと思われるが、フランスのデザイナーたちの方向性に感銘を受けながらも、その作品に諸手をあげて賛同してはいない。一九三七年スティールは、〈現代ランドスケープアーキテクチュアとその源泉展〉のカタログに寄せたエッセイで、古典的な軸性を解消し、「それまで相容れない」[7]とされていた整形式と不整形式をうまく調和させ、庭園内に空間感覚を喚起した当時のデザイナーたちの才能に賞賛の意を表している。しかしながら、その概念を作品として手っとりばやく敷衍するために、植物の代わりに建築的なものに依存していることに懸念を示す。スティールの目からすると、建築家は庭園の可能性を完全には理解していない。その証拠はル・コルビュジエ、ピエール・ジャンヌレ、マレ=ステファン、アンドレ・ルーサといった建築家たちのつくった庭のもつ極端な形にあるとする。「彼らの作品には、植物に対する関心も知識も全くなく、植物が彼らの理念を強化し魅力を直接与えることも知らないことを示している」[8]。

同時代の多くの設計者と同じく、スティール自身の作品も数少ない裕福な施主のためにつくられたものである。基本的にはイギリスの伝統形式の上に、イタリア様式、ボザール様式のモデルを参考としたヴィスタを敷地にあわせて加えていたのである。その彼が、目にした新しい庭園要素を自分自身の庭に好ましい形で用いるにあたってとられた手法は、まさに折衷的なものであった。その試みによって、彼は伝統的なものから近代的なランドスケープデザインへの架け橋となる役割を担ったのである。スティールのプロジェクトの中でもっともよく知られているのが、数十年にわたって建設されたマサチューセッツ州西部のノームキーグの作品である。
ノームキーグにおいては、建築、庭園ともにその骨格は既に別の設計者によってつくられていた。スティールはこれらの制約を受け入れた上で、多くの歳月をかけ、既存の並木や道がつくる枠組みの中にさまざまな庭園を組み合わせた。一九三八年には、もっとも写真映えのする作品の一つ、〈青の階段〉がつくられた（図1-4）。この階段―神秘的な形態、堅固な石組みやレンガ積みの基礎、それと対照的な曲線の手摺り、連続する階段に沿って流れ落ちる水―は、慎重に目測され不規則に植えられた白樺の木立に映えるようにデザインされており、彫刻としてもランドスケープとしても鑑賞できる興味深いものである。一方、当時流行の近代的な形態の扱いはそれほどうまくない。ノームキーグの芝生の地面の上に描かれた、あるいは切り抜かれた形のバラ園のうねる曲線形や、一九三五年のエルウォンガー邸で用いられた華麗な曲線は、近代の形というより、フランスのユリ紋章を援用したもののように見うけられる。
庭園デザインでの近代形態用語の用い方が首尾一貫しなかった一方で、フレッチャー・スティールはその著述をもって、アメリカのランドスケープアーキテクチュアに近代の第一世代を成立させるという意義深い影響を与えたのである。特に、彼の書いたデザイン様式に関する小論は、一九三〇年代後期にハーバード大学で最終学歴を終えようとしていた三人の学生―すなわち、ジェームズ・ローズ、ダン・カイリー、ガレット・エクボ―に大きな感銘を与えた。[9]
一九三〇年代初期は、ドイツから亡命してきたワルター・グロピウスがハーバード大学の建築学科を指導し、古いカリキュラムに国際的な近代の流れを注いでいた時代であった。もしハーバード大学のランドスケープアーキテクチュアが、かたくなにボザールの教義に則った歴史的伝統に固執していたなら、若いランドスケープアーキテクトたちの何人もが、他領域―まさに建築など―に転向していたであろう。ローズとエクボの成長にとってグロピウス自身およびグロピウスを取り巻く建築家たちは重要な役割を果たし、ランドスケープデザインにモダニズムの基本形を提供したのである。

1-4：
<青の階段、ノームキーグ>　フレッチャー・スティール、マサチューセッツ州ストックブリッジ、1938年。［マーク・トライブ撮影］

1-6：
＜庭プロジェクト、模型＞　ジェームズ・ローズ、1938年。小論「庭園の自由」の挿絵

1-5：
＜ロシア舞踏のリズム＞　テオ・ファン・ドゥースブルグ。小論「庭園の自由」1938年の挿絵としてジェームズ・ローズにより用いられた。［ニューヨークMOMA美術館所蔵］

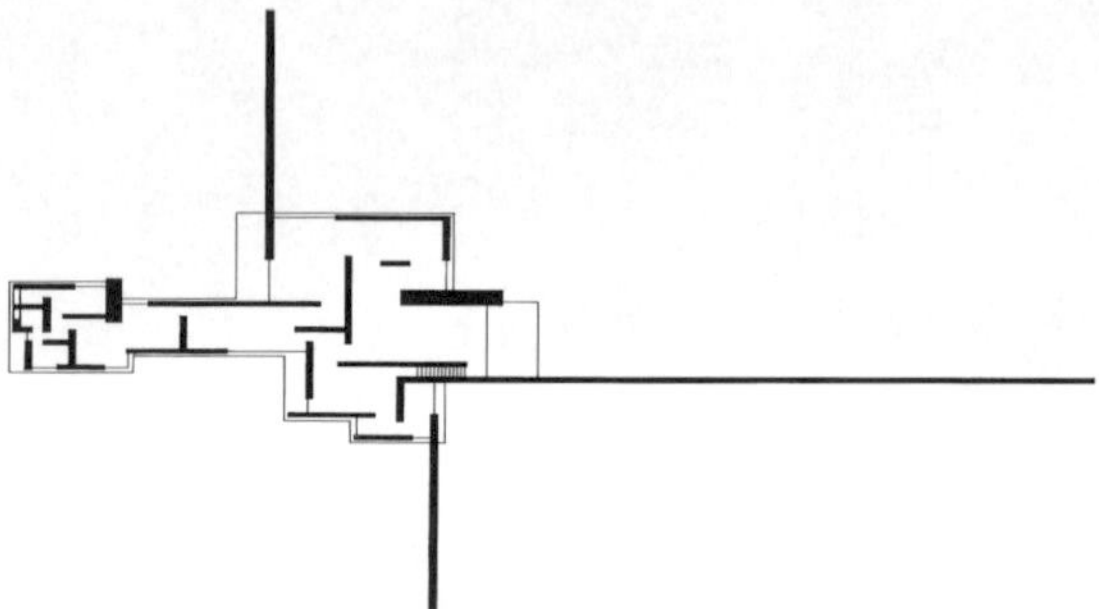

1-7：
＜レンガの家プロジェクト、平面図＞　ルードヴィヒ・ミース・ファン・デル・ローエ、1924年。小論「庭園の自由」1938年の挿絵としてジェームズ・ローズにより用いられた。［ニューヨークMOMA美術館、ミース・ファン・デル・ローエ文書館所蔵］

近代主義者の空間：近代主義者の建築

いかなるデザイン分野であっても、新しい理念が生まれる源は基本的に二つである。一つは、その領域自体の履歴や特殊性に基づく発想、もう一つは、他の分野や領域また社会環境から応用される発想である。近代建築の自由な平面、相互浸透する空間は、合衆国のランドスケープアーキテクチュアを再考するにあたって貴重なモデルを提供した。一九三八年から四一年にかけてローズ、カイリー、エクボは、アーキテクチュラルレコード誌に共同執筆の記事を連載し、都市と郊外のランドスケープに関する理念の概略を示した。その後も彼らは最初の声明にこだわり続けた。近代世界の状況を熱心に観察し続け、その結果、今日のプログレッシブアーキテクチュア誌の前身となるペンシルポイント誌に一連の論文を発表し、公開討論の場をつくり出したのである。

単著としては最初のものになる「庭園の自由」という小論の中で、ローズはランドスケープアーキテクチュアを建築と彫刻の中間に位置づけこう述べる。

「実際それは、オブジェとして眺められるためではなく、空間的関係のもたらす美的感覚のうちに人々を取り囲むためにデザインされる屋外彫刻である」[10]。

ランドスケープにおいては、それが二次元の世界に閉じ込められているがゆえに、空間というデザインがより困難となる。しかしローズは、「空間の世界から地面の形態が生まれ出る」のであってその逆ではないと明言する。ランドスケープアーキテクチュアにおいて、その本分は空間であって形の様式ではない。小論の中でローズは、自分の庭園を、テオ・ファン・ドゥースブルグの絵画やミース・ファン・デル・ローエの一九二四年の〈レンガの家プロジェクト〉（図 1-7）と並べて論じる。そして、流れる空間感覚―一本の軸だけにしばられることのない空間の感性―を描いて見せた。

近代建築が現れた背景構造は、同時代の素材や工法の応用や生産形態の表現展開から定義することもできるが、一方で、量塊と空間―特に連続する空間―に関する当時の思潮から定義することもできる。ル・コルビュジエの建築の新しい組み立ては、構造と被膜を切り離すことで得られた自由な平面に基づいている。柱によって建物を持ち上げ、屋上テラスに庭をつくることは、建造物で支配されない大地を取り戻すことを可能とした。ポワシーにつくられた〈サヴォワ邸〉(一九二九年)は、空間を垂直、水平両方向に統合する試みであった。邸宅は芝生から遊離した―概念的には浮き上がった―実体、レオ・マルクスの言葉を借りれば、「庭園の中の機械」である。[11]

また一方で、ミース・ファン・デル・ローエが一九二九年のバルセロナ博にドイツ館としてつくったパビリオンも、近代空間構成を代表する型となった。この建物は式典のためのもので、建築家が機能的条件からは自由に、屋根面と壁面の分割によって一つの連続体としての空間を作品として創ったものである。すべての壁が空間の中で重なりあい、建物の領域内には単位をはっきりと区切る堅い線は一つもない。敷地を囲む壁以外には内部を外部から区別することは難しい。[12]

ローズの習作は、古典様式の屋外空間によく見られる不連続空間を結びあわせることを試すものである。また、カイリーが、ミース・ファン・デル・ローエと双璧をなす作品をつくったランドスケープアーキテクトとして認識されていないのは、不当なことである。ダン・カイリーが注意深く用いたデザインの大半には古典的なランドスケープの形が再び現れており、ル・ノートルの整形式の形態言語が近代空間の感性の中に姿を変えて現れている。[13]

〈ミラー邸庭園〉(一九五五年)(図1-8、9)と、〈ノースキャロライナナショナル銀行のテラス庭園〉(一九八八年)(図1-10、11)は、カイリーの長くかつ膨大な作歴の両極を代表するものである。彼の作品の裏には、常に空間とそのモデュール化、そしてそれを構造物にも植栽にも用いることへの関心が存在している。〈ミラー邸庭園〉の平面の簡潔さは、静謐さと華麗さをあわせもつ。それは、生垣と列植と壁面で仕切られる長方形の組み合わせとしてつくられた空間である。空間と地形といくつかの添景の絶妙な関係が、理念の簡潔さとはうらはらに多様な読解を促す。エーロ・サーリネン設計の邸宅はリビングルームをその中心に据え、それを囲むように諸室を配置している。庭園の設計もこの邸宅の建築的秩序を継承するものである。庭園の平面は、建築が敷地に結びついた結果と見ることもできる。あるいは逆に、邸宅がより大きな庭園の環境に溶け込むように位置していると読みとることもできる。バルセロナパビリオンと同じく、

1-8：
＜ミラー邸庭園＞テラスから河畔林への眺望。ダン・カイリー、インディアナ州コロンバス、1955年

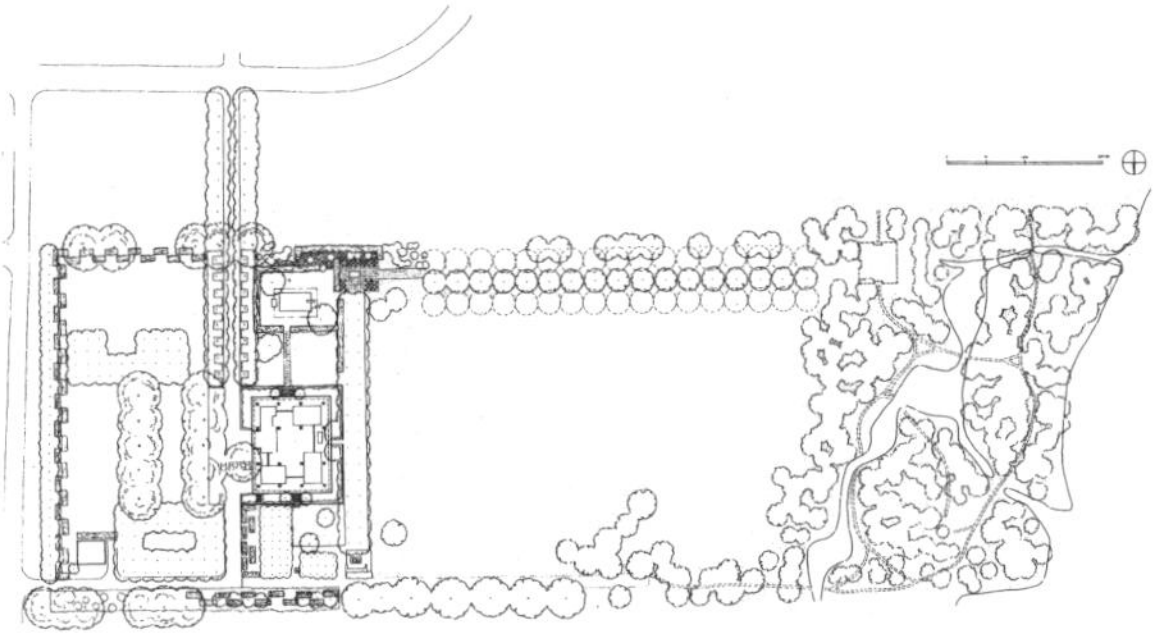

1-9：
＜ミラー邸庭園、平面図＞［ホンチェオル・チョー作図、ジョリー・ジョンソン所蔵］

1-10：
＜ノースキャロライナナショナル銀行 (NCNB) のテラス庭園＞　［マーク・トライブ撮影］

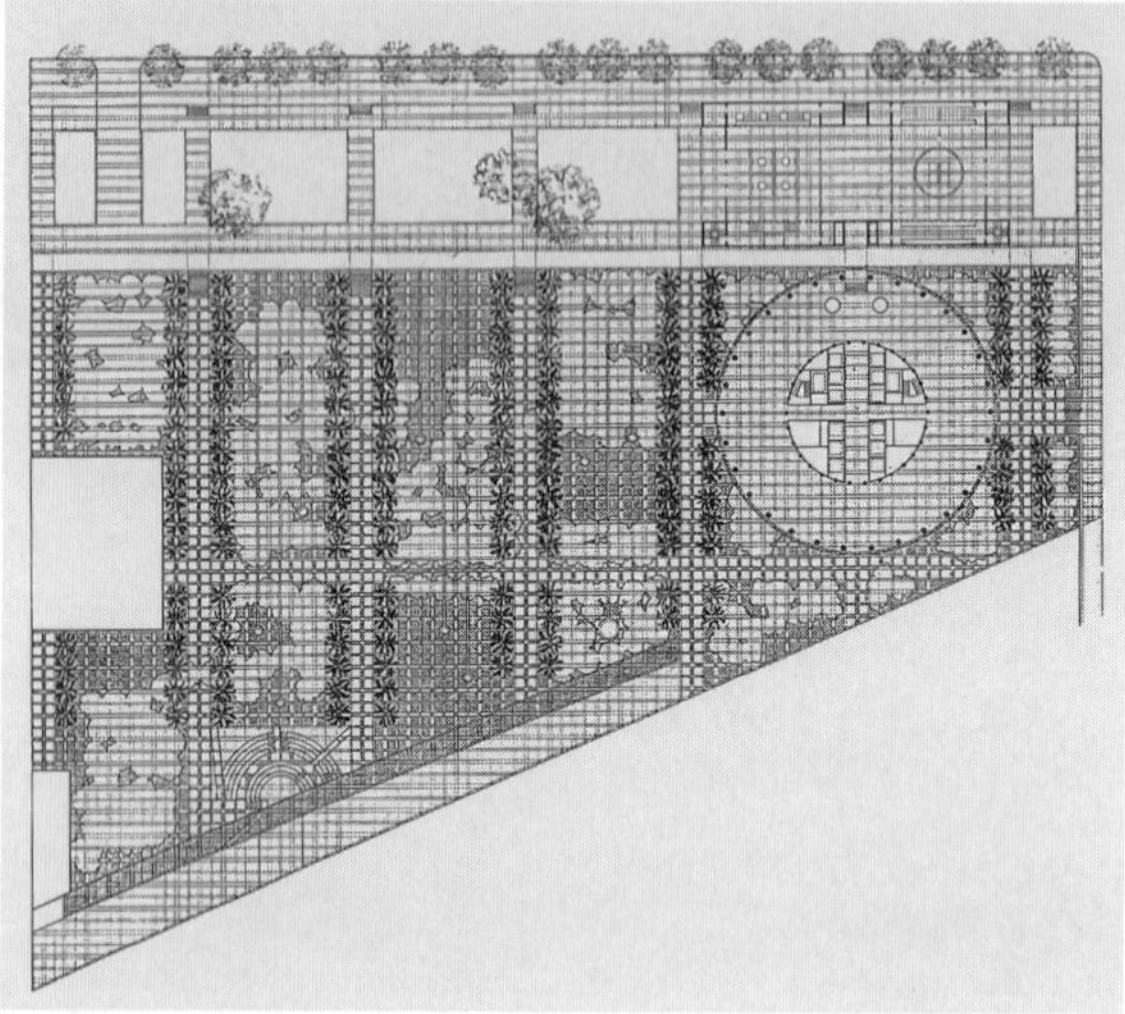

1-11：
＜ノースキャロライナナショナル銀行 (NCNB) のテラス庭園、平面図＞　建築：ヘンリー・ウォルフ、ランドスケープ：ダン・カイリー、フロリダ州タンパ、1988 年。

内部と外部の境界線は大きく張り出した軒によってかき消される。事実、建物と庭園は、空間的に表裏をなすものとして描き出され、生きた植物と堅い建築素材かという違いだけが二つの領域の差異となっている。

その三三年後、フロリダ州タンパにおいて、カイリーは再びランドスケープアーキテクチュアの起点が建築の秩序にあることを証明し、秩序の構築においても、単一のシステムに拘束されない相互作用をつくり出す高い能力を現した。〈ミラー邸庭園〉が均衡のとれた要素の響きあいを代表するものとすれば、〈ノースキャロライナナショナル銀行〉は微妙な不協和音による複層的な重奏を表現するものである。テラスのパターンは、円形のオフィス棟と、隣接する四角い銀行ホールを配置するために、建築家のハリー・ウォルフが用いたフィボナチ級数を延長したものである。カイリーは、テラスを構成する二つの主要素、石と芝の面積比を調整するためにこの数列を用いている。駐車場通路のガラス屋根に湧き出す水路は、おそらくイスラム庭園から発想したものであろうが、テラス全体の雰囲気は、それほど癖のあるものとはなっていない。ワシントンヤシの格子列植が基調構造を与え、その下で葉形飾りのようにうねるヒメツルニチニチソウの曲線的な植栽が、季節ごとの開花で色紙を広げたような変化をもたらす。このような稠密な秩序の組み上げは、見方によれば、ポストモダンのランドスケープとして位置づけられるかもしれない。しかしこれはまぎれもなく、近代の語法の熟練した操作といえる。その結果、ヤシの木により構造化された低音基調の上で、植栽と舗装、パターンと空間の相互が限りなく豊かに響きあいさまざまな調性を奏でる。このテラス庭園は、平面同様断面からも観察すべきである。断面を見れば、不定形な植物が別の植物の均一な配置と対比をなしている様子、また、背の高いシュロの一群が、背の低い茂みによって際立てられている様子が見えてくる。加えて、伝統的庭園様式の手法も複数隠されている。それでいて、その空間の出来映えは、見るからに近代であり、どこまでもカイリーのものである。

ヨーロッパモダニズムの建築家が、住環境の改善という特定の目標をかかげていたのとは異なり、ランドスケープデザインが公共空間の改善などの目標を示唆した記述はほとんど見られない。暗示的であれ明示的であれ、新しいアプローチの動機は、時代精神の認識から発している。合衆国における近代建築もまた、かなりの程度において新世紀にふさわしい様式の問題として扱われた。その社会的目標は、それに続く二次的なものであった。一九三二年、ＭＯＭＡ（ニュー

1-12：
<オークランド美術館>　建築：ローチ、ディンケル＆アソシエイツ、ランドスケープ：ダン・カイリー、フロリダ州タンパ、1988年。［ジョー・サンバー撮影、オークランド美術館所蔵］

ヨーク近代美術館）で開かれた展覧会「インターナショナルスタイル：一九二二年以降の建築」は、建築を近代のものか否かを判定する指標を打ち立てたという点で、時代を画すものとなった。展覧会の主催はヘンリー＝ラッセル・ヒッチコックとフィリップ・ジョンソンである。彼らは、建物を評定する採点表—三つの基本原理—をつくりあげた。第一は「量塊（マス）としてではなく、容量（ヴォリューム）としての新しい建築・概念」。第二は「デザインを秩序立てるための、軸対称とは異なる規則性」。そして第三に「表層的装飾の禁止」である。[14] それから約六年後の近代ランドスケープデザインの記述を見れば、その特徴として少なくとも二点を建築から借用したことが明らかとなる。空間への関心と、対称性や古典的な軸の痛烈な否定である。第三のポイント、装飾の拒否については議論を要する。庭園には植物を用いる。植物は本来装飾的性格を有している。そういう意味でローズは、植物の役割は常に空間創造に貢献すべき

1-13：
<空軍アカデミー>　建築:SOM、ランドスケープ:ダン・カイリー、コロラド州コロラドスプリング、1968年。
［スチュワート写真館撮影、ダン・カイリー所蔵］

ものであると主張した以外は一度も装飾を否定するような言説を行わなかった。建築思潮の影響もあって、空間は、近代ランドスケープ思想の中心的構成要素となったのである。

視覚美術に見る源泉

頭角を現し始めた近代ランドスケープアーキテクトたちは、当時の建築に表現された課題を実体化する正当な形態言語を模索していた。例えば人間の営為、二〇世紀の科学技術や急速に成長した生態学、広域の景観に関する解釈に対応する形態言語である。整形式の左右対称な平面、ないしは軸構成や新古典主義ランドスケープの面影はすべて不適当なものとして慎重に回避された。なぜならそれらは、前時代の生活文化の表現となるからである。

二〇世紀の美術思潮の中でも、キュビズムほどランドスケープアーキテクチュアの形態と構造にさまざまなイメージの源泉を与えたものはない。キュビズムの空間は、一つの優越的視点からではなく、複数の焦点をもつ視覚像を提示し、四次元の効果すなわち時間と空間の融合を二次元の中に再現しようとする。しかし、キュビズム主義者の構成法が明らかにしたこの「空間的な」理念は、ランドスケープアーキテクトにとっては周縁的関心として終わった。絵画に見られる視点の重ね合わせ、比例のシステム、彩色法、合成的再構成などで新しい時代のランドスケープに応用されたものはほとんどない。それよりもキュビズムから「適用された」ものは、その特徴的な形態言語―ジグザグ型やピアノ型曲線―であり、それらが、絵具の代わりに草花、園路、テラス、壁などで描かれたのであった。

もちろん、建築家も始めのきっかけをキュビズムから引き出している。その最たるものが、ル・コルビュジエ、アルヴァ・アアルトなどである。しかして、真にキュビズムの建築も、真にキュビズムの庭園も決して実現されないまま、際立ったデザイナーが幾人も、キュビズムやピュリズムからの影響を受けた形状や全体形を作品の中に用いたのである。その一例として〈サヴォア邸〉の屋上庭園をあげよう。そこには、曲線の壁、四角く切り取られた景色、曖昧ながら三次元に立ち上げられたピュリズムを暗示する緑が点在している。一方、アアルトにより設計されたフィンランド、

1-14：
＜画家の窓＞　ユアン・グリス、1925年。［バルチモア美術館、サディエ・A・メイ遺贈品］

1-15：
＜マイレア邸、南立面＞　アルヴァ・アアルト、ノールマルク、フィンランド、1938年。［ウェリン撮影、フィンランド建築博物館所蔵］

ノールマルクの〈マイレア邸〉（図1-15）では、白い壁面の純粋性を折り重なる木質系被覆材によって撹乱するという方法で、キュビズムのコラージュの原理が建築に応用されている。そしてこの絵画の新しい形態―入口キャノピーやスタジオの輪郭、プールの自由形態など―が、邸宅内全体に、直角形式の柱と壁に対比的に配置されている。[15]

キュビズム主義者の関心が、素材と、マーティン・ハイデッガーなら人間の「現存在」[16]と呼んだであろう視線の交錯に向けられていたとするならば、ひるがえって、シュールレアリズムの関心は、人間の心の深さと高さに向けられていた。シュールレアリズムの理念とその成果は、一九二〇年代から三〇年代にかけて現れた。しかしこの動きは、そもそも相反する二つの概念で引き裂かれている。一方の概念は、オートミズム―人間の無意識の自由な働き―によって、論理過程と、文明化が個人に刷り込む枠組みを超越しようとするものである。シュールレアリズム美術の無意

1-17：
＜絵画＞　ジョアン・ミロ、1933年。［ニューヨークMOMA美術館、ローラ・D・ラスカー遺贈品］

1-16：
＜シャルトル＞　ハンス・アルプ、1950-1965年。木彫レリーフに着彩。［ニューヨーク、シドニー・ジャニス画廊所蔵］

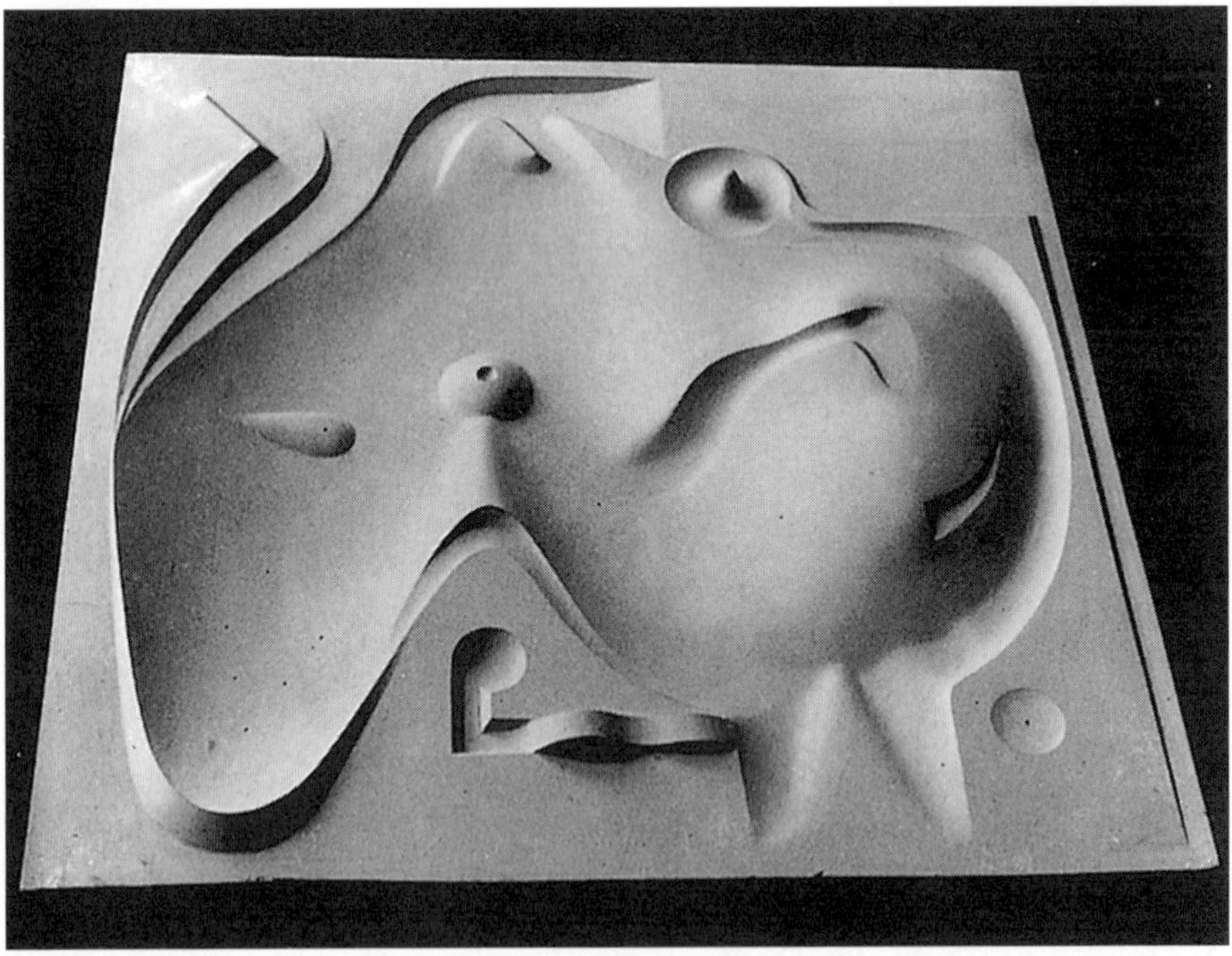

1-18：
＜地形の遊び場＞　イサム・ノグチ、ニューヨーク、1941年。石膏。［ラドルフ・バークハード撮影、イサム・ノグチ財団所蔵］

識の意味を受け入れるならば、絵画媒体のどのような手法であれ、それを誤りとは指摘できない。絵画は、それ自体の要求を、特に同時性、事実性、事実そのものを、アーティスト自身に覆いかぶせてくる。[17] その結果、「意識の流れ」と記された字句が示唆するものとはおよそかけ離れたものになる。もう一方の概念は、サルバトール・ダリの作品に代表される。そこでは、心と夢の複雑性を意識的に描き出す方法として、写真的な絵画手法が着目された。[18] ダリの絵画がもつ力は、あらゆる部分をほとんど学術的ともいえるほど生々しく描き出す描写技術に起因する。その画法は、我々が現実の表象として認識するように教えられてきた透視図法に基づいている。この表象がもつ見せかけの現実性が、キャンバスに描き出された超現実的な事柄と圧倒的な矛盾を呈示するのである。しかし、シュールレアリスト間に激しい論争を呼んだこの手法も、デザイナーにはほとんど成果を残さなかった。デザイナーにとっては、シュールレアリズムから出てきた生物的な形態のほうがより重要であったのである。この形態はイデオロギーという重い荷物を背負い込むことなく、デザインに、特にランドスケープデザインに応用可能だったからである。

このシュールレアリズムの二陣営の中間地点に、慎重に身をおいたのが二人のアーティスト、ハンス（ジャン）・アルプとジョアン・ミロである。彼らはまた、純粋芸術とランドスケープアーキテクチュアの間に架橋をわたす基礎を提供した人物でもあった。アルプは多才な人物であり、その作品はシュールレアリズムおよびダダイズムから詩や非具象芸術にまで多岐にわたる。絵画であろうとレリーフであろうと彼の手によるものは、明暗画法ともレリーフ画法とも異なり、ただ外形や形態のみを生み出す。それゆえデザイナーやランドスケープアーキテクトが容易に適用できるものであった。大戦に続く年には、腎臓型、ブーメラン型、アメーバー型など、イーブ・タンギーやアーシル・ゴルキーのシュールレアリズムを読みかえた形態が、テキスタイルや家具、カーテン、さらには新素材である積層プラスチックを用いたデザインに頻繁に見かけられるようになる。概念的にも、アメーバー型はランドスケープにとって妥当な形であった。伝統庭園の刈り込まれたトピアリーや直線的な軸に比較して、全くもってより「自然的」に見える形態モチーフだったからである。

ミロの絵画やアルプの版画、彫刻は、自然地形の曲線や湖の形、あるいは堅苦しく重々しい植栽とは対照的な開放的な樹木などを想起させる。またイサム・ノグチは、現実のランドスケープとして、マーサ・グラハムのために彫刻と舞台セットを提案した。[19] あるいは〈鋤に捧ぐ記念碑〉において、彫刻的発想を用いた物語を草原に創りだした。これらは、六〇年代に到来するアースワークを予感させるものである。ノグチの彫刻とランドスケープの一体化は、ニューヨークの〈地形の遊び場〉(一九四一年)(図1-18)、〈火星から見られる彫刻〉(一九四七年)に始まり、一九五〇年代から六〇年代にかけての遊戯公園のプロジェクトに受け継がれていく。これらはどれも実現されないままであったが、一九五八年になって初めて、ノグチに大きなランドスケープをデザインする機会が与えられた。パリの〈ユネスコの庭園〉(図1-19)である。それはマルセル・ブロイアー設計の巨大コンクリート構造体の合間に展開される、土と石と水による大地の造形であり、そこを取り囲む建物や人工地盤の堅苦しさを解き放つものとなった。

今日では、デザインを完結すべき樹木が、庭園を見極められないほどに成長してしまっている。しかしながら、樹冠の下の地面の起伏がもつ抽象的な形態は、彫刻としての庭園というアーティストの概念を今でもよく伝えている。最近作である一九八四年の〈カリフォルニアシナリオ〉においても、使い勝手や居心地もさることながら、その形態を見るにつけ、それがデザイナーの仕事ではなく芸術家の仕事であることに気づかされる。作品の実現が数少なかったにもかかわらず、ノグチは大戦後のランドスケープアーキテクチュアに、形態言語とアプローチの方法を与えた重要人物の一人となった。

近代美術はランドスケープデザインに扱いやすい形態を与えただけでなく、ランドスケープにあるべき姿を与えた点で重要である。すなわち徹底して近代的であるためにどうあるべきか、どうあるべきでないか―ピクチュアレスクでないこと、古典でないこと―を知らしめたのである(一方で、タナードの「二〇世紀のあるべき様式は、決して様式でないことだ」という宣言もあるが)。[20] しかし、なぜ生体的形態が庭園によく用いられたのであろうか？ 専門文献を見ても、デザイナーに新しい形態言語を推奨した論述は見あたらない。当時の出版界では、ランドスケープデザインについて、感情的に語られることもなければ、合理的な時代精神をもって語られることもなかった。プレーリーランドスケープの長であったイェンズ・イェンスンが晩年、やわらかくうねる曲線について議論した事実はあるが、彼の発議も現代美術との関係においてなされたものというより、自然なものを人工から区別するという点に重点がおかれたものである。

「曲線は神秘と美に満ちた自由な心を表象する」と、イェンスンは彼の回想録「移行」の中で語る。「直線は闘争、思想に従属する。制約という概念にあってはどのような心も自由ではありえない。直線は多くのヨーロッパ庭園が表現してきた独裁制を表象するものであり、その行先は知性の衰退に向かう。そして、心が二度と逃れられない牢獄を容易につくりあげてしまう。自由な曲線を生み出す自由な思想は、決して握りつぶされてはならないのである」。おそらくさ

1-19：
＜ユネスコの庭園＞　イサム・ノグチ、パリ、フランス、1958年。［マーク・トライブ撮影］

らに懸念されることとして、「直線は建築から移しかえられたものであり、ランドスケープに属するものではない。ランドスケープがその一部であり、またそこから芸術が育ってきた自然とは無関係なものである。ランドスケープは、何百何千という曲線からなる自然に育った樹木の線形に習わなければならない」[21]と彼の主張は続く。しかし、イェンスンのこの熱烈な議論も文献としてはほとんど見あたらず、またその言語も、新しい技術と近代芸術の時代というより、一つ前の時代に属するものである。これとは対照的に、近代ランドスケープアーキテクトの最初の数人は、建築の形態とランドスケープアーキテクチュアの形態という二分法に正面から立ち向かい、この未知の領域に光を当てる新しいデザイン言語をつくりあげたのである。

形態理念の源泉がどこにあるかとは別に、曲線派は、建築であれ植栽であれ、自然地形や既存緑地に対する形態として、曲線が直線より適合性に豊むことを主張した。この論は、自由度がさしてない小さな郊外敷地などはさておき、広域スケールの配置計画では妥当性をもつ。しかしそれが親自然的かどうかは、全く問題にならなかったようである。例えばブラジルのランドスケープアーキテクトであり、アーティストでもあるロバート・ブール・マルクスは、そのほとんどをフリーフォーム（自由形態）に頼っているが、それが自然地形に呼応していることは稀である。フリーフォームの嗜好は部分的には、ブール・マルクスが、オスカー・ニーマイヤー、アフォンソ・レイディー、ルシオ・コスタといった建築家たちと協働した結果であるかもしれない。彼らもまた、ル・コルビュジエから影響を受けて、建築内にグリッドとともに多くの曲線を用いた建築家だったからである。一方、ブール・マルクスは美術教育を受けており、それゆえ有機的な形をより絵画的な手法で用いている。それは彼自身のキャンバス上の美術作品からの引用であり、地勢の特徴から形状を引き出す試みはほとんど見られない。時に地形を「覆い尽くしてしまう」ように思われることさえある。適確な色彩と光の効果を生み出す膨大な植物知識により、ブール・マルクスは、「植物の絵師」とまで呼ばれた。ブール・マルクスの空間は、見る者の知覚を、植物を手にとるように詳細に見る近視点と、遠くから眺める遠視点の二つに引き裂くような効果をもつと、ハワード・アダムスは示唆する。[22]もしそうであるなら、ブール・マルクスは、前景要素のフレーミングや昔ながらの透視図法構成に頼ることなく、空間と奥行きの感覚をつくり出したことになる。

世界大戦後、このフリーフォームはやわらかな曲線を描くマウンドとして立体的に立ち上がり、大小のプロジェクトを問わずランドスケープにとってもっとも重要な役割を担うようになる。オスムンドソンとステイリーの設計によるオークランドの〈カイザーセンターの駐車場屋上庭園〉（一九六〇年）のデザインを見てみよう。樹木の位置を制約する柱割りの構造形態も、この生体的なデザインによってうまく覆い隠されていることがわかる。〈カイザーの屋上庭園〉は、生体的な曲線がランドスケープアーキテクトにも他のデザイナーにも受け入れられることを明らかにした一つの名作である。腎臓型をした水盤は、その後カリフォルニアでの郊外生活の象徴にさえなったのである。

アメーバー型、腎臓型といったフリーフォームは、もう一つのやや建築的なジグザグ型のモチーフと並んで、ランドスケープに近代の審美的印象を与える形態言語として機能し始める。この新しい形態言語は、多くの場合、地被植栽部や灌木の茂みとなって姿を現したが、それらは基本的に、伝統的なパルテールの手法を引き継いだものといえる。ところが、ロバート・ブール・マルクスとオスカー・ニーマイヤーが協働したプロジェクト、サンタバーバラの〈トルメイン邸〉（一九四八年）（図1-20、21）となると、フリーフォームは平面形のみで終わってはいない。形態も空間もともにごく自然に浮遊し、建築とランドスケープは補完関係を顕在化しつつ統合に向かう。

フリーフォーム導入は、近代建築の場合とは異なる。生体的形態主義が、庭園の本質—すなわち自然そのもの—を変えるわけではないからである。せいぜい伝統的な庭園に対抗する装いを強化するにすぎなかったともいえる。「風景のデザイン（Landscape for Living）」の中でガレット・エクボは、ランドスケープアーキテクチュアには三つのポイントがあると記している。地表、囲み、豊穣である。[23] 生体形態主義が実り豊かな地表を再創出したことは疑うまでもないが、真に新しい空間構造を引き出したわけではない。ジョアン・ミロは、透視図法がどれだけ壮大な空想をかきたてようと、結局は限定された空間しか描き出さないことを立証した。[24] 生体形態主義の前後に浮き出るような世界は—ミロの絵画が好例だが—、我々が通常奥行きを知覚する際に手掛かりとしているものを打ち砕くことによって、無限の空間を暗示する。その曲線形は、実際には我々を新しい庭園空間の世界に導くことはなかったが、可能性は見せてくれたのであった。

1-20：
＜バートン・トルメイン邸庭園、平面図部分＞

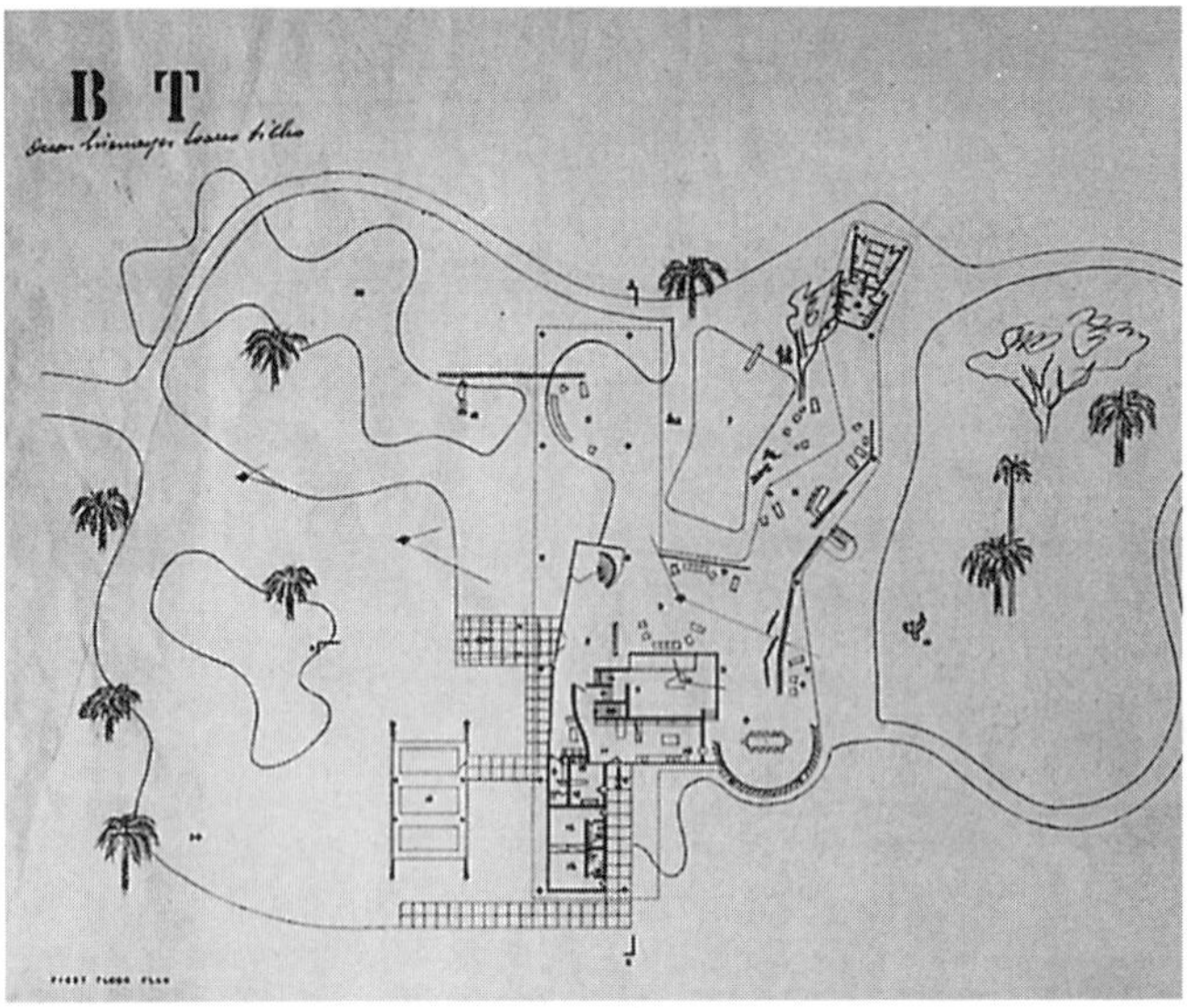

1-21：
＜バートン・トルメイン邸庭園、平面図＞　建築：オスカー・ニーマイヤー、ランドスケープ：ロバート・ブール・マルクス、1948年。［ニューヨーク MOMA 美術館、バートン・トレメイン夫妻寄贈］

近代ランドスケープの公理

エクボたちの初期プロジェクトや記述からは、近代ランドスケープアーキテクチュアの新しいパラダイムの出現が感じられる。それはいまだ不完全で不定形であり、曖昧な声明のようなものであるが、[25] この新しいランドスケープデザインの公理は、次のようにまとめることができよう。

1　歴史的な様式の拒絶

代わりにランドスケープが表現するものは、工業化社会、敷地、プログラムによって生み出された状況に対する論理的なアプローチである。今日では、新古典主義や自然主義のランドスケープをそのまま継承することは、当然拒否される。それは今日の社会にも今日の美術界の流れにもそぐわないからである。

2 パターンより空間への関心

それは近代建築を規範とする。「デザインは三次元的でなければならない」とエクボは書き記している。「人間は容量の中で生きているのであって平面の中ではない」[26]。これは、近代ランドスケープアーキテクチュアを支える礎石の一つである。しかしボザールの伝統を否定する議論が熾烈であるあまり、時に若いデザイナーは歴史から空間を学ぶことを忘れてしまう。イギリス庭園のやわらかい曲線や木立も、またフランス整形庭園の軸やボスクも同様に空間的である。たとえ新しいランドスケープ思潮としては時代遅れであっても、伝統的なものがパターンのみに依拠していたわけではない。

そうはいいながらも、近代のアプローチをとるということは、それ以前の時代にとって代わる新しい「形態」を発見することに他ならない。エクボは若いとき、習作として、高密都市環境における小庭園を一八事例提案した[27]。それらは、幾何学的配列を精密に交差させたデザイン、曲線形態を主としたデザイン、わずかな傾斜面をもつデザイン、空間の力を増大させるよう完全に敷地をつくりかえたデザインなどである。これらの習作は全体として、その後半世紀のエクボのランドスケープアーキテクチュアの要素をすべて表出したものとなった。

アメリカにおいて近代ランドスケープアーキテクチュアは、その多くが、当初個人の庭として実現され、その後、法人の敷地に展開される形をとった。一方ヨーロッパでは、公園、個人庭園、工業地帯を問わず、近代ランドスケープはまんべんなく実現された。イギリスでジェフリー・ジェリコーが行ったホープ・セメント工場を取り囲む広大な跡地利用の全体計画（一九四三年）や、ギネスヒルの高速道路建設にともなう残土の美術的な再利用（一九五九年）を見てみよう。これらのプロジェクトでは、形態構成原理とその時代の環境問題を相対させせようとする試みが見られる[28]。

エクボの作品にも、公共のランドスケープデザインを通して社会問題を扱おうとしたものがある。大恐慌終焉期から仕事を始めたエクボは、最初から、社会の貧しい階層のための広域敷地計画に実質的に参入していた。エクボはこの傾向を、ハーバードでグロピウスが提起した社会的理念に影響されたものとしている。[29] 一九三九年から一九四二年にかけての農務省での仕事の間、エクボはアリゾナ州、カリフォルニア州に農業就労者のための住宅地を数多く計画した。[30] 敷地は、辺鄙で降雨の少ない過酷な環境にある。このプロジェクトにおいてエクボは、洗濯場から各世帯のためのプライベートな領域まで各々目的にかなった空間をつくるために、近代のモデルを応用した。この時期のアクソメ図や透視図には、一九二五年のパリ博の庭園にも負けない新鮮な理念が描かれ、またエクボ自身の小庭園の習作と同じ完全性が反映されている（図 1-22、23）。農務省での設計は、植栽によって空間を縦方向にも水平方向にも調整する簡潔な図式と、それを秩序立てる洗練された方法を描き出している。農務省のための作品は制限の多い敷地条件にもかかわらず、エクボに包括的なアプローチをとることを可能とした。「敷地計画は『特定敷地の特定施工のための空間統合機構』ともいうべき企画であった」と、エクボが一九四二年のアーキテクチュラルフォーラム誌の記事に述べているように、包括的なスタディーが、「建築、諸施設、歩車道、レクリエーション施設、植栽、屋外スペースの間に望ましい関係」を打ち立てた。プロジェクトのスケールは問題ではない。すなわち、大小にかかわらず、プロジェクトにはそれぞれ「生活者のための環境を整える」[31] 統合的な敷地計画が要求されたのである。エクボの立ち上げた事務所はそのほとんどが、今日のランドスケープ設計事務所に近い法人組織に成長していったが、これは驚くにはあたらない。なぜなら、設計の関心が生活者に向けられたからであり、事務所の扱うプロジェクトが、個人であれ近隣や社会という集合体を扱い、敷地計画と風景デザインであるとともに地域の計画でもあったからである。

3　生活者のためのランドスケープ

目的はさまざまであるものの、ランドスケープデザインは究極的には、人間の利用のために屋外の場所をつくることに関与している（モダニズム初期の世代はこのことを見落としていたように思われる）。問題は近代ランドスケープが社会的また経済的にどのような位置づけにあるグループのためにつくられたかであり、こうした問題の議論を通じて、

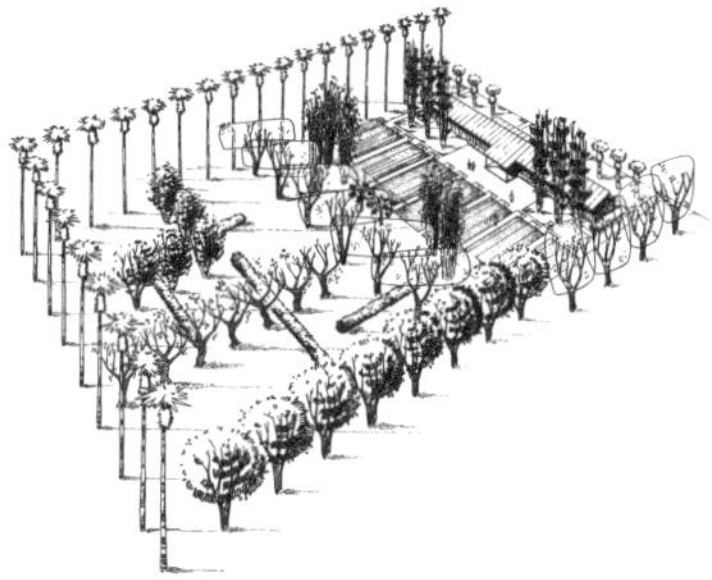

1-23：
<キャンプ公園のスタディー>　農務省、ガレット・エクボ、テキサス州ハーリンゲン近郊、1940年

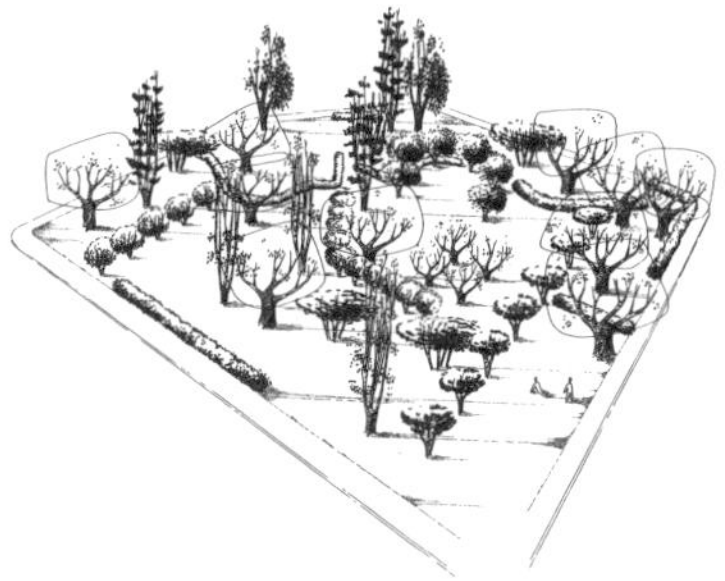

1-22：
<ミネラルキングコープランチ小公園のスタディー>　農務省、ガレット・エクボ、カリフォルニア州サンホアキンヴァレー、1940年

1-24：
<フレイザー・コールの庭>　ガレット・エクボ、カリフォルニア州オークランド、1941年

エクボは自らの民主主義の信条を明らかにしていった。一九三七年に彼はこう書き記している。「庭園における重要なものは人間である。植物ではない。庭園はすべて舞台であり、住民は誰しも演者である」[32]。

4　軸の解体

おそらくキュビズム空間の影響によるものであろう、近代ランドスケープは多面性と多方位性をもつ。軸がはずされることにより、透視図的に抑圧されたまっすぐな視線は解放される。これこそ、近代ランドスケープアーキテクチュアと近代建築、そして絵画の間の相関を明瞭に示すものである。キュビズムは世界を、同時的視線によって組み立てられている場所—見るというより思考している場所—として描き出した。ローズはこう提言する。「もし、視線を軸として考えたいのであれば、庭園のみならず、その軸は無数にあることになる。またそうでなければならない。一つないしは二つの軸を選びとり、静的な一枚の絵をつくりあげることは、限りない可能性を見失うことになる」と。ヒッチコックとジョンソンは、またこう論じている。「軸対称性は、不規則性を秩序立て……散在的な要素や入り組んだディテールがもたらす混乱を鎮め支配するために一般的に用いられてきた。近代の規格化は、それ自体各部分の高度な統一性を促す」[33]。それゆえに、対称性による組織立てはいっさい不必要になるというのである。エクボの提案によれば「リズムをもたせよ。動きをもたせよ。すなわち、命を、活動を、愉快さをもたせよう。慎重なセッティング、バランス、静的なものはすべて排除しよう」[34]ということになる。

当然ながら、ランドスケープアーキテクチュアにおいては規格化はほとんど応用されなかった。おぞましい剪定でもしないかぎり植物は思ったようには正確な形に成長しないからである。しかしながら、庭園の構造は理論化可能であった。事実、一九四八年にローズは、「モデュラーガーデン」を提案することでそれを試みた[35]。また庭園の可能なところにはどこにでも新しい素材が用いられた。もっともよく知られた例が、一九五〇年代後期にエクボが自邸の庭にアルミニウムを用いた試みである。また、表面仕上げされたコンクリートブロックや金属スクリーン、プラスチックなどは、南カリフォルニアのプロジェクトでよく用いられた素材である。

5　個々の植生と形態の性格に応じて用いられる植物

これは、庭園において植物を「科学的」かつ「経済的」に用いることを表している。初期モダニズムの植物の選定と用い方に関する論法を見ると、曖昧性という流行病にかかったようである。まるで、論説者が―たいていデザイナー自身であるのだが―基本的に妥協を許さない自然界の性格に手をやいているかのようである。整形か非整形かという様式議論が続いていた間も―この問題自体が近代化の象徴となるまでには至らなかったが―植物材料は、気候や環境の関数としてしか扱われなかった。[36] たとえば、一九四八年になってもなお、ブレンダ・コルヴィンなどはこう書き記している。「建築は全く新しい需要と新しい素材を扱っている。これに対して、ランドスケープが扱う自然素材（土壌や樹木）と基本的な人間の需要は不変のものである。したがって、庭園設計や自然地計画では、新しい様式を創造しようとするどのような意識的努力も無駄に終わるであろう」と。[37]

コルヴィンの著書の第一版が出る一〇年前に、ジェームズ・ローズも同じ予測に直面していたようで、彼の宣言文「庭園の自由（Freedom in the Garden）」の中でこう述べている。「工業デザインといわゆる近代建築は、新しい素材と新しい建設方法の発見を通して生まれ出たと教えられている。一方こうもいわれる。ランドスケープデザインは素材と建設方法が変わらないのだから、変わりようがないと。我々は、終の住処を見つけてしまう。我々の墓はボザール様式の墓地の軸の上にある。軸の終点には一つの墓碑が立っており、おそるおそる近づけば、ブロンズの銘版にこう刻まれているのを目にするだろう。『木は木であり、いつまでも木であり続けるであろう。よって近代ランドスケープデザインに近代は決して訪れない』」と。[38] ローズのこの声明は、審美的偏執の産物というよりは、一般的な流儀に反対する立場をとったものであった。イギリスのランドスケープアーキテクト、ジョージ・デリストンが、一九三九年の概説「庭園と庭づくり（Gardens and Gardening）」に寄せた一文の中には、機能に対するさらに徹底した態度が示されている。「庭

1-25：
<彫刻の庭>　エクボ、ディーン、オースティン＆ウィリアムズ、カリフォルニア州ロスアンゼルス、1950年代。［エドウィン・ラング撮影、ガレット・エクボ所蔵］

園における新しい『様式』を話すことは、全く意味をなさない。建築においてでさえ様式の変更は、単に従前の形態を異なるシークエンスに再配列しただけであり、それら過去のものを省略することはあっても、何かをつけ加えたということはない。庭園においては用いられる要素、色彩や地形などは、幾世代も通じて用いられてきたものである。それゆえに、庭園のデザインは、敷地に適した形態と色と地形を取捨選択する問題であって、それが取り囲む建物の比例構成や立面のパターンと美しく調和するかどうかという問題にはならない」[39]。こうした考え方が驚くほど根深く浸透しており、モダニズムに対する熾烈な反駁が正当化されたのである。

近代主義者は、植物の選定とその使用法に関するある二点について反発の姿勢を示した。その第一は、植物種が形態的関心から使用されることである。植物は、植生的な側面から使用されるべきであり、タナードなどはむしろ植栽を『構造的』に使用するように説いている。この議論は明らかに建築から借用されたものであり、一見反意語のようにさえ聞こえる。近代主義者が反発した第二の植物用法は、「塊」として植栽することである。それは「ボザール様式」の名のもとに光を当てられた整形庭園にも、ひるがえって英国式風景庭園にも共通する用法である。逆に、灌木や樹木を一本立ちで用いることが、植物を論理的に用いることになるとローズは考えた。「植物が科学的に管理されうるのは、各植物種が単独でおかれた場合だけである。それによってのみ植物固有の可能性が限りなく展開し、自由自在に用いられる」[40]。タナードの見解は、さらに簡潔である。「植物は一つの計画の中で自分の役割を果たすために、自由であることを、時には完全な独立を求めている。ピクチュアレスクな効果を狙った群植ではなく、的確な植物の選定と配置、それが近代庭園の求めるところである」[41]。振り返ってみると、モダニズム初期の庭園家によって、キュビズムの時間／空間理念によって暗示されたヴィスタや園路の集積がランドスケープにうまく応用されたとはいえない。しかしながら、植物選定やその配置においては、たしかに個々の植物が、彫刻的効果を最大限に発揮するように用いられていることがわかる。

植栽計画は、もちろん植物素材そのものから始まる。「二〇世紀のランドスケープは、近代建築や彫刻の佳作がそうであるように、必然的に素材の忠実な使用に帰することになろう。このことは、理論上もほとんど触れられることがなかった」。これは、一九三八年既に、ジェームズ・ローズが力説しているところである。「植物は、既成概念の地表パターンをつくるためにあるのではない。植物は、形態を規定するのと同じように、機能や動線をも確定するのである」[42]。ローズが一貫して用いた「科学的な」植栽の用法という言葉、時に曖昧ではあるものの、この言葉は彼の一連の議論の中でたびたび顔を現すものである。

「なにゆえ科学を試みないのか（Why Not Try Science?）」という議論は、初期の小論は除き、その後さまざまな解釈を許すようになる。例えば、「標本（specimen）」という言葉は、植物学的、農学的意味をもつとともに、「典型的植栽」「景観的樹木」という庭園的意味合いも漂わせるようになる。ローズは多くの場合エッセイの中で、この言葉に科学的論理性の意味を含ませている。近代ランドスケープ自体に、アーティストの感性とともに、デザインの論理性に訴える傾向があり、それがローズの記述にも散見される。「植物を、折衷主義の地割パターンの穴蔵から引き上げ、ランドスケープの構造的で有機的な部位として用いよう。そうすれば、植物が素材として生き生きしてくる形態が姿を現すであろう」[43]。ローズは「植物の形態と空間（Plant Forms and Space）」の編集で、合衆国北東部の風景と近代ランドスケープアーキテクチュアに適した植物のリストを示した。そこでは、植物は鉛直型、水平型、しだれ型、拡散型、丸ないしは楕円型、不規則ないしはピクチュアレスク型と分類される。いかなる価値基準も表現されていない。各々の型は、それ自体の「科学的方法」に沿って用いられることができるのである。

ローズと同じくタナードも、植物リストをつくりあげた（ただし、大英帝国と近代ランドスケープにふさわしい植物というリスト八ページである）。植物は色、形、植生、そしてさらに冬期における修景効果に従って選択される。しかしタナードの場合は、どの植物もより大きな全体の一部として扱われ、植物独自の姿や「構造的な用法」は、デザインへの貢献に比べて常に二の次となる。タナードはローズの記述よりわずかに先立って植物素材に関する見解を示した。しかし彼は、植物がランドスケープの設計で用いられるときには、自然樹形でなければならないとし、植物を単独に、「構造的」秩序をもって適用する近代ランドスケープの実現には及ばなかった。「植栽は、ランドスケープコンポジションのあくまで一部でしかない。全体の調和をつくり出すことが肝要である」[44]。

近代ランドスケープ初期の論者の中では、ガレット・エクボがもっとも適確な業績を残している。それは、植物を用いた居住空間の形成という考え方である。「風景のデザイン」の中でエクボはこう述べる。「植栽設計はちょうど建築における空間設計を屋外で行うのと同等である。しかし、それはずっと多様性に富んでいる。より微妙なもので、はかなく、図ではなく、連続性をもたない。いや連続性の度合いに、より広い選択肢があるのである」。エクボの見解によれば、ウィリアム・ロビンソンは、植物の選択にあたって、色、形態、量塊という重要度の順序を逆転させてしまっていることになる。エクボの信じるところによれば、「それがいかに低かろうが地を這っていようが、あるいは巨大であろうが、もじゃもじゃしていたり、あるいはかっちりした茂みであったり、複雑であったり、うねるような形であっても、そうしたことにかかわらずすべての植物はどれも空間の構築なのであり、空間を包み込むものなのである」[45]。自邸の庭でエクボは、ジュニパーの茂みは低い壁を形成するものとして、細くとがった樹木は空間を貫くものとして、格子列植は架空の大空

1-26：
<コネティカットジェネラル社中庭>　建築：SOM、彫刻：イサム・ノグチ、コネティカット州ブルームフィールド、1953年。［マーク・トライブ撮影］

間を暗示するものとして用いている。若干年上のトーマス・チャーチと同じく、エクボも花壇を植栽計画の中心的要素として用いることはまずなかった。明確な形をもつ面は、代わりに芝生あるいは舗装で覆われた。断面計画では、植物の高さと容量をもつ樹冠が、建築や壁、フェンスが与える堅さを補完している。

ところが、こうした植物素材に関する「構造的」また「科学的」という論考にもかかわらず、風景に与えた効果は、結果的には革命的とまではいかなかった。これは、植物そのものが生来変革しにくい性格のものであるためであろうか。それともアメリカでは、あまりにも多様な考え方が試みられたせいであろうか。ル・ノートルの高度に構造的で革新的なボスケは、見方によれば近代的ですらあるし、ダン・カイリーの最近の格子状ボスクの用法には、伝統的な整形庭園のもつ中心を定めない空間秩序に通ずるものがある。タナードの言葉を借りれば、イギリスの風景式庭園

1-27：
<ジマーマン邸と庭園>　エクボ、ディーン＆ウィリアムズ、カリフォルニア州ロスアンゼルス、1950年代。[ジュリアス・シャルマン撮影、ガレット・エクボ所蔵]

の樹木も、少なくとも一八世紀には「構造的に」用いられていたのである。単純に、ブラウンの「木立」の用法をパターンだけのものとして批判できようか。たとえそれが屋敷から遠く離れた場所にあろうとも、その第一の機能は、やはり空間やヴィスタを規定することであった。こうして見ると、正確に計算された植栽配置も空間的用法も、近代ランドスケープの発明というわけではない。どちらも過去に意味深長な前例をあげることができる。たぶんこういうことだろう。植物の近代的用法とは、新しいアートから引用された形態に色彩をそえてつくり出すことであった。植物に対する色彩的関心もまた、近代主義者のみに特有なものではないが。

　この意味からすると、ロバート・ブール・マルクスやイサム・ノグチといった巨匠は、植物の扱いにおいてカリフォルニアスクールとは一線を画する。ブール・マルクスがスケッチボードに創り出す形は、直接地面の上に移される。制

1-28：
＜ゴールドマン邸と庭園＞　建築：リチャード・ノイトラ、ランドスケープ：ガレット・エクボ、カリフォルニア州エンチノ、1951年。［ジュリアス・シャルマン撮影、ガレット・エクボ所蔵］

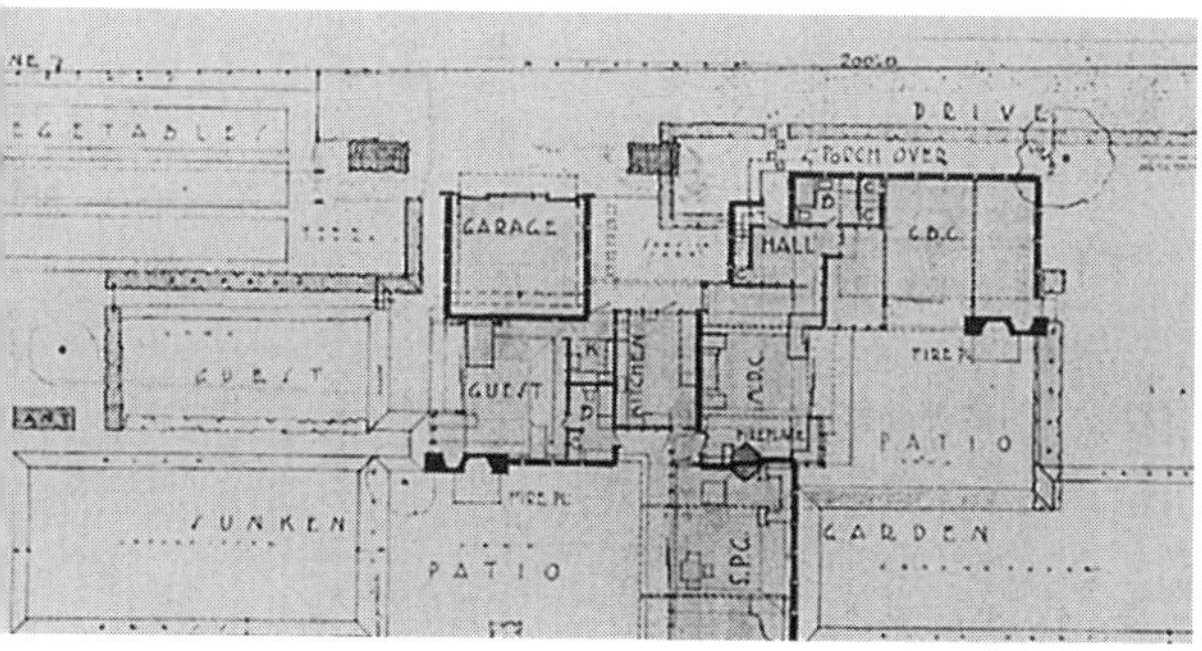

1-29：
＜シンドラー - チェイス邸、平面図＞　R・M・シンドラー、カリフォルニア州ロスアンゼルス、1922年。［カリフォルニア州立大学サンタバーバラ校美術館所蔵］

約なく自由に描かれた形は、背の低い地被植物や草花で満たされ輪郭を明瞭に与えられる。距離をおいて見ると、花壇は単色で埋められているように見えるが、その実、植栽はずっと複雑な混合体である。「庭は、美的感性と造形意志の混成である」とブール・マルクスは説く。「ランドスケープアーティストにとって、植物は単に植物ではない。珍品種か稀少種か、一般種か絶滅に瀕しているかにかかわらず、植物はそれ自体が色、形、容量であり、時にはアラベスクそのものである。植物は、アトリエで庭園について描き出された二次元のキャンバスに用いる絵具であり、庭の中で彫刻あるいはアラベスクとなる」[46]。

ノグチは一九五三年、コネティカット州ハートフォード郊外のコネティカットジェネラル生命保険の構内に芝生と草花、また低い植込みと砂利敷きが相互に分割する植栽を施した（図1-26）。作品は、そこで過ごすというより眺めるための中庭であり、その簡素な植栽の用法からいっても、ノグチのデザインには日本の禅宗様枯山水の庭に通ずるものが現れている。

色彩は、植物に与えられたもっとも美しい特性の一つである。特に年間を通じて気候の変化に恵まれた土地ではなおさらである。例をあげれば、オランダで毎年恒例のチューリップの一斉開花はいうに及ばず、熱狂的十字軍にも似たバラの品種改良は、今後も花に対する主要関心事であり続けるであろう。一九世紀後半を通じて色彩とテクスチュアの遊びは最高頂に達し、今日ハーブ類の域にまで及ぶ組み合わせが行われるようになった（植物の選択はあまりにも複雑に絡みあってきている）。ガートルード・ジキル（一八四三〜一九三二年）に代表される作庭家は、花卉と草本による色彩の組み合わせを、互いに補完し引き立てあう状態にまで高め、さらに植生の弱点を互いに軽減するほど巧妙に行った。

ジキルは、色彩の技を用いて花卉の可能性を広げようとした。その手法は、フランス印象派や点描派を想起させる。それまでの花壇が単一種単色の植込みを特徴としていたのと異なり、その植栽は色彩とテクスチュアの絶妙な組み合わせにより、視覚効果に高度な多様性を与えた。ジキルにとって、色彩はそれ自体で一つの芸術であった。「六〇年ほど前の時代には、色彩は単に目をひくという効果しか期待されていなかった。このため赤や青や黄などによって得られる一番鮮やか色づけが、往々にして的の標的のように何の根拠もないままくねくねとうねり、ぼやけた線をつくっていた。

……何年か前に私は、いかなる花も、長い矩形に植えられるほうがよいという結論に達していた。それは絵画的効果を与えるだけではなく、花が咲き終わった後や、葉が散ってしまった後も見るもののない空っぽの空間を残すことがないからである」[47]。彼女は各々の植物に与えられている形を「ドリフト」と表現した。この語の選択はなかなかよい。なぜなら実際には個々の草花は互いに溶け合い、各々の形態を消し合うのであるから。

　初期の近代主義者にとって、実際のところ、世紀末の色彩とテクスチュアに対する熱狂は遠ざけておきたいものであった。今から振り返ってみると、どうしてそれほどそれが理解に苦しむことなのだろうと思う。例をあげるとジキルはしばしばエドウィン・ラッチェンスと協働しているが、〈ヘスターコムの庭〉（一九〇四～〇九年）などでは、テクスチュアと色彩の野性的で奔放なふるまいが、ラッチェンスの設計する基本的に直交対称形の建築的テクストとよく調和している。構造的だが変化に富む目を見はるようなデザインが、建築と植栽、整形的なものと装飾的なものの交流から立ち現れるのである。歴史を客観的に通観すれば、近代主義者のとる理想は、そのまま一七世紀のフランス整形式庭園のパルテールの植栽に当てはまることがわかる。二〇世紀ならではの形態言語ではあるものの、それは単一の色とテクスチュアをつくり出すパルテール植栽である。建築の秩序をランドスケープに拡張しようとする意図も同じである。フレッチャー・スティールによる〈ノームキーグのローズガーデン〉では、古典的な芝生の上に曲線的なパターンが刻み込まれているし、合理主義者であったクリストファー・タナードでさえ〈セント・アンズ・ヒル〉において、花の面として芝生の中にモダニズム的な曲線形態をおくことで、根本的には古典的なパターンを継承している。そのタナードは、色を混ぜ合わせる世紀末イギリス風植栽に対して強烈な批判を向けた人物である。「色彩を純粋に構造として用いることを恐れるあまり、乱雑な点描手法（やたらと点打ちして色をにごしてしまう手法）が行われるようになる。それは服飾の色合わせや色混ぜとうまく折り合うテクニックではある。そして色彩の庭が唯一の人気スタイルであるようなヨーロッパの田舎ガーデンアーティストに、不思議と資格を与えるものとなっている」[48]。タナードはさらに続けて、混色には情緒的影響があることを強調し、混色の生理学を理性的に見ず、むしろ感情的な目を向けてしまっている。「近代ランドスケープの庭（Gardens in the Modern Landscape）」においては、「構造的」と「機能的」の意味を正確に記述し

1-30：
＜フォアキャスト（アルコア）庭園＞　ガレット・エクボ、カリフォルニア州ロスアンゼルス、1950年代。［ジュリアス・シャルマン撮影、アメリカアルミニウム社＆ガレット・エクボ］

1-31：
＜フィリップ邸庭園＞　トーマス・チャーチ、カリフォルニア州ナパバリー、1954年。[マーク・トライブ撮影]

ようとしたのと同じく、色彩に関してもその努力が払われているが、記述そのものが「混ざり合って」いてその考察はあまりうまくまとまっていない。

カリフォルニアにおける植物の色彩は、東海岸のデザインのように定形の花壇に依存することはなく、その立場をしっかり定めて光彩を放った。チャーチやエクボの作品において、花卉は、「構造的」な緑に生彩を与えるものとして扱われている。通常パルテールは好まれず、代わりに、たいていの場合、生体的形態の芝生が明るく輝く青い水泳プールと組み合わされる。エクボは、アメリカの庭師たちを「色うかれ」と批判し、色彩の用法にはさらに徹底的な研究が必要と警告した。形態や植物素材自体と並び、色彩は空間デザインにとってなくてはならないものに違いない。エクボは、「我々は、色彩の利用を否定するものではない。むしろ、その論理的で抑制のきいた用法を奨励する。そうすれば、色彩は、庭園や公園の空間概念をこわすのでなく、逆に強化することになろう」と述べている。緑もまた色彩の一つとして考えられるべきであり、単なる背景ではない。「枝葉や幹なども色をもち、その多様性は一考に価する。葉の色は、灰色、青みがかった灰色、茶色がかった灰色、そして灰がかった緑、明るい緑、中間色、暗緑色などにとどまらない。紫や赤みをおびたものもあり、さらに銀色、黄色、赤などの斑入りのものもあることはいうに及ばない」[49]。ランドスケープデザインの他の要素と同じく、色彩も、その目的は、庭園の形態言語とデザインの出発点―利便性と構造―を補強しまた豊かにすることにある。

6 住宅と庭の統合：「住宅ありき、そして庭」[50]というのではない

ミースが〈レンガの家プロジェクト〉で提唱した外部と内部の完全な統合は、南カリフォルニアの建築家によってさらにおしすすめられ、ヨーロッパ近代主義者の理念が現実のものとなっていった。フランク・ロイド・ライトによるパサデナの〈ミラード邸〉（一九二三年）では、敷地である峡谷の上にプールつきのテラスが張り出す。それはあたかも、カリフォルニアスペイン風建築に特有の中庭の再解釈のように見える。ライトのこうした試みに基づき、オーストリアからの亡命建築家、ルドルフ・シンドラーとリチャード・ノイトラは、内部と外部の境界がほとんど消滅してしまうような住宅をつくり出した。一九二二年の〈シンドラー自邸〉（図1-29）では、内部空間がサンクンガーデンと対峙し、内部と外部の二つの部屋が清楚な音楽を奏でているようでさえある。ノイトラによるオハイの〈ムーア邸〉（一九五二年）やエンチノの〈ゴールドマン邸〉（図1-28）（一九五一年、ランドスケープはガレット・エクボ設計）では、大きなガラス面と広々とした屋根が鉄骨軸組みから張り出し、パティオ、プール、植栽が外部の壁の間を抜けて連続する。質の高いデザイナーによるプロジェクトを出版するアート&アーキテクチュア誌企画の〈ケース・スタディ・ハウス〉が一九四五年から六六年までの間続けられたが、それは、南カリフォルニアにおける近代建築と近代ランドスケープの戦略的広報として影響力をもちつづけた[51]。これら南カリフォルニアの建築家が、庭園空間を住宅内部にまで取り込む試みをしていたとすれば、ランドスケープアーキテクトは、逆に住空間の構造を庭園空間に引き出していたといえる。

1-32：
<ドネル庭園>　トーマス・チャーチ、カリフォルニア州ソノマ、1948年。［マーク・トライブ撮影］

この最後の要素、住空間の構造こそ、エクボのランドスケープを特徴づけるものである。大小含め何千という庭園の設計者として、エクボは、敷地の空間を一つの全体として扱うことに力を注いだ。もともと限られた空間をさらに分割することが、敷地を狭く見せることに気づいたエクボは、敷地が全体として明瞭に知覚されることを目指したのである。早くも一九三七年に、彼は「敷地を囲い込む境界性を忘れさせるために、いかに意のままにその長方形の領域をゆがめ、ねじり、変形するか」について記述している。「領域が部分的にあるいは完全に遮蔽されることによって全体を一度に目にすることがなくなり、さらに空間の奥行きを感じさせることができる」[52]。この特徴が彼の作品からなくなることは最後までない。

カリフォルニアのランドスケープアーキテクトの先駆者であったトーマス・チャーチの文章の中でも、やはり住宅と庭園が、家族生活にとって一対のものとして明言されている。設計者であるとともに活発な文筆家でもあったチャーチは、専門的出版と並び、サンフランシスコ新聞やハウスビューティフル誌など一般誌にも寄稿している。彼の「庭園は人々のために（Gardens Are for People）」[53]は、人々に向け、望んでいることをチャーチ自身に教えるようにと告げたものである。すなわち、これから庭をつくろうという施主に道を指し示すものであった。形態はプログラムの調達から引き出される。お互いに似ている庭などない、庭は施主と敷地の個性の反映だからとチャーチは述べる。

チャーチの長い実務歴において設計され建設された何百という庭園は、様式的にいえばこれといった特徴のない形態を用いた素直なものから、美術界、建築界からの最新の理念を模倣したものまでさまざまである。彼の事務所の建物がそうであるように、チャーチが用いた形態言語は、伝統的なものと近代的なものの両方にまたがり、新しく発明された形から古典的な構造や要素に基づいたものまで多様に変化する。しかしそこには一つの明確な共通点が存在する。ほとんどの庭園は、住宅近くではそれにしっかりと結びつけられ、外側の風景に向かうにつれその結びつきが解かれてゆくという形式をとる。住宅まわりの舗石や芝生はいずれも機能的な役割を果たし、その領域は、敷地の残りの部分から、低い壁かプランターあるいはシートウォールによって区切られ、間合いをとるように設定されている。

チャーチの手掛けた大きな庭園として代表的な、ナパバリーの〈フィリップ邸庭園〉（一九五四年）（図1-31）を見てみよう。スイミングプールが対称性を想起させる要素として用いられ、庭園に空間構造を与えるとともに、周囲のブドウ畑や山並に空間をつなげる役割を果たしている。住宅に直交するこの整形軸からは、植込み、藤棚、ブドウといった不整形な要素が遠景に向かって伸びてゆく。構造的な住宅形態と密着したランドスケープの骨格が整然とした雰囲気を醸しだす一方、非対称な植物ならではのやわらかな効果が、生活者自身の注意を喚起し驚きを与える偶発性を生み出していることに気づく。

敷地条件が厳しく予算も限られた他の作品では、チャーチは、建築を包み込み引き立て役となるランドスケープを構成する。例えば建物を包む流れるような曲線、建物を囲むテラスや芝生などである。フェンスは郊外住宅に不可欠なものの一つであるが、チャーチの手によると、目に触れさせたくないものを隠すというより、むしろ背後への予感を高めるものとして巧妙に用いられる。プールに沿うジグザグ型、曲線型、自由形態のプランターやシート、それらはすべて、美と用の理にかなう偉業を成し遂げたチャーチの署名と見ることができる。

近代語法によるカリフォルニアの庭園の中でも、一九四八年にソノマ郡につくられたトーマス・チャーチによる〈ドネル庭園〉（図1-32）ほど、近代を代表する究極的な象徴記号となった作品はないだろう。その主たる理由は、この庭園に用いられた近代の標ともいえる生体的形態にあろうが、ドネル邸庭園は、その他の点からいっても典型的なまでにカリフォルニア的で近代的である。まずこの庭園は、隅から隅まで使用するためのもの、すなわち、屋外の居間としてである。庭園は、家族が好んでピクニックをしていた場所につくられたものであり、実際、邸宅に先立って完成された。このことがたぶん、庭園と邸宅の関係が対等であることを説明してくれるであろう。スイミングプールはむしろラナイであり（訳註：泳ぐより過ごすためのプール施設）、それ自体がリビングルーム、ドレッシングルーム、ゲストルームのアンサンブルを構成する。ウッドデッキが丘の斜面に張り出し、プールに浮遊感を与えている。ゴールデンステイツと呼ばれるカリフォルニア州における心地よい屋外リビングのことを思うのであれば、この庭園こそが、理念的かつ叙情的な舞台として思い出されるであろう。

現地の生態系と新しくもちこむ植栽の微妙な均衡がデザインを完成させる。チャーチはまず、カリフォルニア自生の樫の木を配置し、草原で覆われた既存の丘の斜面形態を顕著化する。これに、モントレー杉やジュニパーの生垣、ブーゲンビリア、フェストゥカ、時には単純な芝生による線要素を付け加えてゆく。邸宅と庭園は、隣り合う要素として、緩くうねる生垣や自由な園路によって織り合わされるように丘を共有している。それは、景色を楽しむために寄り添い立つ二人の友人のようでもある。邸宅の外観は近代的である。しかし空間に関する根本的な近代性はあるであろうか。あるにはあるが、それは必然的なものというより、庭園の姿や形がもたらす現代的感覚の影響を受けたものである。[54]庭園内を歩くルートは数多い。これは、フレンチバロック好みの軸構成や、イギリス風景式庭園の蛇行する園路に比べて、はるかに近代的な庭園構造である。

〈ドネル邸庭園〉は、それ自体で近代ランドスケープの公理を集約したものとなっている。歴史的様式の影響を否定し、古典的な軸を注意深く避ける。形態言語は、近代美術の影響を受け入れつつ、単なるパターンではない一体的な空間の一部分として存在する。構成は動的であり、植物は植栽適性の観点から妥当な選択をされ、生来の形態を重視して用いられている。既存のカリフォルニア樫も、根元を円形のレンガで囲まれ構成の中にうまくおさめられている。外に伸びる壁面、ラナイのガラス張り出し部分などの形態言語のおかげで、内部空間と外部空間、すなわち建物と庭園は完璧なまでに統合されている。そして最後にもう一つ、庭園は人のために存在している。そこを使うためにデザインされたのである。

III

当然のことながら、合衆国における近代ランドスケープアーキテクチュアは、単純に定義できるものでもなければ、先述したように、簡単に成立してきたものでもない。あらゆる「時代精神」と同じで、それは物語られる構成概念であり、時を経て初めて一つの道筋となるのである。真なる歴史とはそういうものだが、現実の出来事ははるかに複雑であり、粗い目の網を一回投げるだけで捕獲できるほど単純ではなく、数多くの詳細と脇役的作品や人物がこの概観からもれているかもしれない。しかし、モダニズムの形態、構造、印象といったもの、すなわちモダニズムの文脈の基本形はすくい取れたものと思う。

第1章の註

1. Sigfried Giedion, Space, Time and Architecture (Cambridge:Harvard University Press, 1941) 一九三八年〜三九年のハーバード大学での建築史講義のノートをもとに編纂。邦訳書：「空間・時間・建築」、太田実訳、丸善、一九八三年

2. タナードのランドスケープアーキテクトとしての役割は、宅地開発と都市計画の方面に著しく拡大されており、戦後の編集では一転して、ランドスケープデザイナーというより、プランナーとして発言している。この時期になると彼の正式な著述は少なくなり、ランドスケープアーキテクトの態度というより建築家の態度への傾倒が見られる。Christopher Tunnard, Gardens in the Modern Landscape (London: The Architectural Press, 1948)

3. Fletcher Steele, "New Pioneering in Garden Design," Landscape Architecture 20, no.3 (April 1930), 162.（本書収録

4. ここでは、「ランドスケープデザイナー」という言葉を用いる。というのも、多くのモダニズムの著名なプロジェクト、特にフランスのものは、ガブリエル・グーヴレキアン、ロベール・マレ=ステファンといった建築家、ピエール・ルグラン、ジャン&ジョエル・マルテル兄弟のようなアーティストによって、デザインされたからである。

5. style regulier（本書中）は、直接的には、レギュラースタイルと訳されるが、このレギュラーは、幾何学的な形という意味でのレギュラーである。二〇世紀初頭フランスのランドスケープデザインにおいて、この語は庭園の形式を表現するために用いられたが、例えば一七世紀様式のような厳格な対称形と同一視されてはならない。

6. Dorothée Imbert, The Modernist Garden in France (New Haven: Yale University Press,1993).

7. Fletcher Steele, "Modern Landscape Architecture," in Contemporary Landscape Architecture and Its Sources (San Francisco: San Francisco Museum of Art, 1937), 24-25.

8. Fletcher Steele, "New Styles in Gardening: Will Landscape Architecture Reflect the Modernistic Tendencies Seen in the Other Arts?" House Beautiful 65 (March 1929), 353.

9. ロビン・カールソンは、フレッチャー・スティール総論の中で、ガレット・エクボのスティールに関する記憶と印象談を引用している。「年老いた番人から、近代人へと移行する過渡期の人物である。スティールは、お決まりの型―まさに我々が唯一そうするべきと教わっていたもの―を反復する人ではなく、新しいものを試みる人物である点が私の興味を引いた。……彼のデザイン言語は伝統的であったが、すべてのよきデザイナーがそうであるように、彼はそれを文化的背景の中で自分のものとし、うまく使いこなしていた。そしてまた、人物としても興味深い人であった。豊かな人間性と指導者としての資質を醸し出していた」。Robin Karson, Fletcher Steele, Landscape Architect: An Account of the Gardenmaker's Life, 1885-1971 (New York: Harry N. Abrams / Saga Press, 1989), xix.

10. James Rose, "Freedom in the Garden," Pencil Points (October 1938), 639.（本書収録）

11. Leo Marx, The Machine in the Garden: Technology and the Pastoral Ideal in America (London: Oxford University Press, 1964) 参照。

12. Juan Pablo Bonta, An Anatomy of Architectural Interpretation (Barcelona: Editorial Gustavo Gili, 1975); and Wolf Tegethoff, "On the Development of the Conception of Space in the Works of Mies van der Rohe," Daidalos 13, no.15 (September 1984), 114-123.

13. 一九九一年五月の著者との会話中で、カイリー自身がル・ノートルを師と称していた。

14. Henry-Russell Hitchcock and Philip Johnson, The International Style (New York: W.W.Norton, 1932), 20。邦訳書：「インターナショナル・スタイル」、武澤秀一訳、鹿島出版会、一九七八年

15. トーマス・チャーチは、建築家ウィリアム・ワースターとのフィンランドへの旅行においてアアルトの事務所を訪れている。そのとき、ちょうど建設中であったマイレア邸の平面図を目にしただろうこと、そして、カリフォルニアモダンランドスケープデザインのイメージそのものとなったチャーチのドネル庭園のプールの形が、アアルトのキュビズムへの関心から始まったのだとしても、それは想像に難くないところである。絵画と建築の相関については次の書に詳しい。Henry-Russell Hitchcock, Painting toward Architecture (New York: Duell, Sloan and Pierce,1948).

16. Martin Heidegger, "Building Dwelling Thinking." in Poetry, Language, Thought, translated by Albert Hofstadter (New York: Harper and Row, 1971) 参照。

17. William S. Rubin, Dada, Surrealism and Their Heritage (New York: Museum of Modern Art, 1968), and Patrick Waldberg, Surrealism (New York: Oxford University Press, 1965) 参照。

18. James Thrall Soby, Salvador Dali (New York: Museum of Modern Art, 1946), and A. Reynolds Morse, Dali: A Study of His Life and Work (New York: New York Graphic Society, 1958) 参照。

19. Isamu Noguchi, A Sculptor's World (New York: Harper and Row, 1968); Isamu Noguchi: The Sculpture of Space (New York: Whitney Museum of American Art, 1980). および Isamu Noguchi, The Isamu Noguchi Garden Museum (New York: Harry N. Abrams, 1987). 参照。アルプについては For Arp, see Herbert Read, The Art of Jean Arp (New York: Harry N. Abrams, 1968); James Thrall Soby, ed., Arp (New York: Museum of Modern Art, 1958); and Arp 1886-1966 (Minneapolis: Minneapolis Museum of Art, 1988). 参照。

20. Christopher Tunnard, "Modern Gardens for Modern Houses: Reflections on Current Trends in Landscape Design," Landscape Architecture 32 (January 1942); 60.（本書収録）

21. Jens Jensen, Siftings (1939; Baltimore: Johns Hopkins Press, 1990), 34, 38.

22. この空間的からくりについて、ハワード・アダムスはこう述べる。「全景のもつ連続的で同時生起的なシークエンスの展開は、花や葉の各々の肌触りといった豊かなディテールによりさらに強化されている。―いかなる単調さも、この大きな空間の中では消え失せてゆく。……特定のものと全体像の間で揺れ動く知覚の両極性―例えば、小道沿いの長く繊細な茎に咲く蘭の花と、突然開ける眼下の谷の全景―は、ブール・マルクスの庭園芸術に対する細心なる審美的熟考と、生態的知識を証明するものである。すなわち、空間に関する感性と自然に対する感性が同等に合体しているのである」。Roberto Burle Marx: The Unnatural Art of the Garden (New York: Museum of Modern Art, 1991), 13.

23. Eckbo, Landscape for Living (New York: F. W. Dodge, 1950), 46-74。邦訳書：「風景のデザイン」（久保貞・上杉武夫・小林竑一訳、鹿島出版会、一九八六年

24. 「水平線も奥行きを示す線もないことによって、作品は奥行きから逸脱する。またどの色あるいは線も、視線の角度というものを消し去ってしまうようになっているため、面からも解放される。大きな形態の内側で、小さな形態がうごめく」。Miro: je travaille comme un jardinier (Paris: Société Internationale d'Art XXe Siécle, 1964), 40. この本のタイトル〈私は庭師のように働く〉は、形態そのものよりも過程に着眼していることを示す。「私は庭師のように、あるいは葡萄園丁のように働く。物事はゆっくりとやってくる。例えば、私の形態言語も然り。私は形を一時に全部発見したことはない。まるで、私の代わりに形態自身が自分を形づくるかのようである。物事は自然の過程をたどる。成長しそして熟す。私のすることは、接ぎ木である。レタスに水をやることである。

心の中で熟成が進行する」。（同書44）。

25. エクボの〈Landscape for Living〉（前出23、邦訳書「風景のデザイン」）の出版は、タナードが、近代ランドスケープに関して一貫した見解を提示してから後の初めての試みであった。ただし、そこに示される事例はほとんどエクボ自身のものである。ローズは仲間たちの理念―近代ランドスケープは、様式をもたない―に共感しこう述べた。「それは、高速移動と大量生産、増大した娯楽と機械設備の世界に生きる方法である。そこには固定的形態はなく、独立した実体もなく、あるのは新しい試みと分析という目標だけである」。"Gardens," California Arts and Architecture (May 1940), 20.

26. Garrett Eckbo, "Small Gardens in the City: A Study of Their Design Possibilities," Pencil Points (September 1937), 573.

27. 前出。

28. Geoffrey Jellicoe, The Guelph Lectures (Guelph, Ontario: University of Guelph, 1983). 参照。Sylvia Crowe's The Landscape of Power (London: Architectural Press, 1958). もまた、新技術―ここでは電力の恩恵―に対するランドスケープアーキテクトの関心を示している。

29. Michael Laurie によるインタビューより。An Interview with Garrett Eckbo, Michael Laurie, January 1981 (Watertown: Hubbard Educational Trust, 1990), 6.

30. 前出、10－11。

31. Garrett Eckbo, "Site Planning," Architectural Forum (May 1942), 263

32. Eckbo, "Small Gardens in the City," 573.

33. Rose, "Freedom in the Garden," 642; Hitchcock and Johnson, The International Style, 59.（本書収録）

34. Eckbo, "Small Gardens in the City," 573。エクボの軸に対する批判は止まらない。「軸は、ある領域の中心軸にすぎず、内部空間より屋外空間において、さらにそれが強調される理由は全くありえないと思う」。"Sculpture and Landscape Design," Magazine of Art (April 1938), 205.

35. プロポーザルは、Progressive Architecture, September, 1947 に発表され、後に James C. Rose, Creative Gardens (New York: Reinhold, 1958), 16-37. に収録された。

36. タナードを始めとする幾人かの批評家が、「非整形か整形かは、問題ではない」と述べている。むしろ必要とされたのは、空間に対する新しい感性とランドスケープデザインに対する新しいアプローチであった。一九四二年にはタナードが、様式のいざこざにこの職能が巻き込まれることを警戒している。〈整形〉と〈非整形〉の二様式を統合しようとする妥協的努力は、二〇世紀の正式な様式として、デザイナーが盲信的に思い描いたものに何とか到達しようとする、この上なく危険な動向である。……これはまた盲目的な突進でもある。二〇世紀にふさわしい様式とは、完全な非様式であり、人間のための環境を整える新しい計画概念である」。"Modern Gardens for Modern Houses," 60.

37. Brenda Colvin, Land and Landscape (London: John Murray, 1948),62.
38. Rose, "Freedom in the Garden," 640.（本書収録）
39. George Dillistone, "To Talk of a New 'Style' in Gardens is Absurd," in Gardens and Gardening, 1939, edited by F.A.Mercer (London: The Studio Ltd., 1939), 11.
40. James Rose, "Why Not Try Science? Some Technics for Landscape Production," Pencil Points (December 1939), 778.（本書収録）
41. Tunnard, "Modern Gardens for Modern Houses," 60.
42. James Rose, "Plants Dictate Garden Forms," Pencil Points (November 1939), 695.（本書収録）
43. James Rose, "Articulate Form in Landscape Design: People and Materials Defeat Preconceived Pattern," Pencil Points (February 1939), 99.
44. Tunnard, Gardens in the Modern Landscape, 117.
45. Eckbo, Landscape for Living, 95.
46. Roberto Burle Marx, "A Garden Style in Brazil to Meet Contemporary Needs," Landscape Architecture (July 1954), 200. ブール・マルクスのランドスケープが明らかに絵画的発想に基づいていたことは、彼のバートン・トルメインの庭園が Hitchcock, Painting toward Architecture, 53. に含まれていることからも証明される。
47. Gertrude Jekyll, Gertrude Jekyll on Gardening, edited by Penelope Hobhouse (1924; New York: Vintage Books, 1983), 259, 266.
48. Tunnard, Gardens in the Modern Landscape, 109.
49. Eckbo, Landscape for Living, 100-101.
50. Eckbo, "Small Gardens in the City," 574.
51. Esther McCoy, Case Study Houses 1945-1962, 2d. ed. (Los Angeles: Hennessey and Ingalls, 1977); および Elizabeth Smith, Blueprints for Modern Living: History and Legacy of the Case Study Houses (Los Angeles: Museum of Contemporary Art and Cambridge: MIT Press, 1989): 参照。
52. Eckbo, "Small Gardens in the City," 574.

53. Thomas D. Church, Gardens Are for Peoele (New York:Reinhold, 1955); 2d.ed., Grace Hall and Michael Laurie 編集(New York:McGraw-Hill, 1983). また Thomas Church, Your Private World: A Study of Intimate Gardens (San Francisco: Chronicle Books, 1969). も参照。

54. プールの形は、敷地から見えるサンフランシスコ湾に注ぐ河川の蛇行形からとられたともいわれている。これが着想の発端であったかどうかはともかく、チャーチによってプールに与えられた腎臓型は、実にその時代に適合していた。誰であったか名前は忘れたが、同僚がこういったことがある。チャーチは、「目の前のカーテンから」その形のアイデアを得たのだろうと。この冗談はさておいて、この形態は、一九四〇年代の時代の空気であったことがうかがわれる。前出15参照。

再録論文1

庭園の自由

1938年

ジェームズ・C・ローズ

ランドスケープデザインは、建築と彫刻の中間あたりに落ち着く。建築的意味での構造や機能の条件からは解放されているものの、動線計画を要するという理由で、彫刻ほど純粋な美術ではない。実際それは、オブジェとして眺められるためではなく、空間的関係のもたらす美的感覚のうちに人々を取り囲むためにデザインされる屋外彫刻である。ランドスケープは、いくつかの点において根本的に建築とも彫刻とも異なる。

1. 素材は、ほとんどの部分が生物であり成長するものである。
2. 水平方向のスケールが、高さ方向のスケールに対して非常に大きい。このことが実際、容量や三次元的感覚を得ることをより困難にしている。
3. スケールは空と周辺の土地によって決定され、概して巨大である。
4. 形態の感覚を得ることが難しい。庭園デザインで用いられる成長し続ける素材の不定形性と不安定性による。

建築でも彫刻でも形状、高さ、大きさは一度決定されるとその後変わることがない。ランドスケープでは変化する要素―空、地形、素材―がそれを繊細な芸術とし、特別な研究を要するものとしている。

Ⅱ

工業デザインといわゆる近代建築は、新しい素材と新しい建設方法の発見を通じて生まれ出たと教えられている。一方こうもいわれる。ランドスケープデザインは素材と建設方法が変わらないのだから、変わりようがないと。すなわち我々は、終の住処を見つけてしまう。我々の墓はボザール様式の墓地の軸の上にある。軸の終点には一つの墓碑が立っており、おそるおそる近づけば、ブロンズの銘版にこう刻まれているのを目にするだろう。「木は木であり、いつまでも木であり続ける。よってランドスケープデザインに近代は決して訪れない」と。

絵画において、その素材に確たる変化があったわけではない。それにもかかわらずボザール派がピカソをレオナルドに例えながらどんなに頭を掻きむしらねばならなかったか。

彫刻も然り。ブランクーシとセルリーニ、両者とも同じ素材を自由に扱えたにもかかわらず、少なくとも小さな革命に似た経過があるように思われる。

音楽は、近代になってもっとも驚くべき変革を成し遂げたが、バッハにおいてもストラヴィンスキーにおいても、用いられているのは同じ九つの階調である。もし、ランドスケープデザインが音の階調と同じような九つの要素に閉じ込められていたら何が起こったかなどと考えるのはやめようではないか。

素材の変化なしにその表現の変化を成し遂げたもっとも簡明な例は、たぶん舞踏であろう。ロシアバレーは、ギリシアの合唱舞踏団とも一八九〇年代のトーダンスとも同じには見えない。しかし、人間の肉体は舞踏で用いられる唯一重要な要素であり、木に負けず劣らず不変なものである。

Ⅲ

素材や手法の発展が直接適用されたかどうかが問題なのではない。問題への取り組み方が進化したかどうかである。

これは工学デザインから詩歌に至るまであらゆるところで目にすることである。それはまた、程度の差ではない。すなわち新しい世代が新しがろうとしているものではない。我々は、ルネサンスの原理がデザインの「いろは」だと教えられている。また上流の人々と会話を楽しむ前に、その「いろは」を学ばねばならないと教えられている。これほど陳腐なこと、そして不幸なことはない。ルネサンスにおけるデザインの「いろは」を学ぶことは、英語を話したければアルファベットを学ばねばならないというのと同じくらいの価値しかもっていない。これがもっぱら学者のなすこと、歴史的興味であることに疑いの余地はない。ギリシア語の教授がノエル・コワードよりいい戯曲を書けるとは考えないのと同じく、古典的デザインの基礎が近代デザインの武器になるとも考えられないのである。

今日のデザインは、種の変化、概念の変化を表明している。産業革命と経済革命から影響を受けた新しいメンタリティーの表現である。これらの変革は、ガリレオ、コペルニクス、マゼランがルネサンス期にした発見と同じ意義をもっている。我々と前時代の間には、目には見えないが通過することのできない膜があること、自分たちが新しい精神状態

A-1：
デザイン要件を満たしつつ植物素材を本来の性格に基づいて選択することで、植物形態のタイプによる空間構成が達成されること、動線を遮らない空間規定が可能なことを筆者はこの模型で示している。そしてそれを「植栽の彫刻：普通の意味での見る対象としての彫刻ではなく、人々の動きを受け入れるほど大きくまた透けた、構築的なタイプの彫刻」であると説明する。透明なガラスブロック、視線より低い植栽、視線より上の樹木の枝葉、これらが視界を遮ることなく領域の感覚を与え、三次元的構成を生み出す

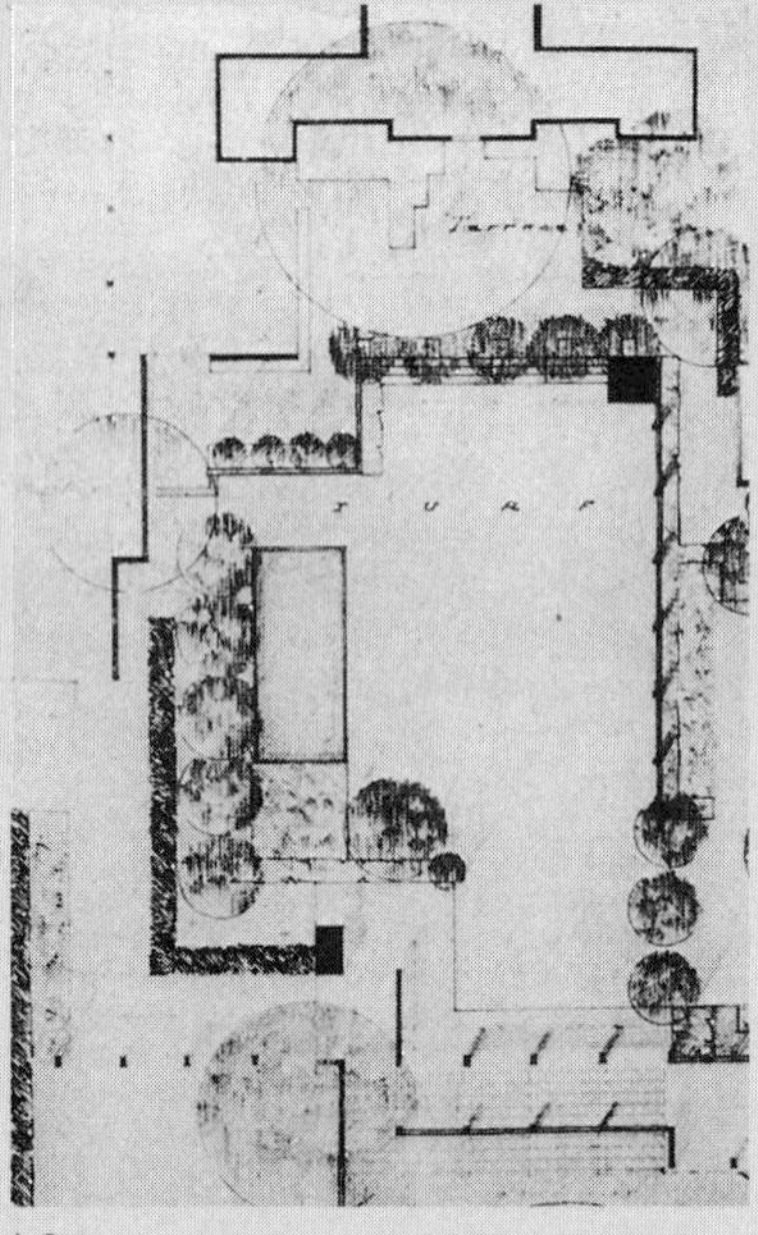

A-3：
＜庭プロジェクト＞　ガレット・エクボ、ペンシルポイント誌 1938 年 10 月号

A-2：
「著者の庭園モデルは、樹木の構成形態がいかに水景や建築と結びつき、形態を失うことなく非整形を実現するかを示している」

にあることを意識している。ゴシックの教会やルネサンスの宮殿を堪能することはできるが今日つくられることはもはやない。なぜなら当時の人々に霊的感動を与えた源から我々は切り離されているからである。次のことをまず第一に学ぼうとしないなら、歴史には何の価値もない。それは、社会的、心理的影響がいかにしてある特定の市民階層を、特別な表現方法に至らしめるかを理解することであり、これこそ過去から得られる唯一の直接的な感動である。我々は同じことを我々の市民のためになし、それを表現することを探究すべきなのである。

様式は、人々の暮らす社会秩序に対する主体的感化から自然に生まれてくるものである。一方ファッションは、様式が一時的に顕在化する様相であり、その表面の模様のようなものである。今日の様式に本質的なものを求めるなら、抽象運動に転ずる他によき道はないだろう。それは科学におけるアインシュタインやミリカンのごとく、芸術における偉大な先駆者である。抽象作品の価値は計り知れない。文脈から解き放たれることにより人は新しい精神を生まれたままの姿で目にするのである。

その中でも構成主義は、ランドスケープデザインに寄与するところがおそらくもっとも大きい。その作品は、三次元空間における関係を扱うからである。構成主義の中に打ち立てられた透明性の感覚と、面の連続によって分節される可視性の感覚を、もし、屋外素材の言語に翻訳することができるならば、それだけで十分、古典の軸システムによる抑圧から我々を自由にする術となろう。もし、視線を軸として考えたいのであれば、庭園のみならず、その軸は無数にあることになる。またそうでなければならない。一つないしは二つの軸を選びとり、静的な一枚の絵をつくりあげることは、限りない可能性を見失うことになる。軸の手法は、一六世紀におけるグラフィクデザインと華麗な建築ファサードへの単なる懐古趣味にすぎない。そうした華麗さは、ルイ一四世王朝には適しているが、我々の社会とは何の関わりもない。我々はもう、建物をマンサード屋根の様式で設計したり、庭園や博覧会をル・ノートルのやり方で設計したりする必要はない。誰も軸の原理に従って部屋の内装を整えようなどと思ったり、部屋の一方に立って、そこから対称な美的構成が見えることを期待したりしないであろう。必要なのは、適確な分節とどの点においても心楽しませる感覚である。庭園においても然り。軸を引くことや、平面上に図形を描くことから始めるのは基本的に間違っている。庭園の形態は空間の分節から生まれ出るのである。

V

ボザールのシステム―事実上国内すべてのランドスケープ教育がこれによって結合しているのは信じがたいことであ

る—が、植物を軽視していることは驚くほどである。まるで、植物がデザインの全く外にあるかのようであるし、植物の知識も無関係なこととされているように見える。植物と、石、土、そして水は、ランドスケープの中核要素であり、そのうちのどれ一つを無視しても可能性を大きく減ずることになる。ところが、ボザールは、一枚の「絵」を囲い込みフレーミングするデザインに最後まで夢中になって、自分たち自身の武器を用いることを忘れている。ブランクーシの作品を見れば、素材の中に本質が受け継がれることの意義、すなわち、素材がデザインの質を生むのだということを学ぶことができる。その暖かみ、やさしさ、親しさは素材から生まれている。現代様式が皆冷たく非人間的だという思い込みは、この様式に関する無知と素材の用い方に関する感性の欠如を自ら暴露するものである。我々は、日干しレンガから鉄筋コンクリートまで何でも用いることができる。自己表現にともなう自由のためには、いかなる性格の形態的様式であっても使えないものはない。

植物はランドスケープにとって、会話好きの人にとっての言葉のようなものである。誰でも言葉は使えるが、達人は、その言葉にきらめく輝きを与えることだろう。ベルサイユ宮殿に見る刈り込まれた生垣や樹木は、当時のデザインと調和するものである。H型平面の建築に部屋を詰め込んでいた時代のものである。図式全体が、我々が脚下したあの軸の手法を表象するためにある。これは、現代のランドスケープをつくるのであれば、素材の素直な用い方と、素材に内包されている性質の表現を探求せねばなるまい。

Ⅵ

ロマンティシズムの時代は、伝統学派が原理を押しつけることの虚偽を正そうとしたが、グラフィックアートにおいては失敗に終わってしまった。その発端が文学にあり、形態や配列に関するものというより情緒的なものであったからである。絶対性を確信し、絶対性からのいかなる舟出をも拒み続けた古典主義者に対する挑戦は、このたった一つの出来事のみであった。この明確な姿をもたぬ思潮は、本質的には破壊的であり、古典主義にとって代わる秩序への十分な道筋を与えることがなかった。非形式的なものは、「形がない」ことを意味し、ルソーの思想「自然に帰れ」と同じく、革命以後の人間とは相容れないことが明らかとなったのである。

形態的特性をもたないものは、いかなるものであれ不安定であり、意味のないものになる。人が自然を組み立てるとき、あるいは自然が人にとって組み立てられたと認識されるとき、物は形態と意味を獲得する。その組み立ては美しいかもしれず、醜いかもしれない。緩慢なものかもしれず、堅苦しいものかもしれない。左右対称形かもしれず、非対称形かもしれない。しかし、いったん組み立てが知覚されれば、形態の性格を獲得し、少なくとも「形式的」なものとなる。非形式性は、唯一、形態を用いる際の偶発や自由の効果としてのみ、人間のためにのみ存在する。いいかえれば「自然はそれ自体そのままに」という態度は、完全に子供じみたロマンティシズムであり、さらに重要なことだが、不可能なことなのである。

結論

自然の中に存在する絶対性に比べれば、デザインの中に存在する絶対性など比べようもない。命綱にしがみついているのは人間であるが、たぶんそうするのは、何かを恐れているからである。ニューヨークからカリフォルニアに至るまで、いずれのランドスケープ教育もボザールシステムにしがみついて格闘しているが、それも彼らの存在がおびやかされているからである。言葉は役に立たない。恐怖心は、知性を解体し、見識をくもらせる。昔ながらの教授陣は、我々の見ているところを見ても我々が目にしているものを目にしていないばかりか、我々と同じことをいいながら、我々とは異なった意味内容を話しているのである。

（Pencil Points 誌一九三八年一〇月号より再録）

再録論文2

植物が庭園形態を決める

1938年

ジェームズ・C・ローズ

あるランドスケープアーキテクトの間では、「一度も苗を植えたことがない」とか、「植物を見分ける知識がない」ことが極めて一般的なことになり、自慢の種にさえなっている。「芸術のための芸術」的態度は、ランドスケープデザインを現代生活からますます遠ざけてしまう。これは営業的にも最悪の事態となる。レンガにも木材にもコンクリートにも知識がなく、関心も払わない建築家など想像できるだろうか。あるいは、美しさばかりに心を奪われて、素材にまで気がまわらない建築家などを。

素材として考えてみると、すべての植物が独自の可能性を確固としてもっており、各々の植物は、それ自身を表出する生来の形質を避けようもなくもっている。素材に対する感性と深い洞察からしか知性的なランドスケープデザインは生まれえない。素材に力を与えたとき、建築や彫刻においては少なくとも一つのことが明確になる。すなわち、形態が比較的継続する―ただし支配的ではあるが―ということである。しかし植物においては、その闘いに終わりはなく、しかも勝利は植物にもそれを刈り続ける人間にももたらされない。もし植物が勝てば、デザインは敗退し、もし人間が勝てば、それは最初から間違っていた維持に成功しただけのことである。

二〇世紀のランドスケープは、近代建築や彫刻の佳作がそうであるように、必然的に素材の忠実な使用に帰することになろう。このことは、理論上もほとんど触れられることがなかった。植物は、既成概念の地表パターンをつくるためにあるのではない。植物は、形態を規定するのと同じように、機能や動線をも確定するのである。

Ⅱ

公平を期して述べれば、ボザールのランドスケープアーキテクトのうち何人かは植物をそれ本来の性格に従って用いている。しかし、ボザールシステムのもとでの植物は、装飾要素以上のものには決してなりえない。それは折衷的で、装飾的でお仕着せの幾何学文様の型に従い、目に映る絵画的構成に向けられたものにすぎない。ピクチュアレスクの様式も、しっかり探究されていないため本来の意味を表現できず、むしろそれを曖昧にしてしまう表面的カモフラージュに終わってしまう。個人の特質は、現実を曖昧にするのではなくそれを見極めるところから芽生える。もしそうでなければ、我々は温室育ちの魂を現実に曝すことを恐れ、粉飾の偽りによってすべてをやわらげてしまう、「偉大なる自己」という人格しかもちえないであろう。

それは、自分の時代とは無関係に独自の「美的事物」を創り出せると信じている空虚な人間である。人間の平等は社会平等の一部としてのみ存在する。社会が相互依存型になるにつれ、人格の表現は社会的なものとなり、我々自身の環境を構成する要素が統合され、個人だけの技能は意味を失っていく。そして「偉大なる自己」は舞台から姿を消してゆくのである。さらに段階が進み表現の様式が進化したとき、デザインは、怠惰な人種に絵画的舞台道具を与える装飾折衷的機能を脱ぎ捨てるであろう。

人間は絵の中に暮らすことはできない。ということは、絵画の連続として設計されたランドスケープは、我々に活気ある生活の場を与えはしない。用と美の結合がしばしば叫ばれる。この意味するところは、ボザール的構成に沿って敷き込まれた幾何学平面パターン、あるいは視線の「終点」に一つの絵画を構成する「装飾物」—何か見るべきものを！—によって分節される平面パターン、これを変革しなければならないということである。

これらは屋外装飾ともいうべきもので、二〇世紀のデザイン概念からすると全く意味をもたない。ランドスケープデザインの本来の美の意義は、三次元空間と素材の間に生じる有機的な関係からもたらされるもの、デザインに意図されている用を満たし表現するものである。したがって、ランドスケープの中の「絵画性」は建物の「正面性」と同じく意味を失い、もっと活気あるデザインのための舞台が必要となってくる。今こそ、ボザール伝統のゴム判を棄てさるときである。様式を継続的に展開させることはできるが、個別の問題解決が、各々に独自性と個性を与えるであろう。なぜなら、デザインは、ほとんど無限の素材と状況、そして各々のケースで全く同じには繰り返されることのない用という因子の有機的な結合に基づいているからである。

ランドスケープデザインにおいて、ピクチュアレスクな効果や文字通り「絵画」をつくり出すために植物を装飾的に用いることは、装飾がこれまでずっと意味してきたことを意味する。それはいつの時代も、時代遅れな美学体系の悲愴な召喚であり、芸術にとってはもう何の発言力もない最終章を意味する。切羽つまった生き残り策として、いよいよあざとい抑揚をつけて古い歌を歌うことになる。今日胎動し始めた可能性を試みもせず、この好機を見逃していることに気づいている「ランドスケープアーキテクト」が何と少ないことか。怠惰でそれほど知性もない贅沢品として値札をつけられてきた、そんな職能が正統化されてきたが、それもここまでである。

（Pencil Points 誌一九三八年一一月号より再録）

第2章

モダニズムの萌芽

—ピエール=エミール・ルグランの庭—

ドロシー・インバート

二〇世紀初頭の建築家は、歴史上の先例を注意深く選定しあるいは否定した一方で、モダニズムの運動を社会変革の目撃者として定義するために、しばしば類似の芸術的潮流に言及した。そして台頭世代のアメリカのランドスケープアーキテクト—著名なガレット・エクボ、ダニエル・カイリー、ジェームズ・ローズの三人など—も、モダニズムの形態表現を近代という時代に特有のものと考えていた。一九三〇年代後半に学生として立体主義と構成主義を分析し、ワルター・グロピウスから建築の手ほどきを受けた彼らは、ヨーロッパを新しい庭園の規範と見なしたのである。[1] それは、イギリスのランドスケープの設計者兼批評家であるクリストファー・タナードが近代ランドスケープの庭園について自らの教義を定め、フレッチャー・スティールがフランスの事例をアメリカの季刊誌の二つの記事で発表し、その結果それらの作品が若手デザイナーの注目の的となるまでまだ一〇年もある時代であった。[2]

スティールはフランスの新しい庭園をかき集めて、ランドスケープデザインの「新時代」「新しき地平」を提示した。タナードが教義的にまた時事報告的にいうところによれば、それは「近代」ないしは「近代的」なるものの間を曖昧に揺れ動くものである。その注釈はややくどいきらいはあるものの、彼の記事は二〇世紀の庭園デザイン史上、もっとも重要な時期を探索したものである。スティールの言説は、同時期にランドスケープデザインの世界に批評が不在であったことも手伝って、ことさら強烈に見える。批評の不在はたぶん、庭園がランドスケープの領域ではなく建築の一部と見なされていたことによるであろう。

スティールの論説は、時に気まぐれで不明解、矛盾をはらんでいるように感じられる。しかし、スティールが庭園デザインの急速な変化に対し、オープンな心と眼を維持し続けたことは確かである。[3] 彼の作品自体は、広大な地所のために計画されたボザール流のものであり、ランドスケープの新しい語法を指し示すには至らなかった。モダニズムの理念をランドスケープデザインに適用しようとした数少ない実作においても、その結果は近代の断片で扮飾された古い躯体といった様相を示した。つまりスティールの主たる業績は、あるモデルを示すというより、情報提供と運動の展開にあったのである。

「新様式の庭園術を引き起こす真の契機」とスティールが著したもの、それは、一九二五年パリの〈アールデコとイ

2-1：
<水と光の庭、図面>　アールデコとインダストリアルモダン展、ガブリエル・グーヴレキアン、パリ、1925年。［チャールズ・モロー］

ンダストリアルモダン博覧会〉に現れた庭園である。[4] 近代庭園の重要事例はこの博覧会以前にも以後にも設計されているものの、二つの大戦の間に、庭園を様式的にも文化的にも社会的文脈からも位置づけたのはこの博覧会である。その後無数の出版物が現れ、庭園デザイン領域の認識に重要な展開を与えた。このパリ博は、もともと一九一五年に開催予定だったものであり、一九〇二年に先立って行われたトリノ博にならっている。[5] トリノ博は、独創的で革新的な美学に基づく提案だけが受け入れられた博覧会であり、デザインプロダクトは、それが本のサイズであれ街路のサイズであれ、実際の状況と同じ状態で展示されるようプログラムが組まれていた。それは建築群においても同じであり、パビリオンの間の空間には「庭園芸術」のためのセクションが設けられ、そこに特別に設計された庭園がいくつかつくられたのである。

　パビリオンの間にはオープンスペースが計画され、庭園デザインの作品は、セーヌ川の

2-2：
＜庭園＞　アールデコとインダストリアルモダン展、ロベール・マレ=ステファン、ジャン＆ジョエル・マルテル、パリ、1925年。［アルバート・レヴィ］

右岸に接する密植エリアや、対岸のエバリドエスプラナードの広々とした空間に展示された。しかしながら、これらのランドスケープは、隣接する建築との形態的関係をほとんどもたなかった。それは、建築がピエール&シャルルエドゥアール・ジャンヌレによるエスプリ・ヌーボ・パビリオンやコンスタンチン・メルニコフによるソビエト連邦パビリオンのような斬新なものであろうと、逆にアールデコ様式を張り付けたような典型的なものであろうと同じことであった。庭園の様式も新しさの度合いも建築に劣らず幅が広く、単なる植栽装飾であるものもあれば、独自の美学を謳うものもあった。例えば、地中海風中庭からムーア人の庭を思わせるものまであれば、屋外展示も、鳥籠、池、陶板や陶器、彫刻など多様であった。多種多様なデザイナーが「あばれ馬のような想像力」[6]の域にまで舞い上がることが予想された中で、ランドスケープアーキテクト主任として、既存緑地の保全と庭園や屋外空間の調整をしたのは、ジャン=クロード・ニコラ・フォレスティエであった。庭園は短期間、時には一〇日以内に建設されなければならなかったし、即効性が要求され、かつ六ヶ月間は生気を保たねばならなかった。こうした悪条件のうちにも、二つの大胆かつ斬新な提案—ここでは「即席庭園」と名づけておこう—が実現された。それは、フランス庭園デザインの限界を根底から打ち破り、未来を期待させるものであった。コンクリートや電気、新種の園芸種など、斬新な素材と形態言語が果敢に用いられ、重力と時間と動きの関係、象徴的体系としての自然と庭園という前提概念が変革されたのである。

建築家ロベール・マレ=ステファンは、彫刻家ジャン&ジョエル・マルテルと協働し、樹冠がコンクリートパネルでできた完全に同形の「大木」を四本、芝生のサンクンガーデンに植えた（図 2-2）。これが、フレッチャー・スティールの注釈のように、蔓植物で被われることを意図したものなのか、それともコンクリートの形態的、構造的可能性の表現を追求したものなのかは、判然としない。[7]フォレスティエは、この常軌を逸した景観木を、デザイナーが園芸術よりも建設術による可能性を探究した結果だとし、こう評した。「実際に庭園をつくる際には、配置図面とは異なり、四本の木を形状も大きさも同一にすることは不可能である。デザイナーはこの問題を、鉄筋コンクリートを用いることで解決した。自然をそのまま模倣するのではなく、非常に簡潔な形の中に樹木の量塊と容姿を暗示し、素材の特質を表現したのである。その結果、抑えがたいほどの感興が得られた」[8]。近代生活のための庭園は、この自然の暗示によって、来場者の感受性と理解力の限界を押し広げ、「高揚と幻惑」[9]を引き起こしたのである。

ちょうどこのマレ=ステファンの庭園と対となる位置、エバリドエスプラナードに沿う小さな三角形の敷地に、〈水と光の庭〉(図 2-1)が姿を現した。アルメニア生まれのペルシアの建築家ガブリエル・グーヴレキアンは、ここに草と花とガラスを用いて、タブロージャルダンの典型をつくり出した。それはまるでアイコンを拡大したかのごとき庭である。彼のいう「同時生起」の三角形—絵画的ランドスケープの模様から影響されたもの—が織りなす幾何学に、芝生斜面と色鮮やかな地被が整然と嵌まり込んでいる。〈水と光の庭〉は回遊の庭ではなく鑑賞の庭であり、形態学と色彩学の「様式の習練」としてある。傾斜する花壇を形成する三角形のモチーフは、分割された池やガラスの手摺り、平面、立面そして実際の視界、すべてに認められる。三段に積み重なるプールの底には、ロバート・デロネイの手により、青、白、赤の円が描かれており、愛国的雰囲気を映し出す。大きなハーレクイン花模様は、除虫菊の朱色とアジェラタムの青が色彩対比をつくり出し、芝生の緑は「矮性ベゴニアの深紅の炎」の中に埋め込まれている。〈水と光の庭〉のつくり出す二・五次元において、時間と運動は、多面体のガラス球の回転や噴水そして補色関係にある色面のもたらす繊細な視覚的揺らめきによって現れてくる。グーヴレキアンの幾何学と色彩は、その二年後、イエールのノエイユ邸の三角形の庭においてさらに探究されることになる(図 2-3)。

グランドパレスに隣接する回廊の中にもまた、「庭園芸術」のセクションが設けられた。ここで、ジャン・シャルル・モローは、ソニア・デロネによる織物とヘンリ・ローランによるレリーフで飾り付けされた部屋をつくり、古典のグロリエッテ、いわゆるガーデンパビリオンの彼なりの現代的解釈を提示した。一方アンドレ&ポール・ヴェラは、サンジェルマン、ラ・テベーデにある彼ら自身の庭園イメージを描き出した。現代古典主義の習作の一つとして、ヴェラは、フランスの整形式ランドスケープの形を、現代的スケールの制約の中で解釈した。ボックスウッドの刈込みパターン、整形の花壇、彩色コンクリートの彫刻を用いて、簡素化と縮小化が試みられている。これらのデザインとともに、グランドパレスの中には、後にフランスモダニズムの象徴と見なされることになる庭園の平面図や写真が展示されていた。

2-3：
＜ノエイユ邸の庭＞　イエール、フランス、1927年。1990年再建。［マーク・トライブ撮影］

2-4：
＜テベドの庭園、パルテール＞、アンドレ＆ポール・ヴェラ、セント・ジャーマン・アン・レイ、1921年。［L'Architecture誌］

2-5：
＜クロード・ブランチの庭、西テラスの舗装パターン＞　フレッチャー・スティール、マサチューセッツ州シークオン、1929年。［SUNY ESF文書館］

ピエール=エミール・ルグランが、ポール・イリベによる季刊誌「ル・テムアン」の図版を作成した年は一九〇九年である。その年から死去に至るまでの二十数年が、彼が家具や本の装丁のデザイナーとして少なからぬ名声を確立した時代である。ルグランは、独創的な幾何学構成を示すとともに、通俗的な素材の用い方に対しても再考を行うべくさまざまな工夫を試みた。黒檀、ヤシの木材、皮革製品、ダンボール、金属、真珠層、羊皮紙、銀メッキガラス、油布などを収集し、「極東の国の芸術がもっとも近代的なキュビズムと結びつく」[10]内装デザインを生み出したのである。ルグランは、一二三六冊の本の装丁を通して、漆塗皮革とガルーシャ（中国鮫肌）の構成効果がもたらす「壮麗さに関する慎重な探究」を進めた。[11]ルグランは、素材に束縛されない工芸的感性に加えて折衷的趣向を凝らし、ガラスケースにつくり込まれたピアノ、自動車、タバコ入れ、カメラ、衣粧、舞台セットなどのデザインに手を伸ばし、ついに庭園もデザインしたのである。ルグランの家具作品における素材や形態の用い方は過剰に過ぎると批評されたにもかかわらず、彼の装丁デザインは圧倒的支持を受け、よく模倣された。かくして一九三〇年にフレッチャー・スティールがルグランを評し、「近年、ピエール・ルグランがこの世を去った。もし彼がいなければ、近代庭園は甚大な損失を被ったであろう」[12]と記していることは興味深い。

実際、ピエール・ルグランのランドスケープアーキテクチュアへの貢献は、博覧会で銀メダルを獲得した庭園作品ただ一つのみである。[13]博覧会で彼が展示した写真と平面図―ジョゼフ・マラスの著書「庭園　一九二五（1925 Jardins)」に掲載―は、ラ・セルセントクラウドにつくられた、ジャン&アンドレ・タシャール夫妻のための庭園デザインであった[14]（図 2-8）。「キュビズム様式」や「近代作法」に対するルグランの認識を伝えるこのランドスケープデザインは、内装デザインを外部に転用したものといってもよいであろう。このプロジェクトにおいてルグランは、敷地の造成からドアノブのデザインに至るまで、究極的な音楽を組み上げている。

実際のプロジェクトは、ピクチュアレスク様式の既存ランドスケープの改修であり、一九二五年の展覧会に出された平面図は庭園の一部にすぎない。しかし、古い空間構成は新しいデザインに完全にとって代わられている。平面図では、建築と生垣が同等の線で描写され、住宅は地割構成の画像要素として扱われる。面と幾何学形態をバランスよく配置することで、ルグランは庭園のいかなる伝統様式からも自由であろうとする。庭園を平面図で、すなわち上空からの視線で観察すると、この革新的ランドスケープが本の装丁デザインとよく似ていることがわかる。そこには対称性が破棄されながら秩序の支配が認められる。芝生は装丁におけるモロッコ皮革の代わりであり、地面からもちあげられた花壇と築山は箔押しがごときであり、ジグザグの側道はちょうど本の背表紙部分といえる。[15]「気分や雰囲気を象徴する非対称パターンに幾何学形態を配置することをキュビズムとエクスプレッショニズムの一派から学んだ」デザイナーとして、ルグランは紹介されている。そして、唯一試みたランドスケープデザインにおいても、表紙の装丁で納まりのよかった

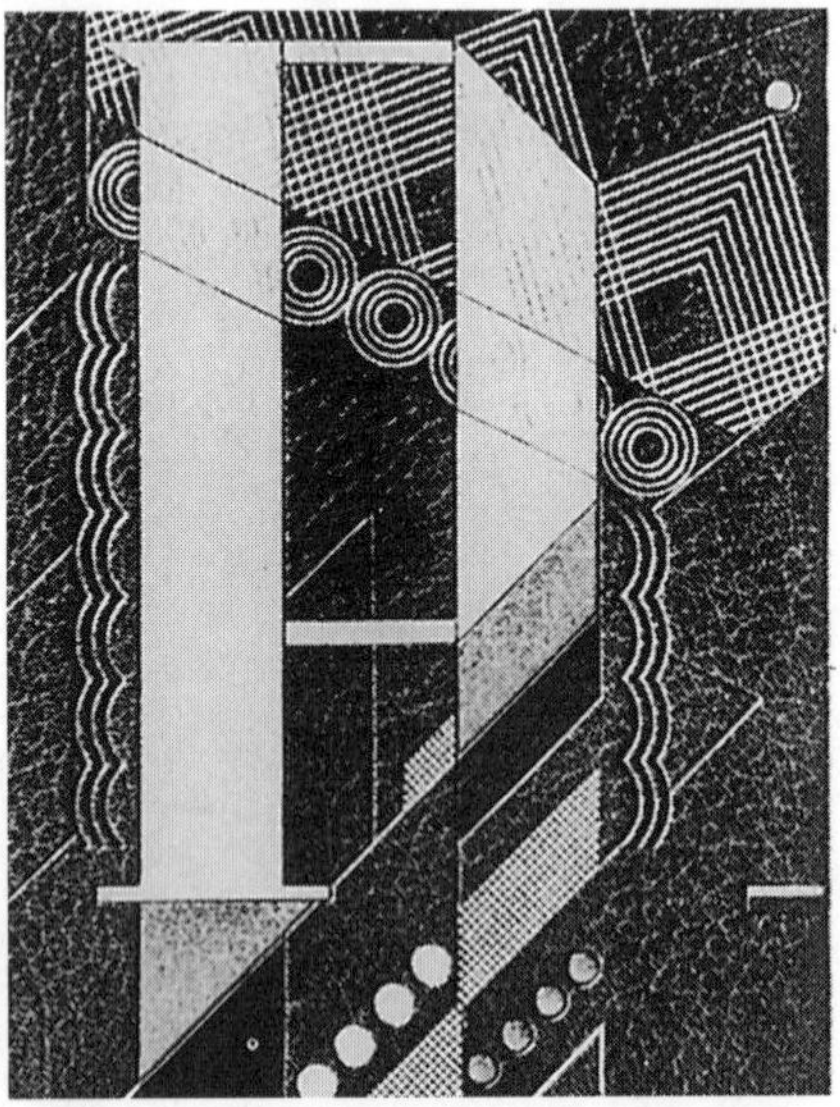

2-6：
＜表紙デザイン、ポソル王の冒険（ピエール・ルイス著、1911年）＞　ピエール=エミール・ルグラン、1924年。［オーガスト・ブレゾ］

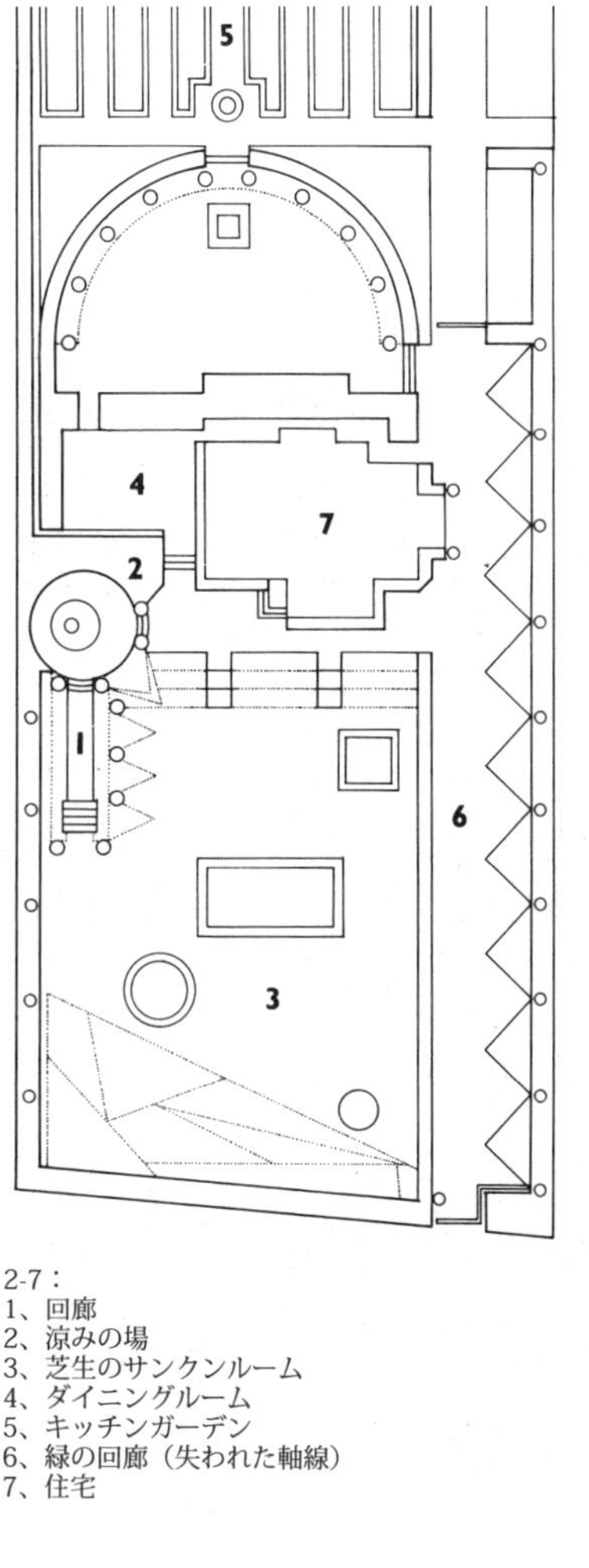

2-7：
1、回廊
2、涼みの場
3、芝生のサンクンルーム
4、ダイニングルーム
5、キッチンガーデン
6、緑の回廊（失われた軸線）
7、住宅

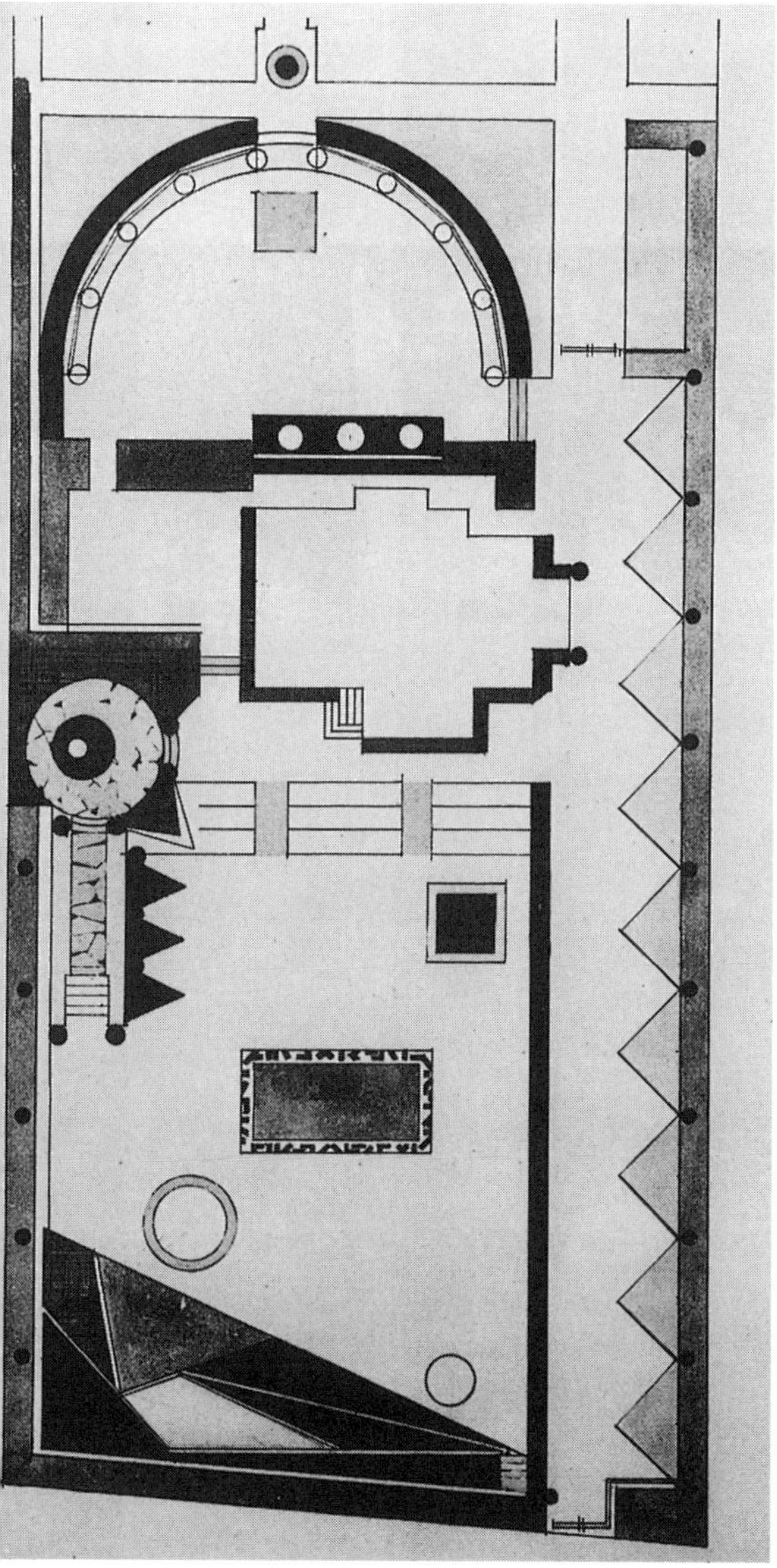

2-8：
<ジャン&アンドレ・タシャール夫妻のための庭園、平面図>　ピエール=エミール・ルグラン、ラ・セル・セント・クロード、1923年。[チャールズ・モロー]

2-9：
＜失われた軸線、タシャール庭園＞　ピエール=エミール・ルグラン。［チャールズ・モロー］

円、三角、四角といった形態言語を頼りにしたのである。[16] しかも、機能性が形態構成に完全に席を譲り渡したわけではない。常緑樹の構造が季節ごとに変化する色彩と形質の上に重ね合わされ、緑の回廊、涼みの場、コンクリートの家具のおかれた芝生のサンクンルーム、ダイニングルーム、キッチンガーデンなどがひとまとまりの野外空間をつくり出している[17]（図2-7）。

この究極的な形態―〈タシャール庭園〉の平面形を導く整形様式の幾何学原理―は、アンドレ＆ポール・ヴェラやグーヴレキアンが展覧会に出展した庭園の具体化という見解もあるが、それは表面的な見方であろう。ヴェラ兄弟によるラ・テベーデのデザインは、どちらかというと伝統的な軸構成に依拠したものであるし、グーヴレキアンは、三角形幾何学を対称性原理のうちに極限まで構成したものである。[18] どちらも、古典的形式主義の現代的解釈といえる。ところが〈タシャール庭園〉の構成要素は、フレッチャー・スティールが記述したように、「感覚的に得られる非対称均衡[19]」により決定される配列である。クリストファー・タナードも、それは均衡の形態であり、「背景と前景、高さと深さ、動きと休息の相互作用に[20]」支えられていると記述した。要素は折衷的でありながら均整のとれたアンサンブルを形づくる、それがルグランのランドスケープデザインである。洒落気の全くない短冊型をした果樹園と菜園が、邸宅前の優雅な半円形のバラ園にすぐ続く。邸宅の反対側にある一段低い芝生の広場は、くさび型に刻まれた雛壇に続き、コンクリートで縁取られたさまざまな樹木によりアクセントを与えられる。そして、平面図上部の規則的構造を増幅させたかのように、側道にはきっちり刈り込まれたチェスナットの並木が、ノコギリ型の基部と対をなして並んでいる。

テオ・ファン・ドゥースブルクの「対称と反復」に描かれたごとく、〈タシャール庭園〉の平面構成はわずかな差異により相互均衡をつくり出す。[21] 芝生広場に配植された樹木は、その大きさと枝ぶりが極端に異なり、その不均衡が見る方向ごとに奥行き感をゆがめる。日本の枯山水庭園の配石のように、一度にすべての木を眺めることができないようになっているのである。住宅を載せるテラスのゆがんだ鏡像のごとく、三角形のくさび型をした芝生がこの眺望の境界をつくり出す。巻き込むように登ってゆくくさび型の雛壇は、正面に向かう消失点が予定調和的に結ばれるのを阻止し、庭園が境界を超えて連続してゆく感じを与える。

2-10：
＜芝生への眺望、タシャール庭園＞　ピエール=エミール・ルグラン。［Jardins et Cottages 誌］

2-11：
＜ベゴニアのある芝段、タシャール庭園＞　ピエール=エミール・ルグラン。［L'Amour de l'Art 誌］

タシャール邸の接線を形成するようにおかれたアプローチ—機能とも居心地とも関係をもたない地面—は、ちょうど独自の調度品を配した画廊のようである。園路の一方は刈込みの生垣で、反対側は複雑に分節されたテクスチュアと面をつくり出す低木で規定されている。剪定されたチェスナットの樹は、平らな芝生の上におさまったよりきめの細かい生垣の上に、大きな緑のヴォリュームとして浮いている。樹幹は、長い生垣と二つの緑の直線にはさまれた薄暗い空虚をリズミカルに分解し、敷地の境界はこの影の中に消えている。この並木道の非対称性は中心をはずされた門扉へと向かい、さらにジグザグ型の帯の振動するような効果によってますます強められる。庭園のこの部分においても、再びルグランは邸宅の内装で提案した概念を応用している。それは、支配的要素をもたない全体の調和の探究であり、どの細部も他より優位に立つことなく、かつどの細部も失われない、そのような構成を達成したのである。[22]

この庭園に現れた絶妙な力の均衡は、平面図だけでなく当時の写真からも感じられる。多様な要素間の均衡は、特段目立つことはないが不可欠のものであり、どんな些細な変更もこのデザインの活力を陳腐で退屈な別物にしてしまいそうである。[23] どの要素もまさに今、正しい場所にぴたりとおさまる瞬間であるかのようだ。独立した円と四角の幾何学形コンクリートプランターは、その間に張られた張力によって芝生の上に浮いているかのようであり、中心をずらしてある樹木の足下の円が幻惑を生む。ジグザグの並木のエッジは、奥行きの知覚に振動を与え破壊するかのようである。

ラ・セルセントクラウドにつくられたこの庭園は、数え切れないほどある保守的な「整形式」のデザインに簡単に応用できるものである。この庭に触れた記事の中でルグランは、特段ジグザグ型の小道については記述していない。[24] しかし、皮肉なことに、このジグザグ型こそ後に多くの建築家、批評家にとって〈タシャール庭園〉の本質を示す記号のように扱われることになる。[25]

フレッチャー・スティールは、「庭園デザインの新天地（New Pioneering in Garden Design）」の中で一九二五年のパリ博、一九二九年のバルセロナ博について報告し、トニー・ガルニエ、アンドレ＆ポール・ヴェラ、アルベル・ラプラード、ロベール・マレ=ステファン、ジャン=クロード・ニコラ・フォレスティエ、ガブリエル・グーヴレキアン、ル・コルビュジエ、アンドレ・ルーサなどの作品に言及している。スティールはたった一つの紹介記事で（短かすぎたり、不正確だったとしても）、フランスのランドスケープ第一線の主導者たちを網羅し、フランスと合衆国の間に最初の繋がりを打ち立てた。アーシル・デュシャン、フォレスティエ、アンドレ＆ポール・ヴェラが、昔ながらの枠にとらわれ、また時には想像力の或を出ないことしか記述できなかったことからすると、庭園デザインにおけるモダニズムの全容を記述するものとして、スティールの業績は本格的なものといえる。その作品選択は、ボザール風の設計を例示するハバード＆キンブルの教書を学んでいた若いデザイナーにはとても斬新な印象を与えたに違いない。少々の曖昧さはあろうとも、スティールの記事は、近代ランドスケープの地図の上にフランスを位置づけたことになる。イギリスといえばチューダー様式、イタリアといえばルネサンス様式、スペインといえばムーア様式であったように、ガレット・エクボにとっては、フランスといえばモダニズムの様式を連想させるものとなったのである。[26]

エクボも、カイリーもともに、スティールのこの記事をきっかけとして、ルグランのランドスケープデザインに興味をもったと述べている。しかも、文章よりもむしろ写真による影響が大きかったようである。[27] アメリカの近代ランドスケープに繰り返し現れたこの決定的形態要素―ジグザグ―は、[28] こうして見ると、〈タシャール庭園〉の「失われた軸線」の図版に基づいていたことになる。[29] エクボは、その写真をトレースして構成を研究した。そしてベンチ、擁壁、花壇などの形態に繰り返されることで、ノコギリ型の輪郭は一つのモチーフとなったのである。たとえば、トーマス・チャーチによる構成にもその形態は映し込まれている。エクボは初期の作品で、この単純な形状をそのまま応用していたとすれば、後期には、その形態の破断的特性を曲線の非整形システムによる自由な幾何学に応用したといえる。[30]

ノコギリ型は辺の延長を長くするだけであるという批判をよそに、この形態がこれほどの成功をおさめたのは、たぶんそれがキュビズムを、すなわちモダニズムを予感させる魅力を備えていたからである。〈水と光の庭〉も〈タシャール庭園〉も、その構成にキュビズムの美学を応用している。具体的には、断片的な線形、格子面の併置、そして前景と

2-12：
＜グリフィン邸庭園、模型＞　トーマス・チャーチ、カリフォルニア州サンフランシスコ、1936年。［Contemporary Landscape Architecture, 1937］

遠景を結合した視覚像の効果などである。ある記者は、この幾何学的モチーフが、横溢する装飾芸術の中で息をひそめてしまったキュビズム運動の唯一命を保っている明瞭な形態であることに気がついている。[31] ルグランは、彼自身をキュビズムの再興者として実にうまく位置づけた。彼の成功は、キュビズム絵画の図像を単に内装や外装のデザインに応用したところにあるのではなく、キュビズムの原理を新しい形態と空間を生み出す可能性として理解していたところにある。[32] 一九三〇年代末のアメリカの庭園デザインに与えたその影響は明らかである。しかしながら、理念的であれ形態的であれ、芸術の他領域に現れた明確な変化は、ランドスケープアーキテクチュアにあってはしばらく待たなければならない。

エクボにとってのランドスケープモダニズムの先人がルグランであったという事実、すなわち、本の装丁や内装を手掛ける一人のデザイナーの庭園がフランスを越え海外にまで

2-13：
＜マーチン邸庭園＞　建築：ハーベイ・パーク・クラーク、ランドスケープ：トーマス・チャーチ、カリフォルニア州アプト、1948年。［ロンダル・パートリッジ撮影、トーマス・チャーチ＆アソシエイツ所蔵］

計り知れぬ数の種をまいたという事実は、写真の影響力を証明するものである。[33] 一方では、近代建築にあれだけ影響を及ぼした白黒網点印刷技術─写真表現─も、ランドスケープデザインにはそれほど効を奏さなかったと述べる建築評論家もいた（一九四二年）。

「近代庭園デザインの展開を妨げたものが一つあるとすれば…それは、近代庭園を描写する方法の欠如である。図版、著述、そして写真すらそれが困難であった。鳥瞰図─古いランドスケープ計画図の常套句─は、仮空の視点であり、全体を見せながら何も見せてはくれない。一方地表レベルの写真一枚では、ある部分を描写するにとどまる。近代庭園デザインは、それにしては散逸的にすぎ、何より連続的にすぎる。それは写真表現の域を出ており、場面を次々映す映写カメラでも用いないかぎり表現不可能な世界である」[34]。

それでも、写真技術が、相当数のフランス近代庭園を図像化し、ランドスケープデザインの理念に新風をもたらすだけの駆動力をもっていたことは事実であろう。[35] ここでいう庭園とは、建築家の手によるものであり、三次元的実体はほとんどもたない基本的には面と幾何学に頼るものであったため鳥瞰写真の恩恵を受けたのである。[36] ルグランの庭園も例外ではない。その明瞭な幾何学の強さは、平面図あるいは空中から見おろす視点の中でもっともよく現れている。飛行家であったタシャール氏なら、この直線的な構成を空から観察し、その形態を拡大された本の表紙絵として読みとることも可能であったろう。[37] しかし、この形態構造の中に既存樹が簡潔に取り込まれることによって、この庭園は、当時の〈タブロージャルダン〉のような静的で堅苦しい雰囲気ではなく、ランドスケープとしての奥行き感をたたえている。その代表格ジグザグ型の表現が世界中に受け入れられ、知れわたり、その後一〇年の間に近代ランドスケープの紋章のごとき存在となったのも、「庭園　一九二五」に載せられた写真によるのである。

一九二五年の博覧会は、建築、装飾、ランドスケープからの影響で一新された形態主義の庭園の誕生を発信するものとなった。一方、一九三七年のパリ国際博覧会〈近代生活の芸術と技術〉における庭園のセクションからは、事実上革新的なものを示すものはすべて消えている。一九二〇年代の〈タブロージャルダン〉は、スティールの言説、「園芸は、植物への愛情からではなく、それによって何をなしうるかという意味において重要なのである」[38]を証明し続けた。ところが一転、一九三七年の品評会の構成はタナードにこういわしめた。「作庭が、科学の一領域となったからといって、その美学的役割を果たす義務から解放されたわけではない─建築が工学技師の支配下にあるわけではないように、庭園も園芸家のもとにあるわけではない」[39]と。知らない間に、庭園デザイン分野が万延する花卉装飾に再び合流し始めていたからである。この展覧会の主任建築士ジャック・グレベールが、ダリアをはじめとする多年草、サボテン、コニファー、バラなどの展示を称賛したのも、そのピクチュアレスクな雰囲気が、建築を囲む完璧な額縁としてよかったからである。[40]その革新からの後退ぶりは、一九二五年の庭園展示と一九三七年の博覧会の庭園セクションを比較すれば、一目瞭然である。一九二五年の博覧会のランドスケープ展示を評価したフレッチャー・スティールも、こう述べる。

『国際博覧会　一九三七』における新しいフランス庭園は、偉大な近代芸術には見られなかった危険な傾向を示す。…それらは、薄く、鋭利で、生気がなく、その本来の魅力、優美をつくり出しえていない。よきフランス庭園のパルテールには、常にある緊張と稠密さがあったものである。それは、そのデザインにうまく適合していたし、園芸品種の多様さとすばらしい調和を保っていた。今回の博覧会のパルテールは、先人たち…グーヴレキアン、ヴェラ、ピエール・ルグランらが確立した平面を置きかえる試みであり、それが義務であったと説明される。しかし、これら近代初期の庭園は、もう一〇年、いやそれ以上前に輝かしい未来を予感させたものであるのに、今のところそれからはかばかしい進歩があったようには見えない。そうした優雅でかつ強力な新しい理念が、花卉愛好の前に打ち倒れているのを見ることは、落胆以外の何ものでもない」[41]。

ジェームズ・ローズは、この一九三七年を近代ランドスケープの歴史にとっての転換期と考えた。タナードによる「近代ランドスケープの庭」が出版され、（同年ではないものの）現代建築誌（Architecture d'Aujourd'hui）が庭園特集号を出し、パリにて国際博覧会で初めての庭園建築家による国際会議が催されたからである。[42]この二つの特別な舞台に合衆国が抜けていたことは、意外である。[43]

アーシル・デュシャンは庭園建築家の第一回国際会議をレポートし、その中で、庭園芸術が経済と政治の機能をもつ段階に入ってきていると記述している。組織や団体が美術愛好家の位置にとって代わりつつあり、それにともなって、

2-14：
<トマス邸庭園>　ガレット・エクボ、カリフォルニア州南部、1950年。［ウィリアム・アプリン撮影、ガレット・エクボ所蔵］

2-15：
<ズウェル邸庭園>　ガレット・エクボ、カリフォルニア州ロスアンゼルス、1950年。［ウィリアム・アプリン撮影、ガレット・エクボ所蔵］

独自の世界を築いてきた〈タブロージャルダン〉も、より実用的なレクリエーションの公園や農園といった公共的領域に道を譲りつつある。「庭園芸術は今や死につつある」とデュシャンは嘆く。しかしながら新しいデザインは、「論理と秩序、明晰さと階層性」を統合できるものであり、その目的とするところは、労働階級に美を供し、「彼らの感性を洗練し、思考と批評の力を発達させること、そして静謐と秩序の世界を与えることである」[44]。ユートピア思想が近代主義建築に力の源を与えていたとすると、たぶん、庭園デザインに対しては損失しか与えなかったのではないだろうか。というのも、庭園は究極的には、贅沢な芸術品であったからである。

ローズはフランスの近代庭園を、「静的で、高度に形態的な、機能をもたない芸術的自意識」にとどまっているものとして批評する[45]。こうして見ると、もとはキュビズム独自の形態からの引用であるジグザグ形態が、写真を通して、非常に装飾的な庭園から切り取られ、アメリカの近代ランドスケープアーキテクトによる「機能の」庭園の主要素として定型化していったのは、実に逆説的なことである。たとえ、一九二〇年代か三〇年代のフランスの庭園が、時に単純で、エリート主義で、「生物としての植物への関心と理解を全く欠いていた」[46]としても、近代ランドスケープアーキテクチュアがいかなるものになりうるかの定義に挑んだことは確かである。そのデザインは、画像でしかないものの、いやむしろ画像としてゆえに、提供しえたかもしれない解答ではなく、その問いかけたものによって、現在なお我々の興味をかきたてて止まないのである。

第2章の註

この小論はその大要をDorothée Imbert, The Modernist Garden in France (New Haven: Yale University Press, 1993). に負っている。

1. 「建築学科は上の階であったが、(ワルター・グロピウスが一九三七年に到来し)、ハーバード大学デザイン大学院では議論と興奮が充満していた。……ダン・カイリーとジム(ジェームズ)・ローズと私は、この上階の新しい理念に高揚を覚えるあまり、我々も自分たちで、デザインの新しい概念を反映できる新しい形態と構成を見つけようということになった。ハーバードでのこの経験で、我々はイギリスのクリストファー・タナードやフランスのピエール・ルグランなど、ヨーロッパで既に起こっていた試みを学んだのである」。エリザベス・K・マイヤーによって引用されたガレット・エクボの言葉。"The Modern Framework," Landscape Architecture (March 1983), 50, 52.
2. クリストファー・タナードは、一九三七年から三八年にかけて一連の批評をThe Architectural Review誌に寄せ、後年、著書Garden in the Modern Landscapeにまとめた。フレッチャー・スティールは、House Beautiful誌(一九二九年三月号)に"New Styles in Gardening: Will Landscape Architecture Reflect the Modernistic Tendencies Seen in the Other Arts?"を発表、Landscape Architecture Quarterly誌(一九三〇年四月号)に"New Pioneering in Garden Design"を発表した。両者とも一九二〇年代のフランスの庭園に対する考察である("New Pioneering in Garden Design"は本書収録)。
3. 最初の評論"New Styles in Gardening"においては、スティールの見解はやや厳しいものである。アンドレ&ポール・ヴェラによる、ヴィコンテ・ド・ノエイユのデザインは「単なる表層装飾」にすぎず、その効果は、「内装に与える壁紙の効力以上でも以下でもない」としている。(三五三頁)。"New Pioneering in Garden Design"では、ヴェラのランドスケープを「真摯なる近代デザイン」のパターン展開と見なし、周囲に嵌め込まれた鏡は「真なる変革」の兆しであるとしている(一六四頁)。当時はルグランのランドスケープデザインを「その他大勢のものから、それほど際立って異なっているわけではない」と考えていたとしても、その一年後、ルグランの死にあたり、スティールは「近代庭園デザインが被った最大の喪失となるであろう」と嘆いたのである("New Styles in Gardening," 354; "New Pioneering in Garden Design," 172).
4. Steele, "New Pioneering in Garden Design," 165.
5. 一九〇二年のトリノ博覧会Prima Esposizione Internazionale d'Arte Decorativa Moderna in Turinに関しては、Torino 1902: polemiche in Italia sull' Arte Nuova, ed. Francesca R.Fratini (Turin: Martano, 1970). を参照。

6. J.C.N.Forestier, "Les Jardins de l'Exposition des Arts décoratifs," La Gazette Illustrée des Amateurs de Jardins (1925), 24.
7. 「このコンクリートの木も、意図された通り蔦の葉で覆われたとしたら、実のところ、ニューイングランドの庭に多く見られるバラの蔓をまきつけるためあちこちに大枝をつき出したレッドシーダーの木よりもましだったであろう」とスティールは述べている。"New Pioneering in Garden Design," 166。他の見解もある。「この展覧会のある庭は、キュビズムの線が描くようなコンクリートの樹を立てていた。それらは、もともと計画されていたものではないのだが、発注した樹木が運ばれてきたとき、植栽他の準備がまだ整っていなかったため枯れてしまい、また、その季節中に代替の樹を見つけることができなかったために、つくられたものである。何か代わりのものを急遽準備せねばならず、そこで彫刻家がこの驚くべきコンクリートの樹をつくり出したのである」。H. Morgenthau-Fox, "J.C.N.Forestier," Landscape Architecture Quarterly (January 1931), 98-99.
8. Forestier, "Les Jardins de l'Exposition des Arts décoratifs," 21.
9. 「……いったいマルテル兄弟は、どこにコンクリートで身を固めた樹木を植えたのか」(Raymond Fischer, "Les Jardins," La Liberté, March 5, 1930).「マレ=ステファンはたぶんちょっとしたいたずら心から、是が非でも力強い樹木、セメントで固められたイメージを欲したのであろう」(Marcel Weber, "Les jardins," in Exposition Internationale des Arts Décoratifs et Industriels Modernes [Paris: Librairie Larousse, 1925],60).「たとえそれが、嘲笑と驚愕を受けることになったとしてもなお、そのように表現される必要があったのである」。(Ch.Risler, "Les objets d'art à l'Exposition des Arts Décoratifs," L'Architecture[1925], 418).
10. Gaston Varenne, "Quelques ensembles de Pierre Legrain," L'Amour de l'Art (1924), 406-407.
11. 蒐集家にして、ファションデザイナーの、ジャック・ドゥセットが、彼のアヴァンギャルドたちの手記を集めた本の表紙デザインをルグランに委託した。Pierre Legrain Relieur: Répertoire descriptif et bibliographique de mille deux cent trente six reliures (Paris: Librairie Auguste Blaizot, 1965),「『ガルーシャ』(Galuchat) は一七七〇年あたりに完成された粗目石灰質の鮫肌をなめし彩色する技法である」。Raymond Bachollet, Daniel Bordet, and Anne-Claude Lelieur, Paul Iribe (Paris: Editions Denoël, 1982), 124. 参照。
12. Steele, "New Pioneering in Garden Design," 172.
13. スティールは、ルグランの「ランドスケープデザイン」を称賛し、Art et Décoration (August 1929) に寄せた追悼文で「作庭家であり庭園デザイナーである」と位置づける。しかしながら、その他には、ランドスケープに関わるいかなる作品も確認できない。「庭園芸術」のカテゴリーにおける賞のリストは、Exposition Internationale des Arts Décoratifs et Industriels Modernes, Paris 1925: Liste des récompenses (Classe 27) (Paris: Imprimerie des journaux officiels, 1926). 参照。
14. ルグランの庭の正確な年代については、いまだ確定しきれていない。もっとも古い記述については、Gaston Varenne's article

"Quelques ensembles de Pierre Legrain," published in 1924. 参照。

15. ロバート・ボンフィルは、ルグランのデザインによるヴィコント・ド・ノエイユの寝室を、拡大された本の装丁と表現している。壁面は、コルクによる不規則な紋様が組み込まれた白い油布張りで仕上げられ、そこに、蛇皮のベッドとメタルのテーブルがしつらえられている。"Pierr Legrain Décorateur Créateur" in Pierre Legrain Relieur,xxxvii. 参照。

16. Phyllis Ackerman, "Modernism in Bookbinding," Studio International (November 1924),148.

17. 「公理：庭園は、寒い季節に死に絶えてしまうような弱々しい生命力であってはならない。したがって芝生、イボタノキ、イチイ、サイプレス、アローカリアなどは集中的に用いられるべきである。骨格を維持する不変の基礎の形式があってはじめて、春の装い、花々の夏の装いが生まれるのである」。Pierre Legrain, "La Villa de Madame Tachard à La Celle-Saint-Cloud," Vogue (June 1, 1925),68.

18. Steele, "New Pioneering in Garden Design," 164, and Steele, "New Styles in Gardening" 354.

19. Steele, "New Pioneering in Garden Design," 172.

20. Tunnard, Gardens in the Modern Landscape, 84-85.

21. 「新しい建築は、対称性にとって代わり、〈個別の部分の均衡のとれた関係性〉を提供する。……各部位の対等性は、各々の相似ではなく、差異による調和によって建つ……12. 対称と反復」Theo van Doesburg, "Towards a Plastic Architecture," in Programs and Manifestoes on 20th-Century Architecture,edited by Ulrich Conrads (Cambridge:MIT Press, 1970), 79-80.

22. 「いかなる細部も特別に強調されないように注意されるべきである。どの音階も支配的にならないような、どの細部も無視されない調和が実現されるべきである」。Legrain, "La Villa de Madame Tachard," 68.

23. スティールは、この庭園を映画の始まりにたとえて述べる。「それは、各部位があるべき場所に落ち着くのを期待させるアニメーション映画の動き出しに似ている。縫い目は伸ばされるもの、古い秩序は回復するもの、習慣は満たされるもの、倦怠は蔓延するものというように」。"New Pioneerring in Garden Design," 177.

24. "La Villa de Madame Tachard," 68. 参照。アメリカにおける近代主義ランドスケープアーキテクトに対して、また別の批評がある。彼らは「ある種の調和関係を提供する人々である。（時には冗長な）反復か、（時にはやりすぎの—例えば、あのおなじみの、ジグザグ型のエッジをもつ園路のように—）シークエンスか、（対称より霊感に満ちた）均衡などによって。

25. Steele, "New Styles in Gardening," 354, and "New Pioneering in Garden Design," 172, 177; Fletcher Steele, "Landscape Design of the Future," Landscape Architecture Quarterly (July 1932), 301. Leon Henry Zach, "Modernistic Work and Its Natural Limitations,"

Landscape Architecture Quarterly (July 1932), 293.

26. "English Tudor, Italian Renaissance, or French modernistic, or Spanish-Moorish." Garrett Eckbo, "Small Gardens in the City: A Study of Their Design Possibility," Process Architecture (August 1990), 117.

27. 著者との対談より。

28. ベルギーのランドスケープアーキテクト、ジーン・カネール=クラスなど、ジグザグのパターンを用いるデザイナーはルグランのレパートリーとして記憶された。

29. スティールは、ルグランの庭を平面図とノコギリ型の並木道の写真をもって描写し、キャプションに、「消失する軸の上に構成されたすばらしい形態」と記している。"New Pioneering in Garden Design", 177.

30. 「これも今日では特段な形ではないかもしれない。しかしこのジグザグ型の境界は、庭園の園路として見るかぎり、私にとって画期的なものであった。ある一点から別の一点へ歩を進めるまっすぐな道とは異なり、そこでは、人は片方に咬み合う形を連続して見ることになる。私も二つや三つなら、こうしたジグザグ型をデザインに用いたかもしれないが、これを模倣したり写しとったりしたものでは決してない。それは実に偉大な想像力であり、挑戦である」。Garrett Eckbo in an interview conducted by Michael Laurie, January 1981. An Interview with Garrett Eckbo, edited by Karen Madsen (Watertown, Massachusetts: The Hubbard Educational Trust, 1990).

31. 「いまだに、徹底して装飾的なアレンジが残っている、近代装飾での幾何学モチーフの流行については、ここで強調する必要はない。キュビズムから引き出された概念は、絵画の世界では絶えたものの、装飾芸術の中ではいまだ健在である」。Georges Cretté, "Distinctive Designs in Hand-Tooled Book-Bindings," The Studio (1930), 379.

32. Varenne, "Quelques ensembles," 407-408

33. 「カリフォルニアでは、三〇年代初期からトーマス・チャーチによって手をつけられ、またそれ以前でも、ヨーロッパでは、ピエール・ルグランによって、そしてハーバード大学デザイン学院では、ダン・カイリー、ジェームズ・ローズ、そして私などが取り組んでいた。〈近代ランドスケープデザイン〉は、世界のあちこちに、急速に広がっていたのである」。Garrett Eckbo, "American Gardens 1930's-80's," Process Architecture (August 1990), 111.

34. Geoffrey Baker, "Equivalent of a Loudly-Colored Folk Art Is Needed," Landscape Architecture Quarterly (January 1942), 66.

35. 例えば、テネス・ボニーによる写真は、ヨーロッパ、イギリス、合衆国におけるモダニズムの庭園デザイン観をみごとに映し出している。

36. 「いくつか奇怪な様相を示しているのは、たぶんそれらのいくつかがデザイナーや建築家の手によるものだからであろう。過剰なまでの建築的で幾何学的な形態の使用：T定規と三角定規、コンパスの紙面上での悦楽的戯れ、……たしかにその要因はここにあろう。所与のデザインを平面で見た後、三次元的なことは、いかに多くが敷地の上で考えなおされたことか、これは驚くべきことである」。(Zach, "Modernistic Work and Its Natural Limitations," 293).「ヘイレンは、画家と建築家、彫刻家とランドスケープアーキテクトの間に類似性があるとしている。（建築家は）その理念を紙面の上に描かれたものとして表現する」。(Robert Wheelwright, "Thoughts on Problems of Form," Landscape Architecture Quarterly [October 1930], 4).

37. パリ、モンパルナスの墓地にあるタシャール家の墓には一九二四年、ヘンリ・ローランにより「飛行家の墓」と刻まれた。

38. Steele, "New Pioneering in Garden Design," 166.

39. Christopher Tunnard, "The Functional Aspect of Garden Planning," The Architectural Review (April 1938), 197.

40. Jardins Modernes: Exposition Internationale de 1937 (Paris: Éditions d'Art Charles Moreau, n.d.). Jacques Gréber ジャック・グレベール自身、著名なランドスケープデザイナーであった。

41. Fletcher Steele, review of Jardins Modernes, Exposition Internationale de 1937, in Landscape Architecture Quarterly (January 1938), 117-118.

42. Modern American Gardens (New York: Reinhold, 1967), 12. においてマーク・スノラは、ジェームズ・ローズが自らを nom de plane といったことを引用している。

43. 合衆国もまた一九二五年のパリ博覧会には参加していない。当時の通商書記官ハーバード・フーバーは、アメリカが装飾芸術の分野では力不足であるという見地から招待を辞退したのである。1926 Report of Commission Appointed by the Secretary of Commerce to Visit and Report upon the International Exposition of Modern Decorative and Industrial Art in Paris 1925.

44. Achille Duchêne, Premier Congrès International des Architectes de Jardins, (Paris: Société Française des Architectes de Jardins, 1937), 1,2. この報告書を私のために届けてくれたキャロライン・コンスタントに感謝の意を表したい。

45. Rose, Modern American Gardens, 13.

46. Steele, "New Styles in Gardening," 354.

再録論文3

庭園デザインの新天地

1930年

フレッチャー・スティール

こんな子供のような他愛ないことをした読者はいるだろうか。私は夕日が好きで、その輝きが今まさに失われんとする瞬間を、ある感慨をもって眺めていた。その輝きを取り戻す手立ては何かないだろうか！　一瞬、奇跡は達成されるかもしれないと思い逆立ちをして夕日を逆さまに見た。まるで冷えた蹄鉄を鍛冶釜に戻すごとく、消えかけていた色彩が再び輝いた。

これは、視知覚ではよく知られた現象—凝視により容易に疲労する視神経も視点の変化で復活すること—であり、夕日を逆さまに見る方法は、その素朴な発見にすぎなかった。しかしここに、我々の課題をたとえることができよう。落日と異なり芸術は消えゆくものではないが、歳月を経た芸術が今、その輝きを失いつつある。近代思想と生活様式のもたらす変化と、現代の飢えた眼差し、人々の過剰な嗜好が原因であり、芸術に向ける新しい視点を必要としているのである。

そのうえ我々は、古い芸術を受け継ぐ段階で、何か過ちを犯したか辻褄の合わないことをしでかしている。アメリカのヴィクトリア朝美術は、優雅さと上品さに特権を与えた。しかし、変調が絶対的といわんばかりに境界をぼかし、好ましくない事物は許されるかぎりの婉曲法で仕立てなおし、不粋なものは排除し、ありのままの事実も趣向の異なる事実も見て見ぬふりをしてきた。自然に対しても、山が雪で覆われたときのみ目を向け、それを一年中完全なものといい続けた。一言でいえば、ヴィクトリア朝美術は、夢物語の中に生息していたのであり、美を望むときのみ美を見て、真実にはほぼ目を向けなかった。

この同じ時代に、科学の世界は、現実の仕組みを学ぼうとすべての事物にあらゆる角度から迫った。科学は今日なお、事物を下から上からあるいは内部から、顕微鏡、望遠鏡を用いて観察している。より強力に、より早く。ところが答はそこにない。人間の心が単なる心臓以上のものではないとしたら、科学の定義で事足りよう。人間が知ろうとするのは、単に外側から見てどう見えるかではなく、物事が何かであるかである。例えば、石のような単なる物質も未解決である。人はその表面を見ることも触ることもできるが、それだけである。半分に切っても、相変わらず表面を見ているだけである。どれだけ切り続け、ついに電子の大きさを超えてもなお同じである。

また科学から、物体がいかに見えるかだけではなく、それがどのような挙動をとるかを知ることができる。それでも、それが何物であるかを知ることにおいては、全く進歩を得ていないのである。宗教は助けになるが、日々の事柄を決めるにあたっては、漠とした総括的一般論でしかない。事物について教える科学と、人生における精神的意味づけをする信仰との間には、広大な領域が横たわっているのである。

アーティストだけが克服できる領域、そしてその問いかけが人間的で妥当なものとなる領域こそ、この広大な領域である。それは音楽家であるかもしれないし、詩人、画家あるいは建物を建てる人かもしれない。ウスペンスキーはこの事実をこういい表した。「人生の神秘は、物事の隠された意味や目に見えない働きが、その現象の中に映し出されるという事実の中に潜んでいる。現象によって覆い隠された意味を知ることは可能である。しかしこの領域では、化学試薬や分光器は役に立たない。アーティストの魂に呼びかけうる道具のみが、それを解明できる。我々は、化学や物理学の言語では表現しきれない事柄の差異に気づいていない。しかし、芸術が、この洞察の始めを与える」（ターシャム・オルガヌム、一六一頁）。「芸術においては、既に、未来言語による最初の実験が行われている」（同、八三頁）。

物事の内的意味を開示するためにアーティストが用いる言語は、まさしく、アーティストと時間だけが明らかにするだろう。彼らは、過去においてその多くを成し遂げた。彼らは、一度に一ステップ以上進もうとはしない。できることを精一杯行い、我々を残していこうとはしない。今日のアーティストがしていることは、「モダニズム」と下手な呼び方をされてはいるものの、そのもっとも興味深い点は、感覚の拡張である。―それは、新しい感覚ではない。人間の昔からの感覚、大きさや、空間、相対性などと人々が呼ぶ感覚の拡張である。アーティストは、物事を裏表にひっくり返したりはしない（結果的にそうしたかったかのように見えるアートもあるが）。むしろ、ある抽象的な方法で物事を描き出し、我々人間がその一部であることをイメージさせようとする。ニューヨークの近代アート美術館の最初のカタログの序文で、バール氏は絵画を例にとってこの理念に触れている。「セザンヌの絵を調べていると、そこにある面が定められた距離をとりながら、前後に移動するように感じられる。そしてついには、我々が描かれている絵画の世界が、現実の世界より実在的に感じられてくるのである。プッサンの威光は感じることができる。読むことができる。腕を伸ばせば届くところにあるように感じられる。しかし、セザンヌの偉大さは内在的である。すなわち、人のまわりに人を呑み込むように膨らむ。その結果、時にそれは、力と秩序に圧倒的な現実性を与える偉大な音楽を聞いているかのような催眠効果をもたらす」。

確かなことは、この言及が、鑑賞者の立場におけるアートに対する新しい視点と、人間一般の次元感覚の徹底的拡張を示唆していることである。

新しい方向性を束ねることは、あらゆる芸術において一般的なことである。そこでこの一、二週間をかけて、そうした顕著な事例を無作為に抽出してみた。まずジェイムズ・ジョイスの著作をあげよう。「マルセル・ブリヨン氏の示唆する通り、『進行中の作品』（訳注：後に『フィネガンズ・ウェイク』として出版）は、近代科学の時間概念が人間の生活と言語を覆い尽くしつつあることの表現である。近代科学はまるで事実のごとくこう述べる。光速より早く地球から飛び立てれば、歴史上の出来事は目の前で反転し、無限に近い速度で宇宙を飛び抜けるなら、すべての出来事をほとんど一瞬のうちに見てしまうことになると。一言でいえば、ジョイス氏は、この無限のスピードで絶え間なく往き来しているのである」。

現代音楽の分野における不可解な技法は、一人の批評家によってこう表現された。「たとえばパウル・ヒンデミットの音楽では、二つの自我の異なる音楽があちらこちらに響くかのようである。一つは、楽曲の進行に沿って流れ出てくる各声部をすべて聴きわけようと頭を抱えている分析的自我、もう一つはそのような結果を得た経緯を気にすることもなく、イスの背にもたれて全体の結末を見る総合的自我である。古典音楽にあったこの二つの自我を結びつける手掛りは、今のところ一つもないように見うけられる」。

こうした新しい思潮について、ベルは総合的見地からこう述べる。「ラファエロの芸術作品に顕著であった、あの神秘的ながら、はっきりと感知できる価値をもつ造形美術に還ってゆくのではなかろうか。それは、直接形態に現れてくるような生の意味に関する寡黙で公平な玄人肌の考察であり、たぶん、絵画や建築あるいは道具によって、我々の審美観を新しい倍音として奏でようとする期待である」。

この新しい解釈を色彩によって試みようとするアーティストもいれば、形態によって、変わった素材の用い方によって、パターンによって、あるいは、昔ながらの物に新しい比例と側面を与えることによって試みようとするアーティストもいる。均衡、リズム、調和のすべてを扱おうと思っても汲み尽くせるものではないし、またそうしようとするアーティストもいまい。それゆえ人は（作品が傑作であるとき）、新しい解釈に至ったと感じるのである。女性の解釈、イスの解釈といったものでなくとも、動きの、色彩の、振動の、空間の、あるいは何ものでもないものの新しい解釈に、である。時代趨勢などそれ自体は教会の塔ほども具体性をもたないだとか、アーティストが意図的に描き出す正当性をもたないなどと、誰がいえようか。物事を人々に説明するのはアーティストの課題であるが、新しいことを試みるアーティストを冷笑するのは我々のすることではない。

平行線が交わり、二点の最短距離がそれを結ぶ直線ではないという時間と空間を定義する新しい数学概念は、何気なく、常識的法則をすべて覆してしまう。ところが悲しいことに、古びた芸術が新しい空気を求めて頭をつきだそうものなら、文化という評価の高い狙撃手に狙い撃ちされてしまうのである。

近代の庭園とはいかなるものかという疑問が生じるのは、それがまだ存在していないからである。庭園師というものは、新しい理念の応用においていつも他のアーティストに遅れをとる。その本質は非常に保守的で、完全な庭園が新しいもの、見なれないものには頼らず、既知の完全性に依存していることは、疑いない。しかしながら、調停の必要があることも事実である。建築家が、斬新な家に斬新な家具を入れ、様式がいっさい入れ代わったとき、若者がこう不満をもらすだろう。「どうして、この古めかしい馬鹿げた庭をどうにかしないのだ」と。そして庭園師は目覚める。そしていったん時代に追いつこうと思ったなら、庭園師はそれを徹底してやる。ヴィラ・デステの庭園は、時間的にいうと、ペルージの建てた美しいローマ様式の邸宅に、一〇〇年根本的に遅れており、ル・ノートルの庭園も数々の宮殿がフランス各地に建てられたあと造営されたのである。近代の庭園も同様かもしれない。そのときが到来するなら、庭園師は新しい意味を、その時代の思想、芸術の本流に必ずやもちこむであろう。なぜなら庭園という世界は時に、理念の解釈、そして素材、色彩、空間の新しい側面の意識化を得意とするからである。

初期の優れた新しい伝統の開拓者の一人に、トニー・ガルニエがいる。庭園師の視点から見てもっとも興味深い作品は、何年も前につくられた彼の自邸である。この自邸は、建築的側面からいうと、地中海風建物をよく知っている者には目新しいところはほとんど見当たらない。水平線の強調、くり型の大幅な省略など、ポンペイの住居が彼の自邸に見えてしまうほどあらゆる特徴が見られる。よく知られている通り、住宅と庭園は別個のものではなく、どちらも一つの世界にしっかり属している。その世界は、新しいものというよりも、過去のよき伝統に還るものであり、マックスフィールド・パリッシュの絵画から得られる面白み以上のものはない。一方、かつて庭園であった場所には、新しいものばかりがある。主要部分は、強い軸構成の感覚で始まり、軸は庭園を貫きながらも、細部では左右の均衡のみを残して対称形は解体してゆく。どれも目につかないよう、巧妙に行われている。ここに、対称軸手法から離脱する近代の力強い流れの兆しを見る。形態は、どの部分も、我々が庭園術の中で「整形庭園」として知っている建築的な形に保たれている。バランス感覚による「非整形」なデザイン—ランドスケープアーキテクチュアがもつ不定形さの多くをいとも簡単にいい表してしまうおぞましき単語ではあるが—は、当時のデザイナーにはあまり顧みられていなかったようである。

対称軸が完全に消え去ることはないものの、そうした整形の線や量塊が絶妙な均衡を保ち対称軸を繰り返し打ち消している。これが結実して、著しい衝撃をともなう全く新しい関心事となり、後のピエール・ルグランの庭や、さらに後年の庭の庭園平面の中に花開いたのである。

近代初期庭園の開拓者としてもう一人、ヴェラがいる。戦前に発行された彼の著書、「新しき庭（Le Nouveau Jardin）」はデザイナーに刺激を与え、一九一九年の「庭園（Les Jardins）」の刊行で、さらに考察が深まる。一見彼の平面は、実に風変わりで新しいものに見えるが、デザインの秩序と密度を細心の慎重を期して維持する様子は、根っからフランス的である。住宅は庭園に面しておおらかに建てられ、庭園はベルサイユさながらの樹木帯によってしっかり囲い込まれている。デザイン細部はたしかに、空想に満ちた近代的な雰囲気を醸し出しているが、本質的には、徹底した対称軸の貫通が全体の秩序を保っているのである。

ところが、実務設計においてヴェラ氏は、彼の著書が期待させるものよりずっと自由に独自の感性を発揮した。もっともよく知られているのは、シャルル・ド・ノエイユ子爵のためにパリにつくられた作品、一辺を住宅、二辺を街路で囲まれた小さな三角形の敷地につくられたオテル・ド・ノエイユの庭園である。通常のフランス様式に則って、二本の街路側には空間を効果的に切り離す高い壁が建てられ、夏にはこの壁と高木により、周辺の建物は屋内からも屋外からも完全に見えなくなる。オープンに残された庭の中央は、不整形の敷地を満たすのにうってつけの、まさに近代的なデザインのパルテールで覆われている。庭を構成する強い帯が絶妙な効果を発揮し、あまりにも近い敷地境界に目がいくのを防ぐ。この帯をつくるのに、芝生や青いロベリアといった園芸植物がいくつか用いられているが、色鮮やかな小石や大理石といった素材と同じく、パターン構成の部分として重要なのでありそれ以上ではない。

しかしながら、ヴェラ氏の発明の真骨頂は、二方の街路側を囲む壁に鏡を一列に並べた点にある。この三角の敷地の内側では、鏡からの光の反射が期待できないことは明らかである。しかし、パルテールのパターンとみごとに呼応する形で設置された鏡は、場所を囲い込む強い境界壁を意識から消し去るばかりか、境界を貫通する無限の距離を見るかのごとき印象を与える。みごとな錯覚効果により、この庭では、直観的に把握された空間の大きさは失われる。

庭園における新しい様式がその本当の姿を現したのは、さまざまな実験が試みられた一九二五年のパリ博覧会においてである。そして初めて、未来の庭園要素として光が重要であることが知られるのである。

ラプラード氏の仕事で興味深いのは、その光の用い方とともに、新しい次元のヴィスタで庭園を組み立てている点にある。彼は、幾何学的な形態のマウンドと斜面を強調することによって、空間容量を表した。全体構成は対称軸に依拠しているものの、線と量塊の配置、結合、そして肥大化した細部（たとえば、池に浮かぶ直径一〇フィートの人工の花）などに、実に新鮮な可能性を示唆している。

ヨーロッパで、この光という非常に先進的な主題を目にすることはなかなかなかったが、近年のバルセロナの発展により、もっとも大きな成果が現れた。ピエール・ド・ポント氏によるウィルミングトン近郊の作品である。彼の水上劇場は、数と形と大きさを徐々に変えてゆく噴水が、下方からの光で常に色調を変化させるものである。これなどは、その優雅さにおいても、伝統庭園と比べて遜色なく、私の知るかぎり私邸につくられたものとしては最上のものであろう。バルセロナ大噴水などは、大作としては見事だが、公共の場にありがちな趣味の欠如が見られる。

この一九二五年の博覧会では、ラプラード氏の他に注目すべき庭園をつくった建築家がもう一人いる。マレ=ステファン氏であり、博覧会でもっとも議論を呼んだ庭園を生み出した人物である。議論の的はコンクリートの樹である。このランドスケープデザインの全工程に関与していたフォレスティエ氏から私が聞いたところによると、その経緯は以下のようであった。当初の予定では、ある形状に育成、剪定された実際の樹木を用いるはずであった。これが時間と予算の都合から不可能となったとき、ここに特別な何かが必要と考えた数人の発案と共同により、コンクリートの樹が生み出されたのである。しかし不幸なことに、思慮の浅い人々が、この努力を、奇抜をもって人の関心を買うアーティストのトリックと断定したのである。このコンクリートの樹も、計画通りに全体が蔓植物で覆われれば、太い枝を四方八方につき出してバラを這いのぼらせているニューイングランド風庭園によく見られるレッドシーダーの樹よりはましになったであろう。マレ=ステファン氏こそ、庭園花壇にはっきりとした垂直要素をもちこんだ最初の人物である。

全く新しい庭園価値とデザインが結実した結果、さらに目を見はる幾何学形態が、グーヴレキアン氏の手によって小さな三角形の敷地に繰り広げられた。この小さな庭園が興味深いのは、真正面から色彩と素材を試みている点である。

すべてが厳密な幾何学形でおさめられており、そのパターンは二次元的であることをやめ三次元的である。池の中の水面はいくつかのレベルをつくり、植栽帯は平面ではなく、異なる勾配をもっていたり四角錐になっていたりする。その結果、現実の見えで面白みを失ってしまうような通俗的平面パターンは最小限におさえられ、これからの庭園にとって、鉛直方向の次元が重要な役割を担うことが表明されている。水、コンクリート、土、植物、どの素材も、アーティストの理念実現に向け率直に扱われている。ゆっくりと回転し、光を反射するミラーボールは、真面目な庭園装飾というより、むしろナイトクラブもどきである。しかし、この思いがけない配置がつくり出す焦点によって、全体として息がつまるような構成をやわらげることに成功している。植種の選定も重要である。それは緑への愛好ではなく、植栽によって何をなしうるかを示している。

マレ=ステファン氏によりイエールに建てられたノエイユ邸のために、傑出した庭園を一つグーヴレキアン氏が設計している。ここで彼は、ある例外的状況に与えた特殊解の他は、何も付け加えなかったと思わせるほど控えめなデザインしかしていない。この小さな三角形の敷地に対し、グーヴレキアン氏は完璧なる寡黙が望ましいと考えたようである。その理由は、別邸から燦然と見渡せる地中海風景にある。この眺望に注意を向けるため、狭苦しくなく親密な、しかし一工夫凝らした囲いがあるべきと考えたのである。

つくられた壁と床は、コーナーの開口に向かい収斂するため、人はちょうど漏斗の中にいるような感じを受け、意識はその開口部に向かう。そこには、空を背景に浮かびあがる彫像のシルエットがあり、市松文様の床に反復される垂直な分節が、側壁に沿うピラミッド型の植栽部によって強調されている。邸宅(ちょうど三角形の底辺に位置する)からの眺望においても、また、邸宅を見返す眺望においても、その効果は、独創的かつ劇的である。そこで花壇が直角に、コンクリート側壁を這いあがる。蔓植物などの園芸的な植栽で柔和な調停をもたらそうという意図は、ひとかけらもない。グーヴレキアン氏がデザインを三次元で捉え視覚化していることは明らかである。彼は、容量という言語で考える。庭園デザイナーの中でこの能力をもつ者は稀である。

彼には興味深い作品がもう一つある。それは限定された土地に建つヌイエーの郊外住宅である。その庭は、私の知るかぎりもっとも近代住宅に適したものであり、完全な抑制と魅惑をもつ近代手法で処理された庭である。我々の考察にとって特に興味深いことは、住宅全周を取り巻く軒とテラスが、地面レベルであるか屋根のレベルであるかにかかわらず、庭園と一体化した要素として設計されていることである。各々の階に部屋と対応したテラスが設けられている。最上階テラスは子供たちのもので、そこには子守りや幼児のための日除けとともに、二×四メートルほどの小さな芝生までである。これが、感覚的にいってもその様式においても、ちょうど食堂の窓の外にあるプールと同じ形の庭園的役割を果たしているのである。軸構成をもつ地上レベルの庭園は、二回屈曲し、動線を分断することのないわずかな段差により明確な境界を形成しつつ複数の小さな領域を内包する。その他にも、近代様式への傾倒を証明するさまざまな形態を見つけることができる。例えば、軒天井である。バックヤードのそれは、事実上支持柱なしで庭園領域の上に建築からさし出されている。このため、軒のある部分とその他の天空に抜ける部分の対比によって強烈な庭園境界の感覚を頭上に感じることができるのである。これもまた、建物の外部における三次元容量を強調するものである。

近代建築の重要人物の一人ル・コルビュジエ氏は、植栽と建築に関して著しく独創的な理念をもっており、近代デザインのテーマで発表した興味深い著書の中でも、ことさら容量によって考えることの重要性を主張する。ところが彼の庭園となると、それは平凡極まりない。まるで、庭園のもつ容量や平面が彼の論理に含まれることを全く意識しなかったかのごときである（時折屋上に張り出された軒くらいが、唯一の救いだろうか）。コルビュジエ氏がコンクリート園路に施した目新しいパターンも、それはそれで心地よいが、現実の視点の高さでは樹木や灌木が立ちふさがり、パターンの効果が発揮されていない。三次元的効果をもたないのであれば、彼のランドスケープの課題に対する答も、これまで何世紀にもわたって繰り返されてきたものと何ら変わるところがないことになる。彼が通常と異なる解を見いだしているのは、自らの建築と、それがランドスケープと接する部分に限られてしまっている。

アンドレ・ルーサ氏は若いながらも、その作品が日増しに期待されてきている人物である。先進的な一派に属しながらも、過激な集団とはしっかり距離をおいている。実際に用いる主題も要素も、感覚的な部分でル・コルビュジエ氏につながるものがあり、時に独創性を欠いているようにも見えるが、それは問題ではない。ルーサ氏は、常に独自の方法で問題を解く。伝統に立ち向かうべく生まれた若き彼は、近代の要素を自分の母国語のように扱い、あるがままに用いることができる。建築同様庭園においても、あらゆる細部に簡潔だが慎重な関係性をもたせ、絵画的な性格を創り出す。庭園と住宅の間に緊密な関係を用いることは、新しい建築に共通する特徴である。土地に余裕のない場合も、テラスを植栽のために用い、そのテラスが庭園計画と一体化されるのである。彼の図式は、因習的な線形に従うことはないが、また一方、近代主義者の幾人かに見られる過剰な複雑さを見せることもない。

ルーサ氏の庭園では園芸の果たす役割が大きく、その植栽選定には、イギリスやアメリカに一般的な伝統的植栽アレンジの影響は全く見られない。壁面の蔓植物などもその這わせ方は種々異なるパターンをもつ。フランスでは近代の作品の多くに、一つの期待が寄せられている。それは、花卉園芸の意義とその位置づけに関するフランス的視点が、過去と同様、現代においても生き続けることである。新しいデザインが一般的になった時点でも、人々の植栽や花卉に寄せる関心は相変わらず大きいであろうし、フランスに見られるものとは随分異なる種にその関心は寄せられるであろう。庭園におけるフランスとアメリカのこの差異は、昔から相変わらぬものである。

近年、ピエール・ルグランがこの世を去った。もし彼がいなければ、近代庭園は、甚大な損失を被ったであろう。彼の仕事の多くが、庭園よりも家具や本の装丁などに費やされていたにもかかわらず、近代庭園への彼の影響は非常に大きなものに感じられるのである。我々の手元にある、彼のランドスケープデザインの平面図は一枚だけであるが、それは驚嘆すべきものである。専門的に見ても、抽象デザインの研究からいっても、まさしく誰にとってもである。全体配置、詳細どちらを見ても、庭園デザインの最上の血統は明確である。さらに加えて、新しい血潮が全体にいきわたっていることを知る。建物に隣接する長い園路は、もしかしたら、我々英国入植時代の原型に着想を得たものかもしれぬ。住宅の前面には小さな半円形の前庭が横たわり、背後には住宅のテラスときちんと囲い込まれた芝生が広がる。こうした記述だけからすると、もっとも典型的なアメリカの郊外型デザインのように聞こえ、その新鮮さや非伝統的な感性は全く伝わらないであろう。しかし、その細部の新しさといったら！　長い園路の片側は、その全長に渡って、三角形に刈り込まれた生垣でしっかり囲い込まれている。前庭の半円形の芝生も、後方の芝生も決して新しいものではない―ただし、部分相互の関係と、これまで整形要素と表現していたものが非対称な均衡の中に感覚的にまとめられている点を除いては、というべきである。事実、もっとも注意を引くものは、構成の主軸が粉砕され、それに直交する軸が消えてゆく、その様子なのである。それは、各部位があるべき場所に落ち着くのを期待させるアニメーション映画の動き出しに似ている。縫い目は伸ばされるもの、古い秩序は回復するもの、習慣は満たされるもの、倦怠は蔓延するものというように。このデザインがもつ生命力の証しは、「なぜそうなのか」「なぜそうではないのか」という問いを繰り返し人に迫るところにある。その中に均衡が導き出され、新しい関係が打ち立てられる。かくして感性の麻痺した過去の軸は、その生命力を失う。人は考え、理解に至るべきところを悟るようにしむけられるのである。

（Landscape Architecture 誌一九三〇年一〇月号より再録）

第3章

クリストファー・タナード
——モダンランドスケープにおける庭園——

ランス・M・ネッカー

3-1：
＜ベントレー・ウッド＞　サセックス、ホランド。透かされた森の風景におさめられた住宅の全景。［デル＆ウェインライト撮影、Architecture Review 誌所蔵］

一九四〇年九月、私はクリストファー・タナードの書「近代ランドスケープの庭（*Garden in Modern Landscape*）」を読み、環境デザインの意義に気づかされる。そして、建築デザインの勉強をランドスケープデザインに重きをおいた方向に変える決心をした。
（ローレンス・ハルプリン著「うつろいゆく場所」一九八六年より）

クリストファー・タナード（一九一〇〜一九七九年）は、一九三八年に「近代ランドスケープの庭」を書きあげ、ランドスケープの完全なる新天地[1]に足を踏み入れることになった。これに先立つ一〇年の間に、モダニズムの庭園がいくつか設計されていたことは事実であるが、近代社会という文脈で庭園のあり方について真摯に考察した著述、特に英語の著述はほぼ初めてである。彼の著書は、近代庭園の論点を三つのアプローチ、機能性、共感性、芸術性で説く。タナードは、一九三〇年代後半に、イギリスの比較的大きな郊外住宅のランドスケープを複数手掛けた。その際、イギリス庭園という伝統世界に実験的形態をもちこむことで自分の手法を試み、さらに、ランドスケープアーキテクチュアが近代世界の問題解決の地位を得るためには、その歴史的、園芸的束縛を乗り越えて、より大きな風景の問題と取り組まねばならないことを示唆したのである。タナードは、レイモンド・マクグラス、MARS（近代建築研究会）といった建築家グループと緊密に仕事をした。MARSはCIAM（近代建築国際会議）のイギリス分科会であり、設計、計画を通しての社会問題解決、特に二つの大戦の間の住宅供給問題に取り組んでいた。[2]

タナードの理念は、イギリスで既に一般化していた一九世紀アーツ＆クラフツ運動と住宅庭園愛好という大砲に火をつけたばかりか、大西洋を越える砲声を轟かせた。タナード本人は、一九三九年になってから合衆国にわたり、ワルター・グロピウスによるモダニズムの実験室、ハーバード大学デザイン大学院で教鞭をとることになる。グロピウス本人も、ドイツからイギリスを経て合衆国に入国したばかりであった。戦後アメリカの近代を担い、あらゆるスケールにおいて成果を示すモダニズムの作品を生み出す若いデザイナーが、教員と直に接するスタジオ形式の体得型学習により、タナードの三つのアプローチを吸収していった。一九四五年にタナードはイエール大学助教授となり、都市計画学科でランドスケープアーキテクチュアのコースを教えながら、庭園の垣根を飛び越え、より大きなランドスケープの世界へと飛び出していった。このときも彼は、イギリスでも合衆国でも取り組まざるをえなかった難問、歴史と園芸という課題を抱えることとなる。

モダニストの創作：三つのアプローチ

タナードの生れは、カナダのブリティッシュコロンビア、ビクトリアである。高等教育をビクトリアカレッジ、ブリティッシュコロンビア大学で受けた後、イギリスでウィズリーの王室園芸協会大学で一九三〇年に学位をとり、また

3-2：
＜ベントレー・ウッド＞　サセックス、ホランド。住宅とテラスの関係が表された正面の眺望。［デル＆ウェインライト撮影、Architecture Review 誌所蔵］

一九三二年には、ウエストミンスター工科大学で建築施工のコースをとっている。一九三二年から三五年にかけて彼が庭園と敷地計画の設計士として働いたロンドンのパーシー・S・ケインは、ガートルード・ジキル、トーマス・モーソン、J・D・セディングなどのアーツ＆クラフツの流れをくむ著名な庭園設計士であった。[3] ケインは、彼自身の作品を「モダン」と考えており、その設計理念をタナードにしっかりと教え込んだ。タナードは後年彼なりに、あるものは活用し、あるものは時代遅れとして棄ててゆく。例えば、ケインと同じく、彼も日本庭園に敬愛の念をもちつづけた。[4] タナードの共感性という理念は、ケインの日本庭園への理解を一つの手法のレベルまで高めたものといえよう。タナードは、ケインも辟易していたヴィクトリア様式庭園の低俗な虚飾を棄て、さらにケインの新中世様式庭園の理念も早々に棄て去り、モダンの世界へと踏み込んだのである。

ケインからの独立後一年もしないうちに、タナードはイギリス近代芸術や近代建築のアヴァンギャルドたちと緊密な関係をもつようになる。[5] 一九三七年、彼はオフィスで数個のプロジェクトをこなしながら、アーキテクチュアレビュー誌に連載記事を発表した。これが翌年にまとめられ、「近代ランドスケープの庭」として世に出るのである。[6] この著書の中で、彼は近代ランドスケープの美学に迫る構築的方法として、三つのアプローチ—機能性、共感性、芸術性—を打ち出した。今日振り返ってみれば、これらはほとんど、当時の芸術や建築の理念から引用されたように見える上、タナードがその応用を図解するために用いた庭園のイメージもそれほど新しいものでもない。それでも、優雅なるイギリス庭園に衝撃を与えるほどには十分新しかったのである。[7] この時代には既に、ベルギーにジーン・カネール＝クラスの作品が、そしてフランスにガブリエル・グーヴルキアンの手によって、有名な〈ノエイユの庭〉がつくられており、イギリスの建築家、A・E・パウエル＆オリバー・ヒルによるミニマルな「箱型」スキームを触発していた。[8] 近代主義者の社会的問題意識も既に、少数ながら集合住宅開発のランドスケープの中で問われつつあった。チューリッヒ近郊ヌベールのフランクフルト＝レマースタッド集合住宅や、ガレット・エクボの初期の仕事、農務省テキサス集営地などである。タナードもまた、よく知られたアムステルダムの〈ボスパーク〉の計画を、機能主義によるレクリエーション運動場の典型的プロジェクトとして高く評価していた。

タナードにとって、機能性はモダニズムの庭園が考慮すべき基本要件であり、三つのアプローチを包括するものである。タナードは、アドルフ・ロースやル・コルビュジエの著作から直接引用して考える。庭園における機能主義は、情緒的自然崇拝から解き放たれたランドスケープデザインを可能とし、その結果、「休息、余暇といった人間の自然な欲求を満たす。(機能的な庭園こそ)事実上社会の認める庭園となるのである」[9]。タナードの庭園は、無装飾美学に根ざすものである。簡素なランドスケープは効率的な管理を可能とし、その結果、社会変革をもたらすことになると考えたのである。それに比べて、農菜園の庭の応用はそれほど明確に意識されていない。というのも、大量生産手段は、事実上、より十分な食糧を食卓に約束するという意味においてのみ近代的だったからである。しかしながら、食についての議論は根強く、タナードの作品においてもいくつか表現されている。タナードの機能主義アプローチは、建築のそれに極めて近いものと見ることができる。著書の中でもル・コルビュジエの〈サヴォワ邸〉のポリシーが図解されているように、形態的で自立的な設計手法が、利便と衛生の名のもとに展開されている[10]。

共感性は、機能主義の表現的副産物である。タナードは形態制度から、特に庭園デザインを強く制圧していた対称性から自由であることを求め、感覚的均衡を目指す構成手法を奨励した[11]。タナードにとって感覚的均衡の方法は、ランドスケープデザインを、近代建築の立体主義的、構成主義的スキームに関係づける一つの形態手法であったようである。ランドスケープの設計実務において、この手法は幾何学的スキームにも、自由曲線のスキームにも応用されうるものであったが、タナードが釘をさしたのは、それが決して、自然の形の模倣のように見えてはならないということであった。共感性のアプローチは、全く異なる次元で自然と結びつき、直接自然から霊感を得る方法である。タナードは、そうした理念を主に日本庭園の例、特に同時代の作家堀口捨己の作品を用いて図解した[12]。ミニマリズムの雰囲気をもつ共感性は、植栽や石の配置、地形の制御、水の利用を通して、ランドスケープが直接自らを表現する場合に効果を発揮する、そうタナードは考えていた。

この直截的表現は、一般に近代アートの潮流、第三のアプローチに関係する[13]。タナードは、非具象的アート、特に彫刻を評価した。彫刻はその非具象性によって、素材そのものを素直に伝える力を庭園の中でももつ。一九三〇年代になっ

3-3：
<ベントレー・ウッド>　サセックス、ホランド。テラスと、丘の下方を見つめるムーアの横臥人物像。[デル＆ウェインライト撮影、Architecture Review 誌所蔵]

3-4：
<ベントレー・ウッド>　サセックス、ホランド。透かされた森。[デル＆ウェインライト撮影、Architecture Review 誌所蔵]

ても、タナードは（グロピウスを中心とする集まりにおいても）、近代社会の建設に必要な科学技術を完全に理解するデザイナーは存在しないと認識し、それゆえ、社会性をもつデザインは、芸術とのコラボレーションなくしては達成されないと考えていた。[14] ランドスケープにおいては、芸術性こそ、趣味の庭師や、植木屋、園芸雑誌記者、造園業者たちの虚言と虚飾を払拭してくれるもの、タナードはそう考えた。[15] 彼があげた芸術性のアプローチの事例は、庭園の中に近代彫刻を入れ込むことから、建築的形態や近代アートから空間の着想を得ることまで、広範にわたる。具体例としては、イギリスの彫刻家ポール・ナッシュの〈美徳のオブジェ〉、ミース・ファン・デル・ローエの〈バルセロナパビリオン〉、フランスやドイツの庭園が用いた斬新な壁面彫刻、アレクサンダー・カルダーの彫刻などがあげられている。不思議なことにカルダーの彫刻は、作家の名前が記されないまま、「近代ランドスケープの庭」の中で、「新しい技術に向かって」と彼が題した章の最終ページを飾っている。[16]

ランドスケープにおける手法

上記の事例とともに、タナードは自らの作品を近代庭園の先駆けとして位置づけた。しかし、一九三六年から三九年にかけてイギリスで実現したプロジェクトは少なく、期間が短いだけでなく中断や重複があり、事務所記録もないこともあって、作品の過程を追って理念の展開を年次順に分析することは不可能に近い。[17] それにもかかわらず、タナードの示した数々のアプローチが重要であるのは、それがアメリカの読者や学生にとっての入門書となったからである。これらのデザインを見ると、多かれ少なかれ伝統的庭園デザインがタナードに及ぼしていた影響力の大きさが偲ばれる。第一は、一九世紀の庭園に特有の、好ましからざるスケール（それは大きすぎかつ小さすぎるのである）の影響である。第二に、イギリス的物語の執拗な反復が散見される。第三に、過度にイギリス的な園芸である。タナードは、こうした問題を、常に一九世紀以前の考え方を評価することで巧妙にかわしている。というのも、境界をはっきりともたない一八世紀イギリスの風景式庭園が、当時公然とモダンなものと位置づけられていたからである。[18] 直接的にしろ間接的にしろ、イギリスに典型的なこのもう一つの庭園を参照することで、タナードは当時のランドスケープに広々としたスケールを与えることを良しとした。彼の著書のタイトルでさえ、これを暗黙の了解としている。かつて理念的に近代的であったものを再度近代的とすることにより、彼は、歴史と園芸を掌握したのである。

〈ベントレー・ウッド〉（図3-1、2）は、建築家サージ・カーメイエフが一九三五年にサセックス、ホランドの自分の領地に設計した邸宅である。[19] デザインはその年アクフィールド郡に申請されたが、郡は、その水平屋根と羽目板貼りの立面に異議を唱え、その地方のレンガタイル造という前例を示し、プロジェクトをかなり遅らせた。タナードが送り込まれたのは、このように普通でない住宅のランドスケープを監修するためであった。カーメイエフとタナードは、この延滞期間を敷地の整備にあてた。まず、領地の一角を占めていた森を透き、前庭に濃い黄色、後庭に白という色彩豊かなスイセンの野原をつくり出した。[20] この二色の野原は、ランドスケープに描き出されたモダニズム絵画と見なすこともできれば、大きな所領を制御するための一八世紀的手法とも見える。しかしながら、たとえば英国園芸協会の植物庭園キューガーデンがそうであるように、スイセンという草花による自然化はいかにもイギリス庭園的着想ではある。[21]

「近代ランドスケープの庭」に描かれた〈ベントレー・ウッド〉のテラスデザインは、タナードのアプローチを具体的かつ優雅に表現するものである。当時は新しいガラスの引戸を通して、建築内部の食堂空間が矩形の石畳の上にまで延びているのは、ある意味で機能主義の表現ともいえる。テラスは一方を壁で仕切られ、彼方に広がる眺望を一〇個の長方形に切り取るグリッドフレームに面する（図3-3）。ここには端的に、一九三八年当時のモダンアートがもつ明快さが表現されている。邸宅の完成にあたって、ヘンリー・ムーアの彫刻が長い壁面の反対側、短い階段脇に据えられた。[22] 後年カーマイエフは、合衆国への移住を決意したとき、ムーアにその彫像を取り戻すよう依頼している。しかし、アーキテクチュラルレビュー誌やタナードの著書にある写真からうかがえるように、彫像はあまりにも絶妙なバランスをもってその位置を占めていた。ムーアの言によると、「彼女は、広大な野原を見晴るかし、水平線にじっと目を凝らしている」。彼は、堅い輪郭の建築とおおらかなランドスケープの接点において人物像が果たす役割を熟知しており、こうつけ加える。「彫刻は、それ自身のアイデンティティーをもっており、カーマイエフの設計したテラスにある必要はなかった。しかし、いってみれば、彼女はそこに居ることを楽しんでいた。それが私に人間的な要素を思わせた原因だと思う。それは、近代住宅と悠久の大地をとりもつ媒酌人になったのである」[23]。

〈ベントレー・ウッド〉のための設計案は、一九三八年一月のMARSグループの展覧会、風景の中の住宅部門において衝撃的な印象を与えた。「建築―庭園―風景」という表題の下には、伸びゆく眺望とそれを切りとるフレーム格子をもつテラスが展示され、タナードのものと思われる言葉が記されていた。「建築は庭園を抱擁する。住宅と庭園の融合体は、風景の中で一つの単位を形成する」[24]と。

　チェルシーに建てられたタナードの自邸、〈セント・アンズ・ヒル〉（一九三六～三九年）（図3-5、6、7、8、9）の設計においても、住宅と庭園そしてより大きなランドスケープの一体化という高度な問題が、主要モチーフとなったようである[25]。実際「近代ランドスケープの庭」の中でも、もっとも多くを語られたプロジェクトである。オーストラリア出身の建築家リチャード・マクグラス設計による住宅は、鉄筋コンクリート造であり、いくつにも分割された円筒形の構成に開口率の高い庭園棟が付随するものである。しかし、純粋幾何学の相互浸透で生み出された空間は、時にテラスの広がりをもつものの、広大なランドスケープとは何がしか納まりの悪い接し方をしている。敷地に堆積した長い歴史との軋轢があらゆる部分に表出しているのである。新しい住宅が建てられたのは、一七世紀後半から存続してきた所領であり、そこには一八世紀中期のケイパビリティー・ブラウン風のデザインの痕跡が残っていた。これはタナードによれば、ペインズヒルの庭師チャールズ・ハミルトンの手によるものかもしれない[26]。この古いランドスケープ上にタナードは自分の新しい「図象」を描き出し、その加筆によって改めてここを近代的にしたのである。邸宅を遠くから眺めると、それは美しく成熟したランドスケープに向かって進水する一艘の船体のようでもあり、庭園の中に微光を放つ機械のようでもある。

　ところが、まさにタナードの手による細部に、この加筆的プロセスへの抵抗が現れている。棟の壁に沿って遠近感を強調する軸構成の庭園などは、その理知的な固執のよい例である。構成要素はすべて注意深く配置されている。―景色を切りとる開口部はこれと気づかないほどの非対称的配置をもち、本物のホプトン岩の塊が近代的とはいいがたいプー

3-5：
<セント・アンズ・ヒル>　チェルシー。新しい住宅が厩舎やオランダ風菜園とうまく調和していない様子が、鳥瞰からよくわかる。［RIBA 図書館所蔵］

3-6：
<セント・アンズ・ヒル>　チェルシー。下方のプールテラスから見ると、住宅は広々とした景観の中におさまっている。［ロバート・フェルトン撮影、ノーマン・マクグラス所蔵］

ルの中に重力に反して浮いており、壁面端部はきつく丸められた図面の端のように曲がっている。そして住宅から少し離れたところには、もう一つのテラスが、ツツジの巨大な茂みを取り囲むように漸新な形態をつくり出している。タナードはこの常緑の茂みに敬意を払うかのように、プールとテラスを半円形で取り巻いた。それは、平面性の概念に固辞するあまり、斜面地形にうまくおさまっていない。もし、もう少し可塑的な性格を与えれば、もっと巧みに地形に適応させることができたであろうが、その可能性も否定している。新しい邸宅が敷地内の古い建築とぎこちなくおさまっている様子は、プロジェクトのほんの二、三枚の写真からもわかる。住宅を正面から写した写真に、タナードが歴史の重荷を取り払うことができなかった（あるいはそうしたくなかった）ことを露わに見ることができる。写真の中で、旧家屋の屋根の上のクーポラが、新しい住宅棟の上に顔を出している様は、まるで招かれざる田舎の親類が出てきてしまっ

たようでさえある。旧家屋を残したことによる旧と新、矩形と円形の出会いは、まるでエントランスホールでのぎこちない抱擁のようになった。鳥瞰写真にはもう一つ、興味深い点がある。一八世紀初頭のオランダの影響と見られる整形式菜園である。菜園は彼の後期作品のテーマであるにもかかわらず、設計案の一部として残されたこの菜園は、生活の問題に対する近代的解法としては見なされてはいないようである。今日、この〈セント・アンズ・ヒル〉のランドスケープは、典型的にイギリス的なもの、品位を保ちながらも究極的なまでに控えめなものとして目に映るかもしれない。しかし当時とすれば、実に冒険的だったのである。

この自邸プロジェクトには、その他のどのプロジェクトよりまして、タナード個人の美意識の煩悶を見てとることができる（このことは、一時期気づかれていなかった。というのも、タナードが〈セント・アンズ・ヒル〉を載せた出版物では、一度も自邸として語らなかったからである）。これとは対照的なのが、「近代ランドスケープの庭」でも図説された、コバンの敷地に設計された小さな週末住宅プロジェクトである（図3-10）。新しい敷地における余暇のための

3-7：
＜セント・アンズ・ヒル＞　チェルシー。建築的表現のガーデンウィングのテラス。［ロバート・フェルトン撮影、ノーマン・マクグラス所蔵］

3-8：
＜セント・アンズ・ヒル＞　チェルシー。屋上階から見た、ツツジとプールの構成。［ロバート・フェルトン撮影、ノーマン・マクグラス所蔵］

3-9：
＜セント・アンズ・ヒル＞　チェルシー。プールに映り込む住宅正面。背後に厩舎が見える。［ロバート・フェルトン撮影、ノーマン・マクグラス所蔵］

プログラムであり、タナードの三つのアプローチをもっとも簡潔に描き出している。カリフォルニアの庭園の多くがそうであるように、小さいにもかかわらず多くを語りかけてくる。庭園は「下方に続く私有地の砂浜に向かう遊び場のように素直に計画されて[27]」おり、その生物的な形態は、日本的な自然体を思わせる感性をたたえている。簡明な詩情は、個人的にも歴史的にも思想的なものからは完全に解き放たれており、心温まる、とらわれのない構成を生み出している。

しかしながら、タナードが、彼の歴史と園芸の知識のもたらす責務感から解放されていたプロジェクトはほとんどない。この責務感は、タナードというその人物に生来備わっている気質と分ちがたいものであり、モダニストとしての情熱のカウンターバランスとして働いていた。例えば「近代ランドスケープの庭」に載せられた大きな仮想プロジェクトがある。一八世紀にケントとブラウンによって設計されたクレアモントの風景式庭園の保存提案であり、この中でタナードは、ル・コルビュジエの「輝く都市」をそのまま応用している。もっと正確にいえば、一九三五年にテクトンのエルンスト・ルベトキンによって設計されたロンドン高層棟〈ハイポイントI〉の計画案を応用した[28]。クレアモントの敷地

3-10：
<週末住宅>　サリー、コバン。タナードによりレイモンド・マクグラスの作とされた、実現されなかった案。[ゴードン・カレンによるスケッチ、Gardens誌 72]

3-11：
<ガルビー>　レイチェスターシャーのオランダ式庭園。[ゴードン・カレンによるスケッチ、Gardens誌 75]

3-12：
<ガルビー>　レイチェスターシャー。水、石組、植栽による日本的効果。[ゴードン・カレンによるスケッチ。Gardens誌 91]

の一隅に高層棟をそのままおくことにより、敷地の歴史が「鉈切り」のように分断されることから守っているのである。〈セント・アンズ・ヒル〉が、近代主義と伝統庭園のある種の融合を表明しているとすれば、この図式もまた、もう一つの表明といえよう。別の事例、テームズ岸ウォルトンや、レイチェスターシャーのガルビーで実施されたプロジェクトでも、デザイン行為の中に伝統様式と近代主義の理念が組み合わされている。[29] これらの事例では、オランダ式菜園（たぶん〈セント・アンズ・ヒル〉から想を得たものであろう）に、ジーン・カネール=クラス的キュビズムの味つけをして近代的庭園を風景式庭園の中に織り込んでいる。どちらの設計においても、四角く直線的な形に整えられた刈込みが、他の部分との微妙なバランス関係をつくるように住宅から引き出されている。しかしながらこの幾何学的庭園も最終的には、スケールの大きさと生い茂る植栽の豊かさもあって、〈ベントレー・ウッド〉のテラスに見られたような、あるいはカネール=クラスの作品のような歯切れのよさには至っていない。

そうした歯切れのよさは、経済性と矮小敷地という二つの問題を解決するという高度な社会的要請に迫られて、歴史からも園芸からも距離をおいて、再びプロジェクトの中に姿を表してくる。たとえば、一九三九年に建築家エリザベス・デンビーと協同した設計、〈汎ヨーロッパ住宅〉（図 3-13、14、15）がある。これは、タナード初期のもっとも社会性の高いプロジェクト、MARS 出資のロンドン開発計画チームのプロジェクトである。[30] このチームは、ドイツから亡命してきた都市計画家アーサー・コーン率いるチームであり、またグロピウスのロンドンでのパートナー、マックスウェル・フライも引き入れていた。デンビー、タナードともにそのメンバーとなったのである。[31] MARS の打ち出した計画は、社会計画の観点からいっても全般に理念的であり、その多くを「輝く都市」の幾何学的形態言語に負っていた。〈汎ヨーロッパ住宅〉でタナードとデンビーが協同設計したものは、ある観点からいえば MARS 計画全体の一部分であり、また別の見方をすれば、大陸ヨーロッパの近代建築と近代都市計画を支配していた社会主義的設計法の英国バージョンと見なせるものである。

園芸や菜園をも含む個人庭の列と、その先に位置するコモン（共用庭園）がタナードにより設計された。デンビーの建築設計は、雁行しながら庭園を取り囲むタウンハウスが閉じられた一つの街区をつくり出すものであり、計画案

3-13：
＜汎ヨーロッパ住宅＞　鳥瞰図と平面図から、その雁行形と個人庭と共用庭の基本配置がわかる。[H・F・クラークによるスケッチ、RIBA Journal 誌]

全体は簡潔かつ優雅に組み立てられている（一九三九年の〈理想住宅展〉では、その一ユニットのみが建設された）。個人庭は、角度をもちながらセットバックする住戸がつくり出す空間に、テラスとともに反復して配置され、舗石面が庭の中の菜園に向かってフェンス（あるいは生垣）に沿って引かれている。舗石園路は、庭の中央あたりで二回直角に曲がることで菜園を花庭から分離し、その後共有物置とコモンにつながる門扉へと至る。驚くほど簡潔な日常生活の空間的統御である。

この平面形は、ヨーロッパの人口爆発に最小限の方法で住宅を供給するという問題に対する社会的解答として評価され、ＲＩＢＡ誌（一九三九年六月号）の中で詳細に記述された。この計画案は、相当程度の詳細にまでわたって練り上げられ、一エーカーに二〇戸の密度の集合住宅を供給する合理的な複合開発を提示した。リージェンシー摂政時代のテラスハウスの密度に比肩するこの基準は、明らかにＭＡＲＳの調査から出されたものであり、これだけが、このプロジェクトにおける「伝統的」なものへの参照である。

この〈汎ヨーロッパ住宅〉の庭の建設監理の最中である一九三九年、タナードは戦争の兆しを察知していた。戦争が、近代主義者の社会的理想や汎ヨーロッパのデザイン思想を打ち砕いてしまうのではないか、大きなランドスケープと建築を融合するという彼の設計理念を断ち切るのではないかと心を乱すタナードは、大胆な行動に出た。ワルター・グロピウスからのハーバード大学デザイン大学院での教職の誘いを受け、合衆国へ移住したのである。一九六二年の建築史学協会配信の記事で、タナードは当時を思い起こし、グロピウスのスタジオにはマーティン・ワーグナーとヒュー・スタビンスも講師として加わったと記している。彼は、敷地計画の講義をもつ。その内容は、彼の言葉を借りれば「TVAから住居密度に至るまであらゆること」[32]を包括するものであった。

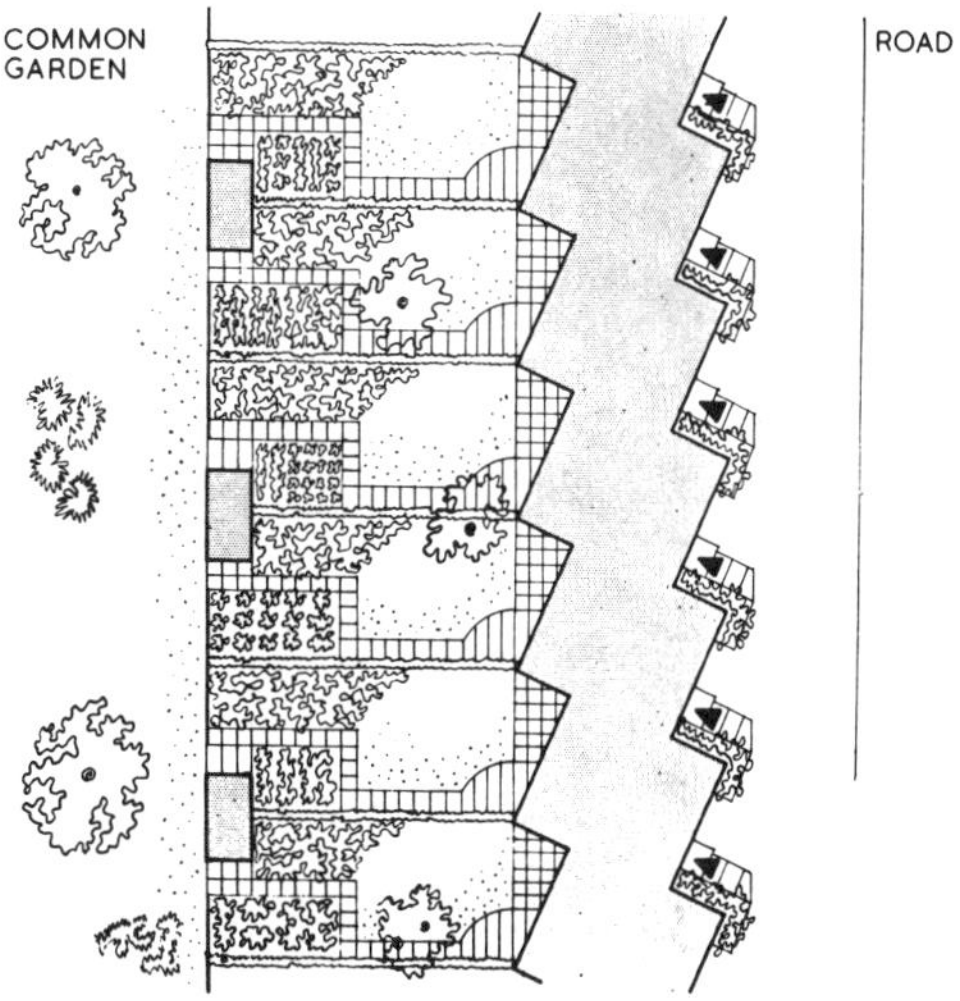

3-14：
＜汎ヨーロッパ住宅＞　鳥瞰図と平面図から、その雁行形と個人庭と共用庭の基本配置がわかる。[H•F•クラークによるスケッチ、RIBA Journal 誌]

3-15：
＜汎ヨーロッパ住宅＞　低所得者層のための、簡潔に考えられた庭。[H・F・クラークによるスケッチ、RIBA Journal 誌]

教育と設計実務においても、形態言語と社会理念においても、タナードはその多くをモダニズムに負っていた。グロピウスとの付合いから、マサチューセッツ州のケンブリッジやリンカーンに住宅庭園をいくつか実現するが、これらのプロジェクトには、一九三八年から三九年にかけてのMARS計画や汎ヨーロッパプロジェクトに特徴的な社会性や大きな風景の問題を感じさせるものはあまり見受けられない。[33] 一方、ハーバード大学はタナードにとって、戦後近代デザイン思潮の原型ともなる理念形成のための絶好の機会となった。それは、友人でもあったガレット・エクボ、ダン・カイリー、ジェームズ・ローズ等、そしてタナードの学生であったローレンス・ハルプリン、フィリップ・ジョンソン、エドワード・ララビー・バーンズ等との共同作業から生まれていったものである。[34]

創作休止

一九四〇年代に入ってモダニズムがその社会的効果を失い始めると、タナードはその型にはまった動き、特に建築のマンネリ化に失望感を募らせた。[35] またハーバード大学において建築学科にも籍をおく彼は、伝統的なデザイン理念に固執するランドスケープアーキテクチュアの教員と折り合いが悪くなり、彼の言動の変節もあって、アメリカのランドスケープアーキテクト界に数多くの敵をつくり出していた。[36] 一九四二年、タナードはランドスケープアーキテクチュア誌に「近代住宅のための近代庭園」[37] と題された論説を寄せている。この記事にフレッチャー・スティール、ジェフリー・ベイカー、ウィリアム・ストロングの三編の書評が寄せられたが、そのレビューは、タナードの考え方に対して好意的といえるものではなかった。[38]

一九四三年、タナードは突然徴兵される。英国カナダ空軍での服務は短かったものの、彼は戦闘とは関係のない事故で一方の眼を失う。退軍後、英国ホイールライト特別研究生として再び合衆国に戻り、一九四五年からイエール大学から終身雇用の地位を得る。籍は都市計画であり、ランドスケープアーキテクチュアのコースを一つ教えてはいたものの、設計の世界に戻ってくることは二度となかった。この時期タナードは、都市学の歴史に完璧に心を奪われていた。

この方面でのタナードの初著は「人間の都市（The City of Man）」（一九五三年）であり、その中には、ガストン・バーデッドによるル・コルビュジエの「輝く都市（Ville Radiense）」に対する刺激的な批評、「都市の影」が載せられた。[39]一九七〇年になると、タナードはコネティカット州ニューヘブンの歴史保全活動の中心的人物として知られるようになり、地域建造物研究会を立ち上げ、さらにICOMOS（国際遺構遺跡研究会）の会員として国際的に活躍した。

一九五八年、ペンシルバニア大学のランドスケープアーキテクチュアの教授イアン・マクハーグが、後に「デザイン・ウィズ・ネイチャー」（一九六九年）として結実することになる地域開発計画に乗り出そうとしていた。マクハーグはタナードに手紙を送り、「貴殿の『近代ランドスケープの庭』は今でもこの問題に対する名著の一つである」と付け加えながら、「二〇世紀社会に適合したオープンスペースデザインを示す道」となるべき書物がないかを問う。[40]タナードの返信は保存されていないが、彼もまた答に窮したに違いない。一九四九年のエクボの「風景のデザイン（Landscape for Living）」を除けば、参照に値する理論書はほとんどなかったのである。[41]ランドスケープ設計の課題は、あまりにも急を要すること（あるいは当然のこと）ゆえ自己参照的な問題となりがちであり、それを正面から研究する者がいなかったということではないだろうか。この時代は、ヒデオ・ササキがハーバード大学ランドスケープアーキテクチュア学科の学科長となり、モダニズムの手法がやっと設計スタジオに広がり始めた時代であった。

タナードと失われた遺産：現代のモダニズム

その数の少なさにもかかわらず、タナードの作品は、設計、記述ともに一九三〇年代のランドスケープアーキテクチュアに対しもっとも重要な批評となったのである。彼が四〇年代後半からランドスケープアーキテクチュアの主流からはずれていったことは、この分野に重大な損失であった。今日の多くのランドスケープアーキテクトにとって、モダニズムは結局のところランドスケープ本来の思考とは、遠いところの出来事であったという議論も事実ある。現代では、ほぼすべてのランドスケープアーキテクトがモダニズムの洗礼を受けているにもかかわらず、モダニズムがこの分野の美学の核心に対し、なぜ、いかに影響を与えたかについて考えをめぐらす者はほとんどいない。そして、またモダニズムの手法や考え方を指摘することができる人間さえ限られている。[42]

皮肉にも現在のランドスケープアーキテクチュア理論の場におけるある種の欠落は、無視できないものがある。こうした落し穴は、一九八四年に、パリの〈ラ・ヴィレット公園〉の設計理念をバーナード・チュミが論理的に展開したとき、白日のもとに曝されることとなった。[43] チュミは述べる。この公園は文化に関する公園であり、自然に関する公園とはならないであろうと。「映像的フォリー」、それは三次元イメージ/スペースの無意味な（あるいは狂気の？）連鎖と受けとられかねないものであった。こうした空間は点、線、面という三つの幾何学にスライスされた形態で、自動的にサンドイッチをつくるかのようにランドスケープの中にばらまかれた断片的な建築によってつくり出される。この計画案が発表されたとき、諸々の人々、そして多くのランドスケープアーキテクトが、形態の自立性と公園デザイン手法の不確実性に唖然としたのであるが、そうした驚愕などあるべきではなかったのである。実際、チュミの理念はすべて昔からなじみのものなのである。

急進的画家から建築家に転じたフレデリック・エッシェルによって一九二四年に英訳されたル・コルビュジエの「明日の都市（The City of Tomorrow）」[44]、その第一章概説のタイトルの反対ページに、〈緑〉〈面〉〈容積〉という図が描かれている。この図はそのキャプションにも説明されているように、フランスの小学校用に発行された習字帳に描かれていたものである。そして、コルビュジエは宣言する。「これが幾何学である」と。タナードは「明日の都市」を読んでいたし、「近代ランドスケープの庭」にも引用している。[45] タナードは三つのアプローチをデザイン課題に適用する唯一の手掛かりを示している。それは、まさにコルビュジエの〈サヴォア邸〉の絵が載せられたページに描かれている。

『平面は……機能的庭園計画に現実性を……与えうる総合的要素である。統治者としての平面は、三次元の言葉—面、線、容量—に翻訳されるべきである。面は……空間価値を、線は線形価値を、容量は無機質と生物の容量的価値をつくり出す[46]』。

チュミの手法が、あからさまなほどにモダニズム初期を参照していることを、チュミはもとより他の誰も指摘しなかった。チュミはこの昔ながらの建築家好みの単純な幾何学を、うろ覚えの教理書からあたかも新形態の革命であるかのように引用したのである。ラ・ヴィレットにおける社会的（文化的）因子の形態表現に関する本質的指摘も、また、社会的因子の他の時代との比較も、驚くべきことに、ランドスケープアーキテクチュアの領域からは一言もなかったのである。この状況は、ランドスケープアーキテクチュアにおける近代の再考について何をいわんとしているであろうか。チュミの幾何学サンドイッチを、近代初期の革命的思考やタナードの三つのアプローチと関連づける人間がほとんどいないのだとすれば、我々は、恐ろしいまでに、モダニズムの基本的形態理念を忘却してしまっていることになる。加えて、このアプローチの適用の中に受け継がれてきた社会的因子との関係を見失ってしまっているともいえる。しかし、これも驚くには当たらないのかもしれぬ。なぜなら、ある意味、我々の知識はつい最近の出来事を拾い集めた程度の欠落だらけのものであり、最後まで挑戦的で波乱万丈の戦いを続けたクリストファー・タナードというランドスケープアーキテクトの経歴すら、よく知らないでいるのであるから。

第3章の註

1. この一文は、Geoffrey A. Jellicoe, "The Dynamic Garden: Gardens in the Modern Landscape, etc.," Architectural Review 85 (March 1939), 152. より引用。タナードの Gardens in the Modern Landscape には興味深い序文がつけられた。その中でタナードは、

彼のモダニズムに対する理念の変化が、一九二八年に起こったと述懐している。今日ある小論の自伝的内容の多くは、Lance M. Neckar, "Strident Modernism / Ambivalent Reconsiderations: Christopher Tunnard's Gardens in the Modern Landscape," Journal of Garden History 10 (1990), 237-246. に詳しい。

2. David Dean, Architecture in the 1930's: Recalling the English Scene (New York: RIBA/Rizzoli, 1983), 112-113.

3. R. Webber, Percy Cane: Garden Designer (Edinburgh: John Bartholomew & Son, 1975). がケインの生涯と書き物も含めた作品の全貌を示す。

4. 前出、149, 173。

5. 特に Jane Brown, The Art and Architecture of English Gardens (New York: Rizzoli, 1989), 178-185. を参照。ブラウンはヘンリー・ムーア、バーバラ・ヘップロース、バーナード・リーチとの繋がりを述べている。このグループからは、リーチの名がタナードの Gardens in the Modern Landscape の謝辞に出てくる。この人脈は、タナードの日本に対する関心を説明する別の証拠となるかもしれない。ムーアの名だけは、タナードの著書に特別多く現れる。明らかにタナードは、Architectural Review 誌の副編集長 J.M.Richards と親しく、彼のランドスケープデザインに関する記事を載せてもらったのである。この事実は、タナードの作品と、同誌のモダニスト的編集姿勢の間に明白な関係があることを確定する点で注目に値する。

6. この本の主たる内容は Architectural Review, October 1937 to September 1938. に載せられた。著書は同誌の系列、Architecture Press により出版され、Architectural Review 84 (December 1938), cxv. に広告された。

7. Jellicoe, "The Dynamic Garden," 152.

8. タナードの Gardens in the Modern Landscape (1948), 71. の図版であるパウエル庭園は、グーヴレキアンの角張ったイメージをそのまま繰り返している。例えば、一九三七年のパリ博におけるイギリス館のためのデザインのように、多くの作品がそうした直交系の図式でつくられた。"The Paris Exhibition," Architectural Review 82 (September 1937), pl. iv. の補註に記載されている。

9. Tunnard, Gardens in the Modern Landscape, 80.

10. 前出、79。

11. 前出、83。

12. 前出、89。

13. 前出、99。タナードは、ポール・ナッシュの作品を比較的好んでいたように見うけられる。ナッシュは、ムーアやヘップワースに比べ、近代潮流の中でも若干伝統的な色合いをもっている。前出、95。

14. Christopher Tunnard, "Walter Gropius at Harvard," typed manuscript of lecture given at the Annual Meeting of the Society of Architectural Historians, Boston, 27 January 1962; Tunnard Papers, Manuscripts and Archives, Yale University Library.

15. この一文は私のものだが、タナードも同様に強烈な調子で、この人々は庭園を「殺した」のだと述べている (Gardens, 93)。

16. 前出、106。

17. Tunnard Papers, Manuscripts and Archives, Yale University Library.

18. Horace Walpole, Essay on Modern Gardening (Strawberry Hill, 1785), and Thomas Whately, Observations on Modern Gardening (推測 London, 1770), 参照。タナードは、Gardens, 179 やその他諸々のところでこれを引用している。

19. "Modern Architecture in the Sussex Landscape" and "House near Halland, Sussex," Architectural Review 85 (1939), 61-78. ハランドのテラスのデザインに関して、タナードのクレジットはあえてはずした。というのは、セルジ・カーマイエフ（一九八九年一〇月のインタビュー）は、タナードは敷地調査の段階で姿を見せて、森を透くように助言したのみであると指摘したからである。ブラウンもまた Art and Architecture において、明言することなくこの問題を回避している。

20. 著者のカーマイエフへのインタビューに関しては、上記した Architectural Review 誌に、その概略が記されている。

21. 個人的には、タナードが球根草本類の植栽技術に触れているか否か知らない。しかし、彼がキューガーデンを訪問の際か園芸コース習得の折に、この分野を知った確率は高い。

22. この作品のタイトルは、タナードによって与えられたものではなく、Brown, Art and Architecture, 181. によってつけられたものである。

23. Brown, Art and Architecture, 181.

24. "MARS Exhibition," Architectural Review 83 (March 1938), 116. 文章中に Architecture: Garden Landscape というサブタイトルが見える。

25. この邸宅がタナード自身のものであることは、Gardens in the Modern Landscape の中では述べられていないが、Dean, Architecture in the 1930s, 39. と Jeremy Gould, Modern Houses in Britain, 1919-1939 (London: Society of Architectural Historians of Great Britain, 1977), 31. 中に記されている。

26. "House in Surrey," Architectural Review 82 (October 1937), 117. チャールズ・ハミルトンから発するものとしたのは、タナード自身であり、それゆえにペイズヒル（タナードの綴りによれば Pain's Hill）がハミルトンと彼自身の領域の関連から Gardens in the Modern Landscape, 27-33 で大きくとりあげられたのだろうことは、ほぼ間違いない。

27. Tunnard, Gardens in the Modern Landscape, 72.

28. 前出、148-157、特に154。さらに Kenneth Frampton, Modern Architecture: A Critical History (London: Thames and Hudson, 1980), 252-253, and Dean, Architecture in the 1930s, 53-56. 参照。

29. レイチェスター近郊ガルビーに建てられた邸宅は、チャールズ・キーン卿のために設計されたものである。Gould, Modern Houses in Britain, 47. (Gould は邸宅を「Norton Gorse」と呼ぶ)。さらに詳しくは、"Galby, Leicestershire, House," Architectural Review 90 (November 1941), 132-134.

30. The All-Europe House：エリザベス・デンビー設計、庭園はクリストファー・タナード計画設計。RIBA Journal 46, series 3 (1939), 813-819.

31. MARS の業績は、Dean, Architecture in the 1930s, 72, 112-114. と Maxwell Fry, Fine Building (London: Faber and Faber, 1944), 86-114. その他に年次記載。タナードの報告書、Manuscripts and Archives, Yale University Library. にも関連記事がある。

32. Tunnard, "Walter Gropius at Harvard."

33. 前出。一九四八年刊、Gardens in Modern Landscape には、建築家ストーン&コーチと手掛けたケンブリッジ、バッキンガム通り四番地の庭など、小さな庭も図説されている。その庭には、ポール・ナッシュの作品など、いくつかのオブジェが据えられていた。学生時代、筆者はそれがタナードのものとは知らず、二年間ほぼ毎日、壁に囲まれたその庭の横を歩いていたことになる。

34. Tunnard, "Walter Gropius at Harvard." タナードはハーバード大学に、グロピウスの存在に敬意を払う協調的空気をもちこんだ。タナードのイエール大学での報告書は、実に簡潔であるが、イギリス、ハーバードでの経験については混乱している。バーンズ、ジョンソン、ハルプリンの関係については Benjamin Forgery, "Lawrenec Halprin: Maker of Places and Living Spaces," Smithsonian 19 (December 1988), 160-170. 参照。

35. Tunnard, Gardens in the Modern Landscape (1948), 7.

36. この主張は、一九八九年一月二三日の筆者のインタビューの中で、ガレット・エクボの出したコメントである。また当時の Landscape Architecture 誌の細部からもわかる。

37. Christopher Tunnard, "Modern Gardens for Modern Houses," Landscape Architecture 32 (January 1942), 57-64.

38. Fletcher Steele, Geoffrey Baker, and William Strong, "Comment: The Voice Is Jacob's, but the Hand…; Equivalent of a Loudly-Colored Folk Art Is Needed; and It Is Modern if It Cares Well for Basic Necessities," Landscape Architecture Quarterly 32 (January 1942), 64-68. 参照。

39. Christopher Tunnard, The City of Man (New York: Charles Scribner's Sons, 1953), 227.
40. Tunnard Papers, Manuscripts and Archives, Yale University Library.
41. Garret Eckbo, Landscape for Living (New York: F.W. Dodge / Duell, Sloan and Pearce, 1950). はタナードの Gardens in the Modern Landscape. 以外では、ランドスケープアーキテクチュアに関し、もっとも広範に書かれたものである。
42. 多くの批評家が、この時期のランドスケープアーキテクチュアにおける理論書の少ないことを指摘してきた。たしかに Thomas Church's Gardens Are for People (New York: Reinhold Publishing, 1955). や James Rose's, Gardens Make Me Laugh (Norwalk, CT: Silvermine Publishers, 1965). は、自作品の自己評価にかたよった実用書にとどまっている。
43. Bernard Tschumi, Cinegramme Folie: Parc de La Villette (Princeton: Princeton Architectural Press, 1987).
44. Le Corbusier, The City of Tomorrow and Its Planning (Cambridge: MIT Press, 1971) は、一九二九年版の Etchells による翻訳再版。
45. Tunnard, Gardens in the Modern Landscape, 58.
46. 前出、79。

再録論文4

近代住宅のための近代庭園
—ランドスケープデザインの現在—

1942年

クリストファー・タナード

合衆国では過去一〇年間にいくつもの個人住宅が、近代デザインによって建設された。その多くは、ニューヨークやフィラデルフィアを含むニューイングランドの東部工業地帯、あるいはミシガン州、シカゴ近郊に散見される。例えば、一八九〇年代にはフランク・ロイド・ライトが工法、平面計画ともに近代的な住宅を建て、カリフォルニア州では、建築家リチャード・ノイトラ、ルドルフ・シンドラーによる一九二五年からの作品が、この国では他に類を見ない明解な近代建築の場をつくりあげた。一方で、一九三三年の法施行決定もあって、近代住宅は行政によっても数多く建設されている。ワシントンD.C.近郊のグリーンベルト街や、農務省によるコミュニティー建設がよい例である。南部の広大な土地を除けば、新しい建築が広がっているのを目にすることなく旅をすることは難しい。たとえその旅がロングアイランドやオリンピックマウンテンといった、建築などありそうにない場所であってもである。

こうした住宅は、個性的な才能に恵まれた前衛的建築家によって建てられている。その中には、大学で建築学を学びまさに仕事を始めたばかりの若き建築家もいれば、フランク・ロイド・ライトやワルター・グロピウスのように欧米で活躍する著名な建築家もいる。彼らに共通するところは、様式化された「趣味のよさ」によるごまかしを拒否し、近代の生活スタイルに適合した住居の形態を与えようという信念である。建主たちは、現代的作品の多くがなじみのない美だと感じている一方、「瀟洒な」住宅がその金額に見合うだけの価値のないことにも気づき始めている。その平面計画は、家族の生活を変化に富むものにしたり、いい季節に日光や風をふんだんに入れるといった融通性に欠ける場合がほとんどである。それに対して近代住宅は、複合的な使い方や簡易な増築に対応するように平面計画が練られている。さらに、機智に富む配置と方位づけによって、田園のよさや自然の力について気づかせてくれる。いいかえるならば、近代住宅は、土地の文脈から生まれ出てくるのである。主人の服に自分をあわせる召し使いのように自分の人格をあわせている因習や図解本から生まれてくるのではない。

近代住宅が押しなべて、よく計画されているわけではもちろんない。実験的につくられながら名作となるような建築など誰が最初から期待しよう。しかし、新しい建築に対する批評は、ほとんどの場合、根深い先入観にとらわれ妥当性を欠いている。もっとも頻繁に見られる偏見の一つは、近代建築が、冷たく直線的であり、その簡素な壁面を分断してしまう装飾を受けつけないというものである。こうしたコメントをする人々は、何年にもわたって何の疑問もなくファッション雑誌を読みふけってきた結果その審美観を堕落させてしまった人々であるか、あるいは、建築がその環境と切り離しては評価できないということに気づかない人々である。

前者は、素材美への感受性を、そして明快につらなる線や規則的かつ非対称なヴォリュームを楽しむ感受性を失ってしまっている人たちである。彼らは、ハーフティンバー様式やコロニアル様式、古典的細部といった無意味な嗜好―趣味のよさを保障するもののごとく建築家や思索家によって用いられるもの―に心を奪われ、魅力の尽きない緊張感や微妙な均衡に気づかないままなのである。後者の批評家連は、土地の状況に不調和な処理をしてしまったことで行き詰まっている住宅に目を向けるべきである。近代建築に本質的な有機的特質は、建築家に、住宅をランドスケープへ向けて連続させることを要求する。これは、ランドスケープが静的で必然的に「形態的」なものになることを意味しているのではない。そうではなく、たとえば、テラスの樹木が、そこにある他のいかなる構造物にも劣らず重要性をもつこと、そして、屋内と屋外のリビングスペースの配列の間に不調和があってはならないことを示唆しているのである。これが住宅と庭園をつくるにあたってのすべての関心事の論理的必然性であることに異議はなかろう。

「近代住宅に近代庭園ですか?」という人がいるが、他に何があるというのだろう。不幸にも現時点では、近代建築の設計をよくなしうる設計者が徹底的に不足しているばかりか、この新しい思想が意味するところに気づいている人さえ少ない。人々は植物を軸対称か、自然風に配置する保守的な方法に慣れきっていて、近代庭園の課題に正面から向きあったことがないのである。むしろ建築家のほうがこの問題に正面から向き合っている。そのときコンサルタントとして呼ばれるのが、建築家の理念に否定的なランドスケープアーキテクトではなく、植物学の専門家であるからといって、建築家を責められようか。さらに、敷地と住宅が完全な相関関係を築いていないといって不審を示すことができようか。

この不幸によじれた関係は、設計者という役割の基本に立ち帰ること、そして専門家も一般人も相等しく、近代生活の必然性を理解することによってしか修復できないであろう。家族のための住居と周辺環境との調和は、ある領域のスペシャリストでありながら全体性を重要視する人物によってしか達成されない。もし、近代建築が何たるかを理解するランドスケープデザイナーがこのまま少数にとどまるなら、近代住宅のための質の高い庭園がつくられることなど期待できない。中古家具屋で、最新モデルを見つけることなど考えられないのと同じく、欧米で長年使い古されてきた中古デザインに何が期待できよう。現在、庭園は根本的に新しい理念を必要としているのである。「近代ランドスケープデザインが近代建築の魂と技、その発展と切り離せないこと」の理解、それこそ新しい理念の第一歩である。

この国の庭園が時代遅れになった原因を指摘するのは、さほど難しいことではない。まず一つは、人々が庭園を過去への憧憬を表現するのに用いてきたからである。そしてもう一つの原因については、少し詳細な説明を要する。

長年の間、庭園計画は偶発的な地のパターンにあまりにも固執してきた。世俗の人間にとっては、それが神秘的な「デザイン」であり続けたのである。一般の人はこう考える。庭園は「成長する」のであるから、庭園にとってデザインはそれほど重要なことではない、と。無理からぬことである。この指摘の核心は、たぶん、庭園が生きている、息づいている、生命体を内包しているということである。それらは季節ごとに変化し、子孫を残しながら成長し、拡張してゆく。人はその道筋に手を加えて楽しむのである。農耕生活と同じく、庭園芸術においても、それこそがもっとも大きな喜びであろう。考えてみれば庭づくりは、太古からの民俗芸術の一つである。これが、平均的一般人ではなく、卓越したオーガナイザーとなると、自分のための空間、家族や友人のための空間、もちろん植物自身のための空間が提供できるように、庭園を計画するであろう。そして、庭園自体の生命と相互干渉することなく家族の屋外活動が行われるよう調整するであろう。もしその人間が、自分の住んでいる地域や風景に気を配る人間であれば、庭園の要素を制御し構成する際、近隣とうまい関係をとりもつように、そして、少なくとも、挨拶を交わすくらいの近隣には、敷地を超えた何らかの特徴をつくり出すよう努力するであろう。こうした気配りは、図解本や雑誌に載っているデザインとは次元の異なる問題である。基本に帰ってみればわかるように、そうした本の中には、ピクチュアレスクとロマンティックの名のもとに、紋切り型のものづくりが救いようもないほど溢れかえっている。

庭園を志す人が、何世紀にもわたって積もり積もった、作庭テクニックやデザイン常套句の再生産をしないですむとすれば、まことに幸運なことである。彼が庭園図解本—やりたい放題の作庭師を生む致命的な過ち—の頁を繰り、ヴィスタ、軸、はたまた楕円形の芝生など、パターンメーキングのための諸々の要素を学ぶ日がこないとも限らないからである。それらは、庭園が、経験の場所としてではなく、一枚の絵として楽しまれていた時代の遺物である。彼は、庭園はまず紙の上に描くものとして教わるかもしれない。出来合いのデザイン、偶発性を好むデザインが、伝統（というより惰性）の結果であること、全く空虚な心の産物であることに気づかないかもしれない。そして書物を通して他の人々のアイデアや、他の時代に他の目的のためにデザインされたものをコピーすることに躍起になるかもしれない。これが様式を生きながらえさせるのである。このようにして、ローズガーデンにもプールの庭園にも同じ平面形があてがわれ、同じ彫刻と同じ装飾植物を用いる類似の庭園平面と詳細が世界に蔓延してゆく。建築が様式のあくなき反復を続けていたのと同じく、庭園の主題も永らく、実用のための空間構成ではなく、上記のような細部とパターンの応用であった。さまざまな条件に配慮する空間であろうとするより、ただの量塊に終わっていた。図解本の示すプランニングは、民俗芸術としての庭園からも、それに匹敵する近代の基本価値からも全くかけ離れた主張にすぎない。

こうして見ると、階段の形状、アイリスの花壇文様、あるいは、誰にも人気のあずま屋などの生半可なアイデアで庭園づくりを始めないほうがよいことがわかる。しかしながら、往々にしてこれらは、設計者が自分の仕事にもちこむ道具立てとなっている。しかも一般人の選択の自由を皆おしこめてしまう規則と表裏一体である。たとえば、眺望の組み立てに関する規則であり、それは、住宅の正面性（テラスに続くドアなどかもしれない）を植物やその他の装飾によって強調し、平面上のあるポイントないしは複数のポイントに対してヴィスタをつくり出すように求める。あるいは、住宅から離れた場所に植物を反復し直線を設定することで、軸構成のヴィスタをつくり出すように求める。これは、保守的な設計者が近代住宅の課題に直面した際、融通のきかない退屈以外の何ものでもない不幸を招く固定概念の一つである。というのも、近代住宅には、庭園側に対して強調すべき扉も何も、表情をつくるものがない場合があるからである。壁もガラス壁で、内部と外部の間に何も目に見えるものがない可能性もある。このように、デザイナーが頼りにしてきた軸線の技法は、アメリカでは一八九三年以降全く役に立たないものになっている。

何がなされるべきか？

試みに、新しい建築とそれが生み出した周辺環境への近代的取り組みによって庭園に生じつつある変化のいくつかを指摘してみよう。新しい庭園法を理解するのに重要な要素は、少なくとも一〇はあると考える。それらは、考察を始めるにあたっての価値観を与えてくれるものであり、また、ランドスケープにつながる大きなスケールの設計にも応用可能なものである。その数は、ここに記述しただけでも十分なはずである。結論は明快である。庭園設計は今や変わりつつある、すなわち、古風な技法や過去への感傷を離れ、精神的に現代的なるもの、すなわち我々の生きているこの時代の表明へと変わりつつあるのである。

既に触れたように、第一の変化は、屋外空間の理念に関する。今日世にある典型的な庭園の平面を検証してみると、その空間分割は、圧倒的に様式的なしきたりによって決定づけられていることがわかる。たとえばジョージアンないしはコロニアル様式の住宅に代表される「整形式」デザインの場合、住宅のハウスウィンドウの前には、広々としたテラスがおかれている。しかし、それが近代的な屋外生活を誘発する場となることはあまり期待できない。さらにテラスの向うには、たいてい灌木で囲まれた美しいプロポーションの芝生が一本の視軸に沿って伸びてゆき、プールの中の彫像やサマーハウスなど、この手の平面形には欠かせない焦点がおかれることになる。その他諸々のバリエーションを含みつつも、それらは私から見れば、早々に飽きがきてしまう類のデザインセットであり、一式梱包の配送を待っているものとしか思えない。関係性はすべて決まっており、常識からはずれるものは一つもない。よき趣味を穢すものがあってはならない。空間は皆整然と並べられ、その境界はしっかり遮蔽され、すべてがあるべきところにおさまっていなければならない。しかしながら、我々は一八世紀に住んでいるわけではない。この種のデザインが近代の生活スタイルに必要な自由を与えてくれるだろうか。状況は悲観的といわざるをえない。設計者は、主軸に沿って焦点を結ぶ遠近法の効果と製図板の上の様式主義に完璧に心を奪われていて、その平面を人がどう使うかということには頭がまわらず、またそれが、人の心を麻痺させてしまうということにも気がつかないようである。

その対極にある様式、自然風あるいは「非整形式」と呼ばれる手法もまた、それ以上のものではない。ロマンティシズム時代のものが崩壊し息絶えていること、同胞である建築にもとうに見捨てられていることが明らかである。また、この二つの様式「整形式」と「非整形式」を調停させようという試みや、デザイナーが二〇世紀的と盲目的に思い描いている様式を達成しようとする狂乱にも近い一連の運動、これらは最近のランドスケープアートの歴史の中でも記憶に新しいが、こちらもまた先の見えない道である。二〇世紀にふさわしい様式とは、全く様式的ではないもの、すなわち、人間環境を計画するという新しい理念である。

近代庭園の目指すところは、境界を消すことで空間が機能的な領域を縫って「流れる」ようにすることである。それは、空間の利用価値をさらに高める。それは、紙の上に描かれるパターンではなく、模型により、あるいは現実に敷地で考えられる真に三次元的な構成である。近代庭園でもまた、窓の下にテラスがつくられるかもしれないが、近代のデザイナーなら因習にとらわれてそれを一定幅にしたりはしない。自由にその方向を変え、必要に応じて必要なだけの幅を与える。そして、空間を植物や建築によって囲い込むことにより、それ自体、形態として重要性をもつものとして実現する。そして、住宅と同じく庭園も空間の組み立てであると考えるならば、内部空間を計画することと、外部空間を計画することの間には、少しの差異もあってはならないことを認識するだろう。こうして、内―外部は、近代生活様態のもとで一つに組織立てられたものとなるのである。

様式が従来許容しなかった総合と系統化によって、空間がいかに変容するか見てみよう。この国には、敷地を開放的に扱う優雅な伝統がある。都会の住宅地でも田舎の住宅地でも、通りや近隣に対し視線を遮る境界を設けない形で扱われてきた。幾人かの専門家は、この伝統を古き良き開拓時代に由来すると示唆するが、部分的には、英国ランドスケープの影響もあろう。しかし、実はこうした理想も今日消え失せつつある。壁や生垣が多用されるのは経済性の理由もあるが、むしろ顕著なのはボザールの様式主義からの影響である。フランス式、イタリア式の庭園は基本的には囲い込まれた庭であり、それがこうした囲いを正当化してしまう。

新しく生まれた近代建築は、公共の場に対する手法として出てきたものであり、様式として提示されてはいない。それは都市に集中する大きな労働人口のための住宅供給の形態であり、列状、面状、その他単純な集合形態に編成されるのに適している。占有する土地は小さくてすみ、その結果、ずっと大きな屋外空間の享受が全人口に確保される。メリーランド州グリーンベルト街のローハウスや、小さな規模ながら高収入層向けの例としては、マサチューセッツ州バーモントヒルのカール・コックによる住宅地が好例である。この種の計画は開放的な土地利用の伝統の復活を必要としており、それが庭園区画に及ぼす効果も無視できない。庭園の区画は、連続する単位―テラス、芝生空間、時には花壇などを含むユニット―を形成する。それは住宅と一体化しているだけでなく、同時に、近隣住居や周囲の風景とも一体化する。ユニット一つを複数の世帯が共有することもあれば、テニスコート、スイミングプールといった共有施設を住区全体で共有することもある。区画整備された土地につくられる古い概念の個人庭園と、屋外生活空間を共有する人々のためにつくられた集合体制御に力を発揮する形態、この二つの間にある差異は容易に推察できるはずである。

次にあげるべき変化は、庭園素材の中でももっとも重要な植物素材に関するものである。植栽に対する古いロマンティシズムは、なかなか消え去らないでいる。境界をつくり出すために、灌木や高木をひとかたまりにしてしまうのを目にしたことのない人はいないだろう。それは、時代遅れの低木植込みと何ら変わるところがない。植物一個体がその美をのびのびと見せることもなく、ただ隣の植物の欠損を隠す用しかないのである。植物にはそれぞれ、庭園の特定の目的にふさわしい、単に視覚的効果のみではない形態をつくり出す能力がある。たしかに、ひとかたまりに密植されなければ成育しない植物もある。しかし、それらは通常、生垣用植物や地被植物、あるいは、その形態や輪郭よりも花卉の観賞のために栽培された草本類である。それらを除けば、植物は一つの計画の中で自分の役割を果たすために、自由であることを、時には完全な独立を求めている。ピクチュアレスクな効果を狙った群植ではなく、適確な植物の選定と配置、それが近代庭園の求めるところである。別のテーマから植物について語れば、さらに述べるところは尽きない。

その他の素材も顔を見せつつある。一例をあげれば、英国の建築家ウェルズ・コーテスによる住宅庭園の日除けなどが最近の事例である。そこで私は、初めてアスベストシートが、日除けや蔓植物の支柱として用いられているのを見た。この素材はこれまで、屋上庭園のための植木鉢として圧縮成形されるだけであった。屋上庭園を望む家主のために、その大量生産、経済性、軽量性が有効だったのである。ガラスもまた、壁やプール、噴泉などさまざまな形で用いられ、鉄筋コンクリートが斜路や橋梁として用いられ、耐候性合板があずま屋などに用いられている。これらは皆目新しいものであるが、近代庭園にとっては有用な素材であり、その性能も保障されている。こうした素材の活用は、新しい植栽や光の効果に刺激的な可能性を広げてくれる。一般の人々がこれらを万博会場の庭園では楽しみながら、自分たちの住まいで用いてみる準備ができていないのは残念なことである。

ここで、上述したような将来性のある展開をもたらす哲学的概念について簡潔にまとめておく必要があろう。すなわち、刻々と変化する自然というものの捉え方である。人間が野生の自然に対する恐怖心を克服したのは、ほんの最近のことである。一八世紀のランドスケープ手法が明らかにしているところは、人間が既に自分を取り巻く環境への畏怖の念をもっていないという事実、あるいは、キケロが考えたように、安全で牧歌的な谷あいだけが生活場所であるとは考えないという事実である。しかしながら、一九世紀の半ばに至ってもなお、開拓地前戦に住むことを余儀なくされている人々は、沼地や平原は恐ろしい場所であるという自然観をもっていた。ヘンリー・デイビッド・ソローがあげた「大海を与えたまえ。砂漠を、野生を」という抗議の声は、こうした感情とは逆行する反応であった。彼が生きた時代は既に、鉄道網と工業の発展により物質が自然を凌駕する時代であり、人間の中にある新しい感覚をつくり出していた。それは野生の自然に逃げ込み、野生が約束する自由を享受したいという欲望である。これは、ギリシア時代や初期キリスト教時代とは全く逆の自然観である。

まことに皮肉なことだが、一九世紀末には野生の自然などほとんど残されておらず、林業、漁業、鉱業がそれにとって代わって現れた。自動車、飛行機といった交通手段を増大させ、人口が増加し、人間の需要に従った自然改変が増大した現在、野生はさらに残り少なくなっている。この変化が必要かつ不可避であることを、今日多くの人が現実として認め始めている。自然観の変化にともなって、人類は、自然の変遷と進化を理解し、その均衡を保ち自然環境を秩序立てるという役割分担を受け入れることになる。それは、保守的なものより生産的で独創性に富む実験手法を多く求めるものである。

こうしたものの見方を、近代ランドスケープと庭園の計画領域に翻訳するならば、それは自然の制御の問題となる。無駄が多い非生産的なデザインを自然の姿に押しつけるようなものにはならない。設計者は、森を扱うときは林務官となり、平原に向かっては農学者、果樹園に対しては植物学者となる。そして生産的で均衡のとれた秩序立っているものに対しては、それをそのまま残しておこうとする。その結果近代住宅は、古い様式で造園された領地の代わりに、ただの草原や林地、トウモロコシ畑などの中にぽつんと建つことになる。手を入れるのは住宅のごく近辺に限られ、周辺環境にはほとんどこれといった変革を加えないのである。このことは、かつては草原をうねうねと曲がりくねってゆく道があれば、すぐに並木か生垣でまっすぐに伸ばしてしまうことに慣れていた設計者には、ある我慢強さを要求する。巨大な造営領地のもつ禁欲的な排他性は姿を消し、白い木製ゲートが、二〇年代の重厚な錬鉄門扉を用いる趣味にとって代わる。我々は、こうした思想の変化について、部分的には偉大な建築家ル・コルビュジエに感謝せねばなるまい。コルビュジエの目指したところは、放牧地をできるだけ住区に近づけ、農耕地を垂直都市の周縁部に配置することであった。今日、こうした人間的なランドスケープこそ、先進的かつ真摯な設計者のすべてが実環境の計画領域において目指すところとなっている。

前述の主旨を受け入れると、その結果として、庭園にはもう二つの変化が生じてくる。一つは、デザインの経済性―美学経済とでもいおうか―への関心である。秩序立てられたランドスケープにおいて、人は、自分の私有地では秩序を強要されないことを求めるはずである。自由と融通性―とりとめのない自然主義ではない―は、園路、草花、樹木の簡潔な配置で獲得されうる。あるいは、よく耕された区画からは、花や果実、野菜などが得られるであろう。それらを買う代わりに、育てる労をとればよいのである。そこではもはや、ピクチュアレスクな構成といった体裁を試みる必要はない。

変化の二つめは、方位と眺望の問題を含む。恐怖が取り除かれ、自然観念が変わったのと同時に、都市景観への嫌悪感も消えてきた。もちろん都市景観への先入観は根強いが、私はニューヨークで、比較的最近建てられたアパートメントビルがイーストリバーに背を向けているのを目にして驚いたことをよく覚えている。この集合住宅では、世界でもっとも雄大な眺望の一つに違いない方向に対して、台所とトイレしか面していないのである。都市はすべて人工物であり、そのいくつかはたしかに醜い。しかしながら、全体として見ればこれほど生き生きとした刺激に満ちたパノラマはなかなかない。現代のランドスケープ技術は、多くの労力を、煙突やサイロ、倉庫やゴミ置き場を隠すことに注ぐ一方、こうした必需品のデザインと配置を改良する努力はほとんどしていない。先入観がそれらを素直に見、あるがままに受け入れる我々の能力を阻害しているのである。

ところが、家を建てる段になると、日光と通風を求めて最良の方位に住宅を回転させ、新しい街路に対して不規則なラインをつくり出すという混乱の助長をしてしまうのである。街路のデザインは、住居地区やより大きな都市全体にとっての型であるにもかかわらず、これまた同じく混沌の中にある。望ましい理論上も、収益上は建設業者の投機ポリシーに適合せず、今のところ全体的な秩序立てが達成されているのは、特定の政府や共同のプロジェクトにおいてのみである。

変化の第三は、形態の新しい評価と色彩の新しい理解である。ここでもう一度、植栽に関する議論に戻ろう。植栽は呪詛にとりつかれたテーマである。今日、品種のめずらしさや、感傷や、栽培の難易度などに思いをめぐらせることなく、植物それ自体を見る庭師がいったい何人いようか。実に、庭園協会の会長で植物博物館の役職にある人物が、もっとも新しい外来種を次々と導入しているにもかかわらず、形態と構成に関しては、ごく限られたものしか評価していなかったのを私は知っている。少なくとも、このことは彼らのつくる庭園を見ればわかる。

個々の植物の研究（〝崇拝〟といっても過言ではあるまい）は、ちょうどアート界において、美術館の評価がその創造力を鈍らせてしまうのと同じような現象を庭園に引き起こしてきた。どちらの場合も、民俗芸能の活力へと立ち戻ってみる必要がある。植物の詩的鑑賞は、今日一般的となった歴史的研究態度にとっては好ましいものかもしれない。しかし一方で、近代思想の発展と実践的デザインへの応用における新しい評価軸は、植物の形状と形質がもつ特性そのものに関係する。それが、近代デザインにおける植栽用法を左右すると考えられるのである。あえてラスキンにまで遡ってみてもよい。芸術系の学生に向けて試みられた植物の分類が、「剣型」「扇型」というように、植物の成長特性に基づいて行われたという、特筆すべき評価眼をそこに見いだすのである。

植物に能書きを付与することなくその形状を受け入れることが重要なのである。今日、我々は異なる観点から自然の形態を評価し始めているのではないかと考える。それは、及ばずながら、技術的価値と芸術的価値を同等に把握する東洋的な視線に近いものかもしれない。たとえばハナミズキは、その花つきの美しさだけで評価するのではなく、それが生来の森の中に生えている姿形から愛でることもできる。腕のごとく四方八方へ伸びてゆく湾曲する枝が、薄暗闇を背に信じられないほどに白く浮きたつ姿をである。ところが、人々は往々にして、この木を掘り出し日光のふりそそぐ芝生の真ん中に移植してしまう。そこでハナミズキは急速に成長をとげ、自然樹形とはまるきり異なる大きな塊になってしまうのである。それはたしかにハナミズキではあるし、人によってはそれで満足なのであるが、林地の中でこそありえた美しき形態は失われている。花つきの量や特定の流行色などに固執することなく、植物の特性を理解し、それ本来の形態がもつ特質を提供させるように用いること、これが近代作庭家の目指すところである。

西洋では長年、色彩の量と配合に関する研究が重要視される傾向にあった。ウィリアム・ボウヤー・ハニーがその著書「異教と献身の庭園術（Gardening Heresies and Derotions）」において、この点に関し、ある興味深い論評を下している。人々の草花に対する一般的な趣味について述べ「未熟な者ほど、花弁の多い大きな花に魅かれる傾向が見られる。単に目を魅くだけの、しかし遠くから見ると野暮ったい色の構成や、無頓着な花壇や花帯の塊を好むのである。『色彩の炎』

という例の決まり文句である。これこそ、商品仲買人が常套的につけこむ弱点である」という。こうした事態を矯正するのは、すべて我々の責任である。

使い慣れていない色彩、二次的にしか使われてこなかった色彩を再考する必要があろう。ある植物を配置する際、あるいは、花の色調よりも葉群に焦点をあてる際、たとえば、レンブラント流の暗がりから浮き上がる光の技法のようなものが、実は有効な手法となるかもしれない。外光の効果を念頭におく必要がある。外光は、旧来の花壇の色をあるときはくすませ、またあるときは、入念に計画された設計も完全にひっくり返してしまう、実に変わりやすい特性をもつ。このことは、色彩計画が、庭園師にとっての最終目標となるほど重要ではないことを示唆しているにもかかわらず、実に色彩構成の問題が、専門家の注意を過剰にひきつけているのである。色彩を求めるあまり無頓着な異種交配を行い、その結果往々にして、形態性を損ねたこれ見よがしな花弁の植栽用法が散見される。しかしながら、これらも近年、見識ある庭園師の間では、自制しなければならないこととして、注意を喚起する傾向にある。思うにこれも、近代思潮の特徴であり、近代絵画や彫刻の顕著な動きと全く無関係ではない。

装飾は、庭園計画のテーマのどのような扱い方においても、最後に残される課題である。この最終段階こそ、それなりの扱いを受ける価値あるものであり、付随的な一般装飾品を愛好する人々でさえ、もっと注意を払ってもよいものである。一方、熱狂的近代庭園家は、付加的な装飾性よりも、それがいかに実験的であるかという点にばかり関心を向けている。建築における、簡素な形態や流れる曲線と素材の熟考から得られる喜びについては既に述べた。その例として、ル・コルビュジエが、パリ大学都市のスイス学生会館において、建築への接近を連続的に変化させるために用いた石組みの壁を見てみよう。それはファサードに実に装飾的な効果を与えるものである。その脇に彼は、ポプラを植えており、面白いことにその葉の形が壁の石の形状と相似形である。こうした構成が建物の古典的な形態に新しい命を吹き込んだのであるが、これを単なる装飾行為として片付ける人が何人いようか。

庭園に近代彫刻を持ち込むことに躊躇する人は、さらに少ないだろう。この手法は、上記の壁の装飾と同じく一体的なものである。近代彫刻のデザインは、美術館や画廊というより屋外空間のためのものであり、屋外の風景につり合うスケールをもっているからである。
コネティカット州ファーミントンのとある庭園におかれたカルダーのモビール彫刻を見てみよう。そのスケールは、大きな成木の大きさに匹敵するものであり、そよ風にゆっくり回転する姿のうちに現れる形態は、その創作意図が人間的スケールとは無関係にあることを知らしめる。彫刻という名のもとに制作スタジオで石やブロンズ、鉛でもって延々と再生産される懐古趣味とは、全く別世界のものである。それらがつくられるのは、過去の庭園の片隅に、置かれるべき予約席があるからである。絵画や彫刻のみならず技術分野においても、その近代技法があらゆる表現形態を可能ならしめた。それは、近代ランドスケープとその観察者かつ一部となった人間にとって重要な意味をもつ表現形態である。

庭園デザインの旧来の課題に対する新しいアプローチを促す、実に多くの事柄が生じている。文化が生まれ代わる時代においては常に、古い秩序を変えてゆくだけの影響力をもつものは、背景となる同時代性から出てくるのであり、表現自体からではない。建築家と技術者が、近代美術をつくり出した開拓者であった。建造物と敷地を一体化し実体的な空間を生み出したことは、今日の都市計画に無視できない功績である。絵画は、抽象絵画によって遠近法を排斥し、新しい空間制御法を完成させた。彫刻は、必ずしも占拠したり囲い込んだりしなくても、空間を表現できるものであることを発見した。住宅供給や、同質の建物が建ち並ぶ計画を扱った社会改革は、人間の余暇の需要と欲望を解析し、それに基づいた新しい屋外空間の開発手法を示唆した。

これらの先例ゆえに、近代庭園の設計に関心を寄せる人々には、ここであえて、無責任な発言と咎められようともこういおう。デザインの着想を求めて当世風の庭園に傾倒することはやめよ、と。そして外に目を向け、果樹園や菜園のデザインを実験農場のデザインを研究せよと。そこは、植物が科学的に成育されている場所である。庭園術は視覚芸術ではない。人間の芸術である。上記のような実用的な場所の計画の中に、真の体系化を発見するはずである。外に目を向け、自然の生態構造を勉強し、森林の姿を詳細に研究し、植物群の中のうちに保たれている均衡を学べ。そこから素材について学ぶことになろう。スケール感を習得するためには、人間のつくった巨大施設を研究せよ。新しいドームの形態や巨大彫刻のような油井やぐら、そして、魚卵孵化場のシンプルなパターンを。大型ダムから水がどのように放流されるか、道路建設用の砂利を求めて、山麓がパワーショベルでどのように切り崩されていくかに目を向けよ。デザインを学ぶ上においては、美に関する書物やスタジオも、また権威的な基準や教室も、観察するということの力には決してかなわない。この観察の力だけが、意義のあるもの、現実のものを豊かにするのである。そして、現実性は、今日と明日の間、すなわち科学と芸術における近代運動の息づく世界に横たわっているのである。

（Landscape Architecture 誌一九四二年一月号より再録）

第4章

トーマス・チャーチ

——カリフォルニアガーデンとランドスケープ——

マイケル・ローリー

第二次大戦後のランドスケープデザインに新しい地平を切り開いた中核スクールがカリフォルニアであることは、庭園史家の間における共有認識である。庭園は、芸術、建築、そして新しい社会構造で展開した美学を映し出すもの、すなわち、新しい概念の表現媒体であった。カリフォルニアの近代庭園は、デッキチェアとテーブルとスイミングプールのある、格式ばらない屋外リビングルームとして表現されてきた。その意図は、植栽的なものより、社会的なものにある。[1] また、イスラム系の住宅と庭の関係との類似性をもっていることや、日本庭園のもつ簡潔さや直感的感性との類似性も指摘されてきたことである。[2] ついには、カリフォルニアガーデンは、「一九世紀後半にオルムステッドスクールの築いた環境計画以降、もっとも重要な貢献をランドスケープデザインにもたらした」とまで表現された。[3]

カリフォルニアスクールのランドスケープデザインという確たる共有認識の有無はさておき、少なくとも文献の中では、カリフォルニアスタイル、カリフォルニア気質、あるいはその他類似の言葉でしばしば言及され、ある位置づけがなされてきた。一方で人物の名前もよく知られている。トーマス・チャーチ、ガレット・エクボ、ロバート・ロイストン、テオドラ・オスムンドソン、ダグラス・ベイリス、ローレンス・ハルプリンなどである。トーマス・チャーチは、庭園デザインに新しい地平を切り開いた最初の人物として知られている。彼がカリフォルニアスクールの指導者的地位を与えられているのは、その作品が大戦前から出版されていたこと、さらに、エクボと並び立つ革新的論戦をはった人物であったからである。その論旨は、少なくともカリフォルニアにおいては、庭園がただの植物収集や伝統様式の模倣にとどまらず、それ以上のものとなりうるかであった。すなわち、再び芸術形態となり、場所と時間そして人間を表現するものとなりうるかというものであった。

この新しい庭園観にとって、カリフォルニアの気候と風景は欠かせないものである。海岸沿いは地中海式気候で、南部で暖かく北部で冷涼ではあるものの、気温は冬の一〇度近辺から夏の二〇度近辺におさまり、零下になることは稀である。降雨量は、一一月から四月までの冬期で通常五〇〜七五ミリ、時にはそれ以下にしか達しないため、作物同様、庭園も夏期には灌水を要する。降雨のパターンが規則的で、温暖、晴天が多く、湿度が低く、蝿や蚊が少ない。この気候は屋外活動に実に適しており、スイミングプールにはいつも水が張られ、手入れされていないときはない。

4-1：
<ヴィラ・ローズ>　建築：ルイス・P・ホバート、カリフォルニア州バーリンガム近郊、1915年。
［Gardens of Colony and State, 1931-1934］

サンフランシスコからロスアンゼルスに至る海岸部は、地質学的には新しい地盤上にあるため、都市も郊外も急峻な崖上に位置し、眺望を得ている。潜在植生は常緑のカシ、マドロン、ケアノサス、低木類などで、外来種であるユーカリが丘陵地帯に広がっている。こうした傾斜地の広々とした眺望、既存の植生は、近代カリフォルニアガーデンのデザイナーによって対位旋律のように、うまく組み合わされた。

カリフォルニアにおける庭園伝統様式は、東海岸や中西部のそれとは異なる。一八世紀後半に、スペイン系植民がミッション系建築のアーケードのある中庭を太平洋岸にもたらした。この構成が、庇つきの回廊でつながる家屋や諸室に囲まれたパティオ庭園をもつメキシコ系の農家の中に住宅スケールとして取り入れられたのである。中庭は、花壇とともに薬草や野菜の菜園をもち、農作業の場所でもあった。それとは対照的に、一九世紀末にアングロビクトリア朝様式がもたらした住宅は、温和な気候とは無関係な室内での家族団欒に焦点を当てたものである。せいぜい地面から高くあげられたポーチが、暖かい夕暮れに座っていられる安全な場所を与えるくらいである。住宅のまわりには、通常、異国の植栽を集めた風景式庭園が配された。

一九〇〇年代に入って、ヘンリー＆チャールズ・グリーンが、この州の気候によく適合した新しい形を住宅建築に導入する。彼らの住宅は、簡素を求めるアーツ＆クラフツの思潮と、工芸職人の技術、自然回帰の生活様式を反映したものである。一例としてパサデナにつくられたガンブル邸（一九〇七〜〇九年）では、屋外リビングを誘う、諸室と対応したポーチとテラスが組み入れられている。その後続々とつくられた、かのカリフォルニアバンガロー（一般的年収の家族が簡単に維持できる一階建て住宅）も同じ考え方に基づき、庭園は小さいながらも家庭の中心的要素として捉えられている。

一九二〇年代に入ると、カリフォルニアでもご多分にもれず、建築、庭園両者に折衷様式が息を吹き返す。大邸宅は

4-2：
＜パサティエンポの庭＞　トーマス・チャーチ、カリフォルニア州サンタクルーズ、1930年。［トーマス・チャーチ＆アソシエイツ所蔵］

イタリアかスペインから直接的引用をし、そのまわりを、ルネサンス様式の刈込みの生垣と古典的噴水のあるテラスで囲んだ。これらは、極端に無思慮なコピーであったかもしれないが、結果的に、伝統的柱廊が屋内外の融合を促し、カリフォルニアの気候を屋外で満喫するという生活スタイルを指し示すものとなったのである。

一九三〇年代後半になると、都心か否かにかかわらず、彼らの簡素な生活様式に、新たな課題が浮上してきた。すなわち、小さな庭で、いかに最低限の管理をしながら最大限の屋外の楽しみを得られるかという課題である。古典的な整形式庭園のもつ雄大なスケールは、限られた敷地におさまりきらず、小さな庭では住居の一部として使われるため、自然を諦めねばならないからである。

格式ばらないカリフォルニアの生活様式が大きく花開いたのは、大戦後である。すぐ身近に見事な風景とシエラ山脈を感じ、その美に思いをはせるカリフォルニア住民は、常に屋外派でありたいという観念にかられるのである。農家のバーベキューにまで遡る屋外で食事をとる習慣は、カリフォルニアサンセット誌の主題であった。その読者層は、東部、中西部から小さな子供連れでやってくる移住者であり、身軽で活発、スポーツとレジャーに興味を寄せる人々であった。中間層家族のためのこじんまりとした住宅にとっては、庭園はもう一つの特別に与えられた居間と見なされた。

四〇年代、五〇年代に至ってカリフォルニアの近代庭園は、チャーチ、エクボたち主要作家の洗練を受け、一つのプロトタイプに進化した。それらはハウスビューティフル誌、ハウス＆ガーデン誌、カリフォルニアサンセット誌といった大衆誌に写真つきで掲載された。このプロトタイプの第一の特徴は、コンパクトであること、いいかえれば小さいことである。たとえ敷地に余裕があったとしてもである。具体的には、田園郊外で二〇〇〇平方メートルほど、街中であれば一〇〇〇平方メートル程度にまで小さい。もう一つの典型的特徴は、住居に接して屋内―屋外を直接行き来できる連結部をもつこと、庭園家具を置けるように舗装された面をもつことである。たとえ芝生があっても、灌水装置をもつ小さな面積に限られる。傾斜地においては、ウッドデッキが利用可能な水平な面として張り出され、見晴し台となる。スイミングプール、バーベキュー、その他諸々のレクリエーションの工夫がなされ、フェンスやスクリーンがこうした道具立てと隣家を隠しプライバシーをつくり出す（これは、モービルハウスの家族にとって直接的効果がある）。既存の樹木を設計に取り入れたり、藤棚などを用いて、日影がつくられる。郊外では時に、駐車場が住宅の面積を超えることもある。そしてもちろん植栽がなされるわけであるが、その数や種類は家の主人の好みにより、例えば、ポット植えのレモン、果樹のエスパリエ、ゼラニウム、時には特別な種類も選ばれる。

建築、敷地の状況、施主の好み、設計者の考え方などによってそれぞれの庭のスタイルは異なるものの、カリフォルニアガーデンには、一定の傾向がある。それは、芸術と機能と社会の複合であること、どの部位も気候や風景、生活様式の文脈から慎重に考えぬかれていることである。すなわち、時間、場所、人間の一つの写しとなっていることである。

トーマス・チャーチは、一九〇二年ボストンに生まれるが、子供時代は南カリフォルニアのオハイバリーで過ごしている。ここで彼はこの地特有の風景を愛し、その気候の利点と限界、特に屋外活動に適している点を高く評価するに至った。思春期はバークレーで過ごし、この地で一二歳となった彼ドリバー(家族がチャーチを呼ぶときに使ったミドルネーム)は、家に接する空き地に、母のためにと最初の庭をつくったのである。この若き庭園家は、斜面をテラス状に変え、階段をしつらえ、芝の種をまいて、バラとイボタノキの生垣を植えつけた。[4] しかし、これがランドスケープアーキテクトへの道ということにはならなかった。カリフォルニア大学バークレー校に入学した当時、家族からは法律を専攻することが期待されていた。しかしながら、農業大学にできたばかりのランドスケープデザイン分野でとった庭園デザイン史のコースが彼の心を深く捉え、ついに、専攻を変更しランドスケープアーキテクチュアの学位で卒業することとなったのであった。これが一九二二年である。

当時の西海岸では、ランドスケープ界の専門家はごく少数である。そのほとんどが東海岸での教育を受けた者であり、その労力は、カリフォルニアの風土と気候に東部流のあるいは古典的なランドスケープコンセプトを適合させることに費やされていた。ロスアンゼルス、サンタバーバラ、さらにはサンフランシスコにおいても、一九二〇年までは、あら

4-3：
<展覧会の庭>　トーマス・チャーチ、カリフォルニア州サンフランシスコ、1939 年。
［トーマス・チャーチ＆アソシエイツ所蔵］

4-4：
＜ビーチハウスの庭＞　トーマス・チャーチ、カリフォルニア州アプト、1949年。［トーマス・チャーチ＆アソシエイツ所蔵］

ゆる住宅と庭園がイタリア式かスペイン式の伝統様式でつくられ、それが時にはイギリスの風景式庭園様式の中に組み込まれていた。バークレー校の学生時代、この仕事に魅了されたチャーチは、すでに庭園史と園芸学の勉強を修め鋭い鑑識眼をもつようになっているが、さらなる技術の向上を目指し、一九〇〇年からこの分野の教育実績があるハーバード大学デザイン大学院のランドスケープアーキテクチュア学科へと進学したのである。

しかし、それ以上に彼の成長に大きな影響を与えたのは、ヨーロッパ旅行の好機を得たことであろう。シェルダントラベル奨学金を得て、チャーチは六ヶ月をイタリアとスペインで過ごした。一九二七年に合衆国に帰国した際、彼が提出した修士論文は、地中海の国々とカリフォルニア州の気候と景観を比較考察したものであった。チャーチはサンタバーバラにある住宅と庭園の挿絵を挿みながら、トスカーナ地方やフラスカッティ地方の別荘とその庭園について文章と写真で記述する。それらが「輝かしく、生き生きとしているのは、スケール感と想像力によってであって壮大さによってではない」と彼は考察している。チャーチは快適、悦楽、甘美を希求する富裕層の数という点から、一六世紀イタリアと二〇世紀カリフォルニアを並べ、論を結ぶ。「イタリア、スペインと同じく、屋外生活の喜び、日影の必要性、水資源の維持、これらすべてがカリフォルニアの庭園家が向き合い解答を出さなければならない課題である」と。[5] 家庭生活にとって屋外生活が常に中心的課題となるこの気候が、チャーチの庭園デザイン手法に核心的影響を与えるものとなったのである。夏期に灌水を要することが、小さいながら象徴的な芝生面、原生のまたその他の耐乾性植物の使用といった単純な植栽計画を導き出した。何にもましてチャーチの信条とするところは、手のかけられた庭園エリアはコンパクトで明確な境界をもつべきという点であった。

チャーチは、一九二九年にサンフランシスコ湾岸地方に戻るやいなや、サンタクルーズ近郊に計画されていたコミュニティー、パサティエンポの仕事にとりかかる（図 4-2）。彼の役割は、自然風景の中に住戸の配置を決め、さらに、スペイン農家様式の建築にあわせてパティオ庭園を設計することであった。庭園は、周囲のランドスケープから、刈込みの生垣によって区画されるよう注意が払われている。海浜性のカシやマドロンの木立の一部を刈り込むことで、遠景がそのまま取り入れられ、生かされる。住戸はそれらの木立の影に入り、風害から守られるように配置されている。舗装面と手のかからない植栽を、慎重に残した既存の高木と組み合わせる。屋外空間がもつこうした簡潔性は、チャーチの初期から見られる様式であり、後年の作品になるほど色濃くなる。

一九三〇年代後半まで、チャーチの設計は極めて保守的であったといえよう。古い庭園の模倣ではないものの、明らかに伝統様式の原理に則ったものであった。一九三七年、チャーチは、ル・コルビュジエとフィンランドの建築家兼デザイナーであったアルヴァ・アアルトの作品を研究するために、再度ヨーロッパを訪れた。そこで近代絵画と近代彫刻の作品にも触れることとなり、その後、新しい形態に取り組む試行的時代へと入っていったのである。一九三九年のゴールデンゲート博覧会のためにつくられた二つの小さな庭が、この新しい時代の始まりを記すことになる（図4-3）。それは、庭園における新しい視覚形態の誕生を指し示すものであり、しかも全体として、実用面を満たすものであった。単純な平面、流れるような線、そして多様な視点を獲得するための中心軸の破棄。テクスチュアと色、空間と形態は、キュビズム絵画のあり様を思わせる形に操作される。多様な曲線形、陰影のある面と壁が確かな比例感覚のもとに組み立てられ、庭園は、コルゲートアスベストや木ブロックといった新素材とうまく組み合わされている。様式的にいうとこれらの庭園は、合衆国にあったどんなデザインよりも、劇的に先進的なものであった。

新しい家とその小さな庭は「人に役立つものとならねばならない。我々の生活の問題を解きつつ、人の感情や心と目を楽しませるのである」。この新しい庭園の特質は、デザイナーの思いつきや気まぐれから生まれたのではない。人間の必要性から必然的に進化したのであり、この必要性を解くことから全く新しい視覚美が生まれたのである。「住宅のどの部分から眺めてもよいように設計されているため、庭園の平面形は、固定的なもの、始まりと終わりがあるものではありえない。近代庭園の線は、動き続け、流れ続け、その結果、建物の中あるいは外、どの方向から見ても快いものとなっているのである」[6]。この覚書きは、チャーチの庭園美学に対するキュビズムの影響を暗示している。一九四八年にステファン・C・ペッパー—カリフォルニア大学バークレー校の哲学、美学の教授—も、諸芸術における空間の再発見を唱えている。「この新しい光の中で庭園を創造することは、ちょうど絵画と建築の中間をいくようなものとなる。さながら、ランドスケープアーキテクトは、人々がその中に暮す抽象絵画を構成しているかのごときである」[7]。

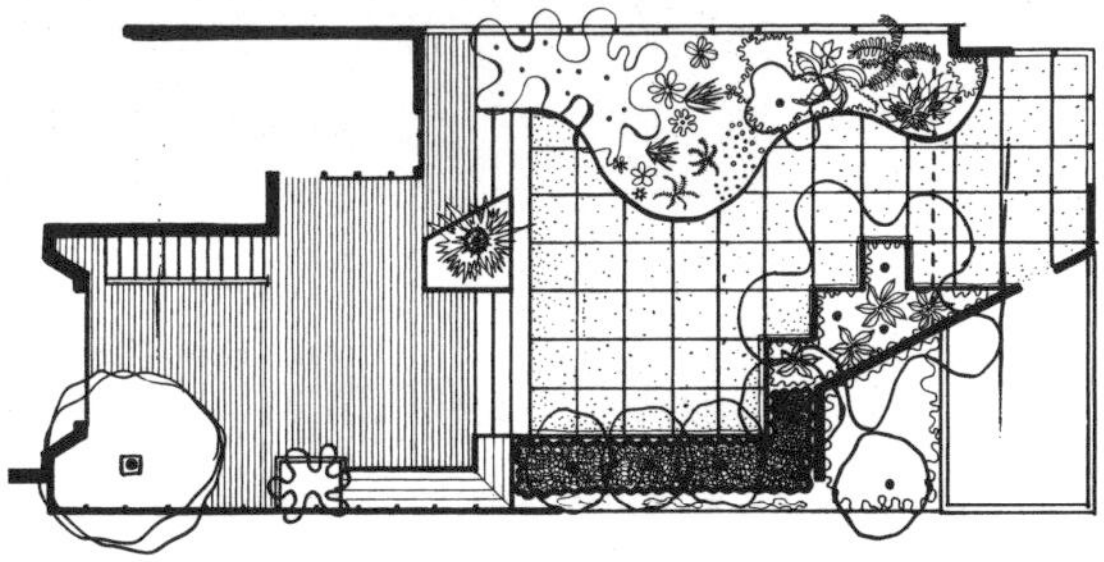

4-5：
＜都市住宅の庭、カーカムズ邸庭園＞　トーマス・チャーチ、カリフォルニア州サンフランシスコ、1948年。［トーマス・チャーチ＆アソシエイツ所蔵］

4-6：
<ウッドサイド、メイル邸庭園>　トーマス・チャーチ、1953年。［アーネスト・ブラウン撮影、トーマス・チャーチ＆アソシエイツ所蔵］

4-7：
<ヘンダーソン庭園>　トーマス・チャーチ、カリフォルニア州バーリンガム、1959年。［トーマス・チャーチ＆アソシエイツ所蔵］チャーチの登場はこうした変革期に先んじている。古きもののよさを見抜く程度に伝統様式に通じ、新しいものについて考える心をもち、そのどちらも、それぞれがよって立つ原理の知識を通してつくり出されるべき、そしていい作品となるべき感性をもちあわせていた。それゆえ、同時期、若いながらもカリフォルニアスクールの一角を担っていたガレット・エクボは、談話の中でチャーチを、「最後の偉大なる伝統的デザイナーであり、かつ最初の偉大なる近代庭園

家である」と称した。

四〇年にわたる実務を通してチャーチが生み出した庭園は、およそ二〇〇〇を数え、その種類もさまざまである。それらは、エクボの言説を裏づけるだけでなく、チャーチが敷地個々の特性に敬意を払っていたことを証明する。

四〇年代後期の庭園に、チャーチによる新しい形態への継続的挑戦を見ることができる。曲線のプール、ジグザグ型やピアノ型の線形の採用、一方で、騙し絵効果や一点透視法の破棄などである。しかし一貫してあるのは、敷地の文脈を重んずる態度である。一方チャーチは、彼の施主にある趣味がある場合、それらの様式も拒まなかった。「整形、非整形であれ、曲線であれ、直線であれ、軸対称であれ、自由な構成であれ、重要なことは、最終的に機能を充足する平面とし、なおかつ芸術的な構成にまとめあげることである」[8]。さらに特定していえば、チャーチのデザイン手法は、主に三つの源泉にその方向を求めることができる。それは、敷地、住宅建築、施主の人格や趣味である。

最上の計画と偉大なるデザインは、ディテールに払われる注意によって達成される。それは建設時も竣工後も同じである。チャーチは、この点において群を抜いていた。慎重なる素材と色彩の選択、コーナーやエッジのデザインに対する個人的な思い入れ、それらは、伝統的な見なれた形態においても新しい形態を生み出す場合でも怠りない。アプトの〈ビーチハウスの庭園〉（一九四八年）（図 4-4）を例にとると、住宅から斜めに外へ伸びてゆくレッドウッドのデッキがそうである。海辺のロッカーにも似たジグザグ型が、反対側の波のような曲線と強烈に対峙する。その中間の空間は、普通なら芝生ないしはスイミングプールとなるところであるが、ここでは海岸の砂が敷き込まれている。

サンフランシスコ郊外の小さな庭〈カーカムズ邸庭園〉（図 4-5）では、この同じジグザグと曲線が、異なるスケールで異なる目的のために用いられている。屋外の空間を提供するウッドデッキとコンクリート敷きの床が、花卉と樺の木の茂みとフェンスにより、外からの視線と風から守られている。対角線状の形が強調され、空間的錯覚を生み出す。

4-8：
＜ドネル庭園＞　トーマス・チャーチ、カリフォルニア州ソノマ、1948年。［ロンダル・パートリッジ撮影、トーマス・チャーチ＆アソシエイツ所蔵］

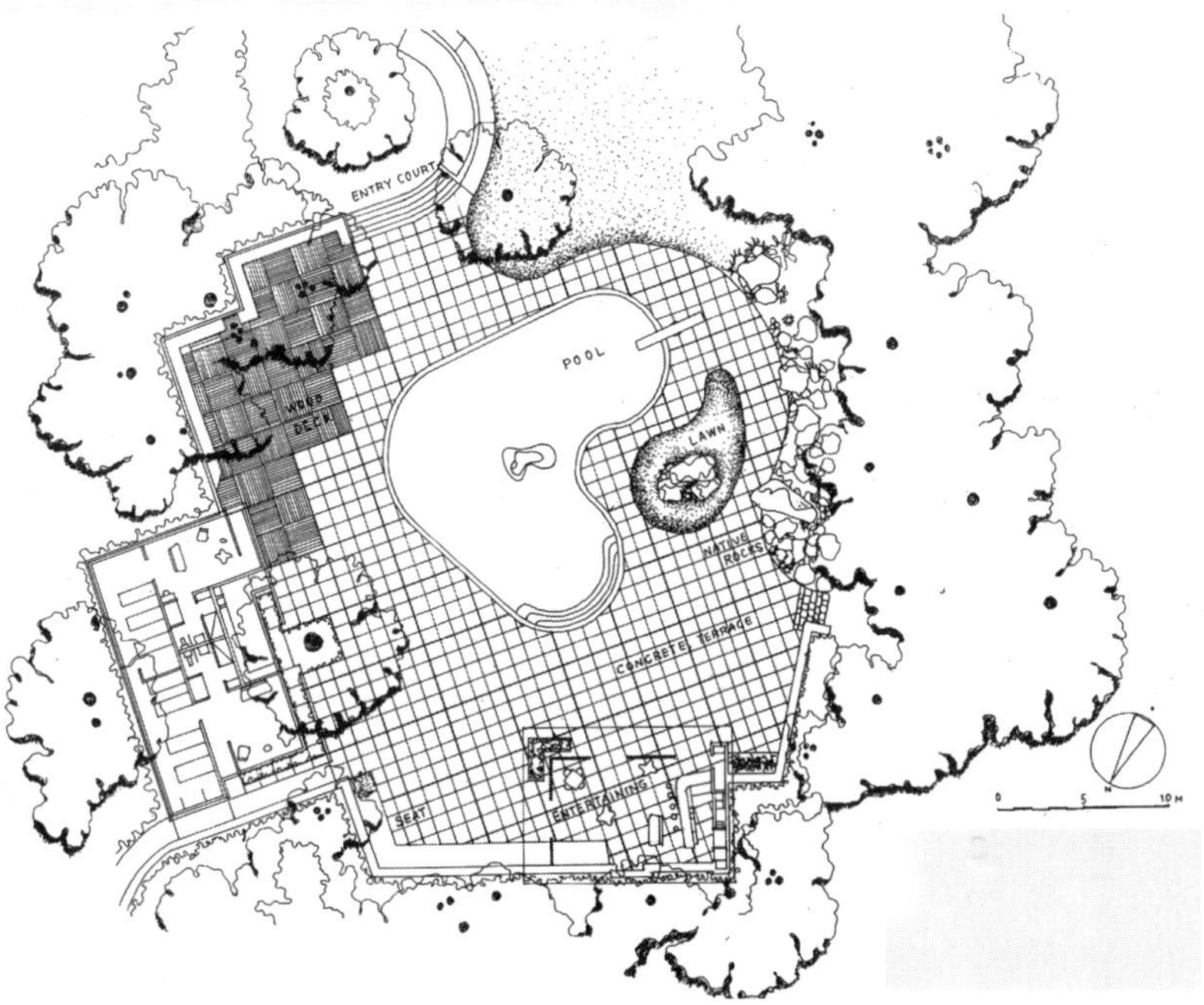

4-9：
＜ドネル庭園、平面図＞　トーマス・チャーチ、カリフォルニア州ソノマ、1948年。［ノリコ・トクムラ作図］

ウッドサイドの〈メイン庭園〉（一九五三年）（図4-6）では、住宅とスイミングプールに隣接したレンガ舗装で直線を円弧と曲線でつなぐ形をつくり出し、遠近感を強調する試みをしている。既存樹木はこのデザインの中に慎重に取り入れられ、敷地の傾斜を反映し、南面する住宅の方向性を望ましいものにしている。

これらの純粋に視覚的な特徴はさておいて、チャーチの庭園は、どれも次のような理念に基づいている。

日照、眺望、外観、既存樹、地形を考慮した住宅の向きと注意深い「敷地計画」。進入路から駐車スペースと玄関に至るまでのアプローチの特別な「シークエンス」。屋外リビングのスペースを含む住宅と庭園の「直接的結合」。周辺ランドスケープの連繫とそこからの独立を同時に確保する「境界の設定」。車寄せ、車庫、作業エリア、菜園、犬小屋など簡便な庭の手入れのための「機能的な空間の提供」。庭園の平面構造の意図を補強する

「樹種の選択」などである。

こうした理念がいかんなく発揮されているのが、ソノマにつくられた〈ドネル庭園〉（一九四八年）（図4-8、9）である。幹線道路から伸びる一本の長い車道が、蛇行しながらなだらかな丘の風景を抜け、来訪者を導く。道は丘の頂上近くでカリフォルニア特有の樫の木陰で覆われた広々とした駐車場に至る。正面玄関に対して斜めに構えられた車寄せのためのコンクリートテラスは、そのまま住宅内の大きな客間をまっすぐ貫き、引戸部分を抜けて庭園に達する。そこに川と湾、そしてサンフランシスコの街並みを望む景色が切りとられている。住宅は、樫の木立の間にゆったりとおさまり、庭園領域は三つの舗装面に分けられる。その一つはテラゾーの散りばめられた床面であり、芝生面と、庭園の南側は、全体に幅広のハイビャクシンの生垣で縁取られる。これに沿って丘の高みにまで登れば、そこにあの何枚もの写真の被写体となったスイミングプールと、ゲストハウス、ラナイ棟がある。ここもまた地形に準じ、既存の樹木を防風に生かしていることは同様である。デッキがプールを囲い込み、そのまわりの地形は緩やかに下り、木立は木製の柵を越えて広がる。大きなサービスエリアは、住宅裏側に隠され、車庫、野菜畑、挿し木の庭、堆肥などがおさめられている。この雄大なスケールをもつ特別な立地の中に、理想とされる要素すべてが見てとれるが、それらは、規模や様式が異なるものでありながら、チャーチの手になるどの庭にも発見されるものである。

庭園デザインはいつの場合もチャーチの主たる関心事であり、その名声の根拠でもあったわけだが、一方戦後の記録には、大規模プロジェクトのランドスケープアーキテクトとして名を連ねている。この真偽のほどは、ウィリアム・ワースター——MIT の建築計画学部長（一九四四〜五〇年）であり、高い能力のさまざまな建築家集団を率いて名をあげていた西海岸の建築家——との友好と信頼関係によっている。最初はチャーチが設計チームにいたこと、そして、名声が広がるにつれチャーチがいなくなり、設計チームがダイヤモンドを欠いた王冠のようになったと、ワースターの談話に語られている。不況と戦争という世界の動向が、チャーチに公共や企業のプロジェクトに加わらざるをえない状況をつくったのであろう。大規模なプロジェクトにおけるチャーチの役割は、次の二つであった。第一は、敷地を見て、建築家や都市計画家に意見を述べるというコンサルタントの役割、第二は、ある環境におかれた特定の建物に対し、建築家

4-10：
<ジェネラルモーターズ技術センター>　建築：エーロ・サーリネン、ランドスケープ：トーマス・チャーチ、ミシガン州デトロイト、1949-59 年

と連繋しながら設計図と施工図を描く、設計者と配置計画者としての役割である。

サンフランシスコの〈バレンシア公営住宅のプロジェクト〉（一九三九〜四三年）（図4-11）は、ワースターとの共作初期のものであり、一九四八年、サンフランシスコ近代美術館での「ランドスケープ・デザイン展」に竣工したプロジェクトとして公表されたものである。近代美術館は、これを合衆国内の住宅開発プロジェクトの中でも、極めて抜きん出た秀作の一つであると票決した。日当たりのよい中庭には、洗い出し舗装が三階建ての建物の足下まで施され、レンガのシートウォールで囲まれた一段高い菱形の芝生面があり、木立とベンジャミン・バファーノの彫刻が配されていた。「美的標準を犠牲にすることなく、植栽とその管理を最低限にまで削減した」[9] 極端に簡素なデザインであった。

メトロポリタン・ライフによるサンフランシスコの中流階級向け住宅開発、〈パーク・マーシド〉（一九四一〜五〇年）（図4-12）

4-11：
＜バレンシア公営住宅＞　建築：ウィリアム・ワースター、ランドスケープ：トーマス・チャーチ、カリフォルニア州サンフランシスコ、1943年。［トーマス・チャーチ＆アソシエイツ所蔵］

4-12：
＜パーク・マーシド＞　メトロポリタンライフ住宅開発、建築：シュルツ、ランドスケープ：トーマス・チャーチ、カリフォルニア州サンフランシスコ、1941-50年。［トーマス・チャーチ＆アソシエイツ所蔵］

は、さらに巨大で革新的、そしてロバート・ロイストンによれば、チャーチのコンセプトがより生かされているプロジェクトである。[10] ここでは、中央広場から放射状に伸びる街路が、扇形の敷地を形成し、二階ないしは三階建てのさまざまな大きさのメゾネット型賃貸住戸の内側に中庭がつくり出されている（高層棟街区は後につけ加えられたものである）。風から守られた中庭には、子供のプレイマウンドや、住民のためのランドスケープがつくり込まれ、地上階の住戸は個々にスクリーンで囲まれたパティオをもち、平面区画としては、別棟の車庫へと園路でつながれている。植栽計画は、空間利用をパブリックとプライベートに明快に位置づける一助となっていた。そして建築造形に変化を与える基本的に低層の開発と矩形でない平面計画は、同じ事業主によるニューヨークのスティブサントタウンと好対照をなすものであった。

デトロイト郊外の〈ジェネラルモーターズ技術センター〉(一九四九〜五九年)(図4-10)におけるチャーチの役割については、よくわかっていない。敷地は八・八ヘクタールの人工湖をもち、シダレヤナギの植わった四つの島、二つの壮麗な噴水、そしてジェネラルモーターズ工業ベルサイユとして知られた高く輝くウォータータワーがあった。ここでのチャーチのエーロ・サーリネンに対する関係はコンサルタントであり、この範疇で彼は打合せに出席し、現場でも多くの時間を費やした。[11]矩形の平面を補強する高木植栽の構成が、二五棟のハイテクビルと巨大なリフレクティングプールをつなげ、敷地全体に統合感を生み出している。チャーチの能力がよく顕れた、大胆なまでに寡黙な表現である。

エドワード・ドゥレル・ストーンと組んだ、〈スタンフォード医療センター〉(一九五九年)(図4-13)でのチャーチの仕事もコンサルタントであったと考えられる。アーキテクチュラルフォーラム誌に「医学のタージマハール」と名称を与えられた当センターは、枝張りのある樫の木と背の高いユーカリの木とともに低層棟が配置され、病院というより一つの庭園の様相を呈していた。中庭、ギャラリー、バルコニー、テラス、瀟洒な窓格子、これらを見ると、すべての部屋が日当たりのよい庭に向けられていること、体だけでなく心も癒す意図が自然と理解される。四ヘクタールのクオドラングル中央のエントランスに、チャーチは、大きな噴水池とイタリア杉の植わる丸い島を設計した。その舞台セットのような配置は、場所の魂と構造に密着して考えられたものである。

チャーチが重要な役割を果たした大規模なランドスケープは、スタンフォード大学、カリフォルニア大学のバークレー校(一九六二年)、サンタクルーズ校(一九六二年)などのキャンパス計画である。キャンパスアーキテクトである、ルイ・デモントが、バークレー校のキャンパス中心部のランドスケープ計画に対するチャーチの貢献を伝えてくれる。チャーチは、この地独自の景観的特質を与える基本要素や空間を見つけ出し、格式高い建築の価値が高められるような配置と

4-13：
<スタンフォード医療センター>　建築：エドワード・ドュレル・ストーン、ランドスケープ：トーマス・チャーチ、カリフォルニア州スタンフォード、1959年。［スタンフォード大学視覚芸術サービス］

敷地の特定を行ったという。マスタープランづくりにおいてチャーチは「設計チームの中核」であった。[12] 彼はバークレーに建つ一〇を数える新しい建物群の配置とその統合に対し責任をもち、またそれらの細部（照明器具、ベンチ、キオスク、また大きな擁壁など）が、キャンパスにとって適切なデザイン言語となるように目を配ったのである。

〈サンタクルーズ校〉は、八〇〇ヘクタールのレッドウッドの森につくられた新しいキャンパスである。この基本案に対するチャーチの案は、森林に対する環境負荷について注意を喚起しつつ、その審美的価値をキャンパスのために「借り切る」というものであった。その考え方は、土地とその景観価値の重要性を強調するものであり、建物の配置は、あらかじめ決められたダイヤグラムではなく、地形や林地の形に沿って決定された。[13] その実現においてはいくつかの失敗があったが、このコンセプトは、建築とランドスケープが共鳴する独自のキャンパス開発を誘導していった。都心部のキャンパス計画からは、チャーチのスケールと機能の理解を見てとることができる。〈バークレー校のカレッジアベニュー側正面ゲート〉（一九六四年）や、〈スタンフォード大学のホワイトメモリアルプラザ〉（一九六四年）などは学生が大勢集まったときにもっとも美しい姿を現す。ともに噴水が焦点としてしつらえられているが、ありきたりな常套句はいっさい使われていない。さまざまな建築群とランドスケープの文脈を感じとりながら、チャーチはまず第一に非対称の空間を設定する。そして、強い軸線配置を第二の手段とした。

その他の大型プロジェクトとしては、急成長する新しい会社のための余暇施設がある。例えば、〈ヒューレットパッカード社のためのパロアルトの施設〉（一九六〇年）、〈スチュアートケミカル社のためのパサデナの施設〉（一九五八年）などである。後者は、エドワード・ダレル・ストーンとの二度目の仕事であり、ここで「トロピカル」な建築群は、点在する緑豊かな島、ゴールドソーサーの植わる階上庭園などチャーチの手によりさらに魅力的なものとなった。本庭と食堂ラウンジはともにレクリエーションエリアへと連続し、そこには楕円形のスイミングプールや、プールハウス、その他、職員のための施設がしつらえられている。

近代様式にしろ伝統様式にしろ、ある一定の様式を用いようという考えは、チャーチには全くなかったようである。彼の手がけた公共プロジェクトや、後期に生み出された数多くの個人庭園にあっては、建築の力を引き出すための古典的なアプローチが散見される。〈サンフランシスコオペラハウスの中庭〉（一九三五年）は、その好例である。しかし、スチュアートケミカル社などにおける、極彩色や珍種の植栽、稀少種植栽などを用いた軸構成デザインは、その痕跡をわずかにとどめるのみである。

近代建築と歩みをともにしたトーマス・チャーチの影響は、近代ランドスケープデザインの発展にとって絶大かつ広範に及んだ。著名な建築家との共同設計の成功がアーキテクチュラルフォーラム誌やアーキテクチュラルレコード誌に

掲載されるに及び、チャーチの高い審美性と機能性が社会に認められるようになった。一九五一年には、アメリカ建築家協会のファインアートメダルを受賞した。二〇〇〇を数える庭園が、チャーチの肖像写真とともに一般誌や新聞にたびたび掲載され、斬新かつ繊細な庭園デザイナーとしての名声は確たるものとなっていった。一九五五年に刊行された「庭園は人々のために(Garden Are for People)」には、チャーチが当時もっていた理念とデザインが詰め込まれている。彼の事務所もまた、カリフォルニアスクールに貢献する幾人かの若きランドスケープを育てあげた。ロバート・ロイストン、ダグラス・ベイリス、テオドラ・オスムンドソン、ローレンス・ハルプリンなどであり、彼らのキャリアは皆、チャーチの事務所から始まったのである。

　チャーチの成功と名声は、合理性とロマンティシズムを結びつける彼の手腕からもたらされたものである。すなわち、敷地やその場所の使用目的と関係づけて形態を生み出す力、素材やそのディテールへの関心、そして何にもまして、そのプロセスに喜んで参加するクライアントとの人間関係を築く能力である。

第4章の註

1. Christopher Grampp, "Gardens for California Living," Landscape 28, no. 3 (1985), 40.
2. Sylvia Crowe, "Garden Design," Country Life (London, 1958), 75.
3. David Streatfield, "Where Pine and Palm Meet: The California Garden as Regional Expression," Landscape Journal 4, no. 2 (Fall, 1985), 61.
4. Elizabeth Church, in Thomas D. Church Oral History Project, The Bancroft Library, University of California, 1978, p. 374.

5. Thomas Dolliver Church, "A Study of Mediterranean Gardens and Their Adaptability to California Conditions," master's thesis, Harvard University, 1927.
6. Thomas Church, "The Small California Garden," California Arts and Architecture (May 1933), 16.
7. Stephen C. Pepper, in Landscape Design (exhibition catalogue, San Francisco Museum of Modern Art, 1948), 5.
8. Thomas Church, Gardens Are for People (New York: Reinhold, 1955), 53.
9. Landscape Design (exhibition catalogue, San Francisco Museum of Modern Art, 1948), 34.
10. Robert Royston in Thomas D. Church Oral History Project, The Bancroft Library, University of California, 1978, p. 219.
11. 前出。
12. Louis DeMonte in Thomas Church Oral History Project, The Bancroft Library, University of California, 1978, p. 273.
13. Jack Stafford in Thomas Church Oral History Project, The Bancroft Library, University of California, 1978, p. 625.

再録論文5

ランドスケープデザインの形態言語

1939年

ジェームズ・C・ローズ

言説！　それを解きほぐすことができようか。耳にするのは、対称か非対称かという話、曲線をめでる話、施主は直線に我慢がならないという話、庭園は整形式であるべきか非整形式であるべきかといった話ばかりである。

間違いのもと、他愛もない論争を引き起こしているもとは、「形態」は「結果」であって、問題に対してあらかじめ決められているものではないということが理解されていないところにある。対称形であっても、それが映画館の形態として用いられたのであれば、完全に現代的解釈から生まれたものといえよう。曲線や直線、あるいは両者の組み合わせは、いかなるデザインの結果としても考えられる。しかし、もし形態的先入観―対称形であれ、直線であれ、軸であれ―をもって物事にとりかかるなら、そこに起こりうる活動の現れとしての自立的形態の可能性を封殺してしまうことになるだろう。

ランドスケープデザインにおける形態の展開には、学術的に考える以上に、実在の世界では原則（そして限界）がある。動線は第一に考慮されるものである。それは押しつけられたパターンに閉じ込められたような動線ではなく、デザイン構造の一部となっている動線でなければならない。

人間のいくところには必ず自然の再構築が認められる。この事実こそ、ランドスケープデザインの機能を正統化するものである。我々の仕事は、よりよい利便性と今日的生活を反映する優れた構成を生み出すことにある。不幸にもこの職能は、過去、問題そのものとは無縁の、美的な装飾ばかり生産してきた。それは、無垢で純真な信念をもちながら折衷主義にがんじがらめになってしまった初心者を対象とする商品である。一世代も二世代も前から、必然性という美徳を失い、今では自分たちには使い道もなく、また必要ともしていない装身具に喜んでお金を払っているような人々への売り物である。

Ⅱ

あらゆる形態的先入観に先立って考慮すべき第二の点は、ランドスケープの素材である。大地はそれ自体、彫刻的可能性を無限に秘めた可塑性の素材である。ところが古典の先人たちのいう「規則」に従うと、庭師は、大地のしわを伸ばして幾何学の連続としてしまわなければならず、果ては大地が素材としてもっている本来の美徳は皆失われてしまう。その結果残るのは、折衷主義と人間の傲慢だけである。

石材は、ランドスケープにとっても建築にとっても基本的なものである。このことを考えれば、石材の使われ方も、同時に一貫性をもって発展する必要性があることに疑いを抱く者はいまい。それにもかかわらず、ランドスケープの古い一派は、体質的に伝統を打ち破ることができないようであるし、また一方、建築の新派は、ランドスケープデザインの実践的な理解も手腕ももちあわせていないようである。こんな具合であるので、互いに隣合う領域ながら、両者は形態的な悪影響を与える心配もなく仕事ができているのである。

さて、植物となると庭師が得意とするところである。植物には、暖かみという連想がつきものであるゆえに―しかも世界的に―、ランドスケープの新しい思潮も、近代性が冷たく非人間的な様式であるという通俗的非難（これは、建築家がいまだに大衆の心からぬぐい去ることのできない見解である）に苦しめられることがない。植物を、折衷主義の地割パターンの穴蔵から引き上げ、ランドスケープの構造的で有機的な部位として用いよう。そうすれば、植物が素材として生き生きしてくる形態が姿を現すであろう。

水はそれを取り囲む素材に依存する。この意味で、ランドスケープの中でもそれ自体の形態をもたない、たぶん唯一の素材である。その流体性が尽きることのないアレンジの変化と喜びを与え、屋外にあるその他すべての形態のよき話し相手となるのである。

Ⅲ

一つのデザインの最終的な形態には、主観的な好みが反映されている。これは誰にでもわかることである。これまでに実在した偉大な芸術作品の形態には、ある象徴性が常にともなうが、その源は、アーティストあるいはそれを創造した人間の心理以外の何物でもない。このことが真実であるのは、人は自分を取り囲む世界からある印象を受けとるが、そうした印象を目的的な表現として再構築していくためには、それなりの主体の揺籃期を要するという理由による。形態が発達するこの揺籃期こそ、デザインにとって実に大切な部分であることは、誰も否定しまい。一つだけ確かなことがある。今日の最上のデザインは、我々が生きている二〇世紀の印象からその形態を引き出すだろうということである。そして学術的考古学それだけでは、折衷的模倣以外何も生み出されないであろうということである。

古い学派の根本的な誤信は、昔ながらの空間概念に起因する。それは、地面を区切ってゆくという考え方に根ざしていて、三次元空間の構成に至らないのである。これが、同じ言葉で自らを説明しながら、実は全く異なったことを意味してしまう原因となっている。またそれこそ、素材は一つも違わないのに、我々が完全に異なる表現に行き着くことのできる理由、古い一派が考古学的な歪曲を続けている間に、我々が二〇世紀のデザインを生み出せる理由でもある。

空間の新しい概念をつかみとるように心を開き、素材をそれ自体の性格に従って用いることを学ぶとき、我々は有機的に結びついた様式を展開することになろう。古典的装飾の模倣にしがみついている代わりに、まず人とその動線について考えめぐらせば、現代の生活を映し出す生き生きとしたランドスケープが展開されるであろう。そうすれば、「対称性」「軸構成」「非整形」といった呼び込み文句の本当の姿が見えてこよう。実質的には空虚であることが。

しかし、我々には別の立脚点がある。それは、ランドスケープアーキテクチュア季刊誌一九三八年四月号に描き出さ

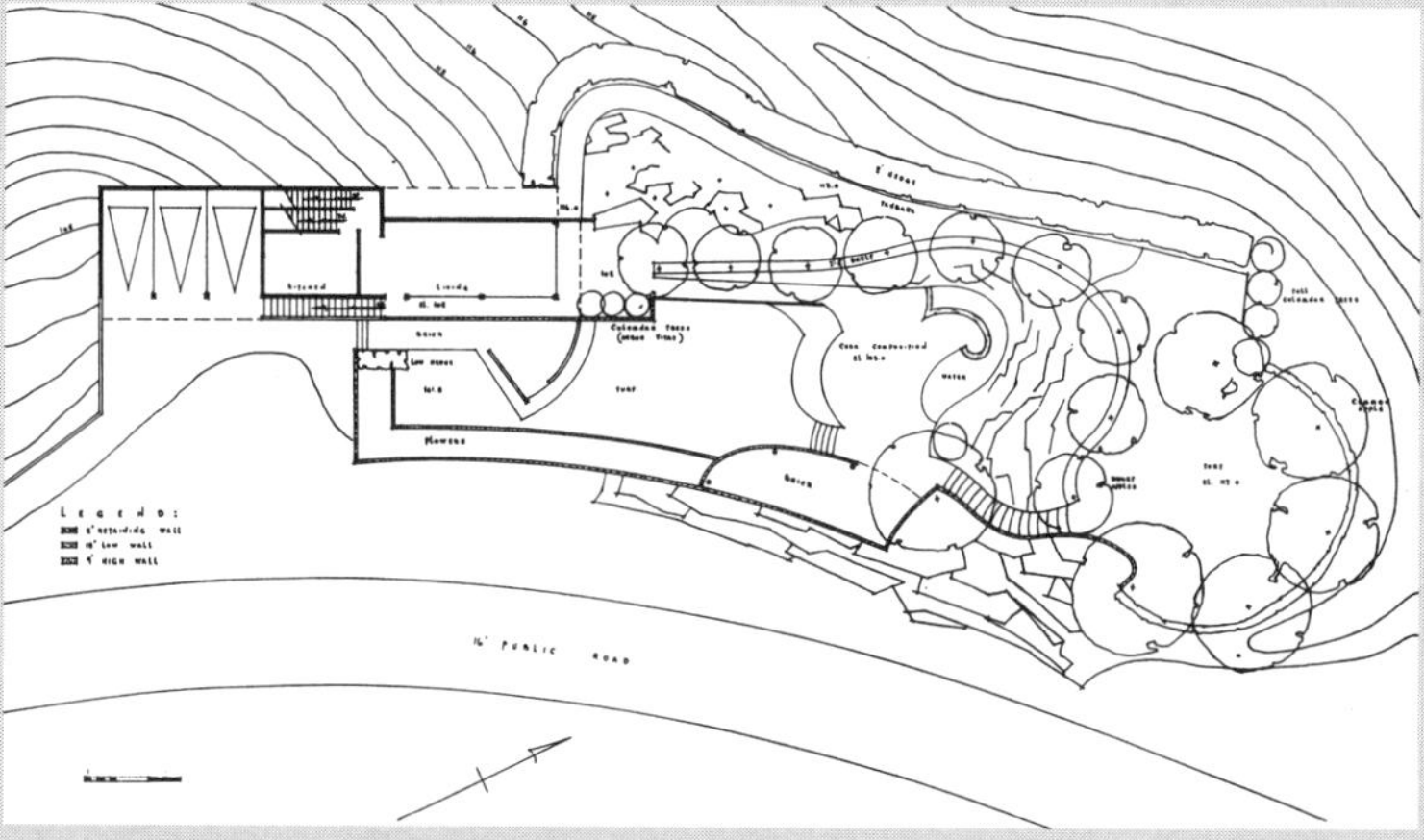

B-1：
この「空中庭園」は、軸、対称性、非対称性といった先入観なしに自然地形に沿って展開される。ローズは植物の有機的で構造的な用法を強調する。

B-2：
スタディーモデル。夏期住宅のための庭の空間分節のため、地面、植栽、岩、水が用いられている。住宅は東向きに建てられ、午後の日射しを避け、ランドスケープは北に広がる。

れている。それは説得力に満ち、信ずるに足る。読んでみよう。

「この折衷主義―他の国、他の時代に根づく様式の借用―こそ、アメリカの庭園デザインが、芸術としての表現力を得るために多くを負っているものである。なぜならアメリカには、実用であれ偉大なる装飾であれ、ヨーロッパの伝統に根ざすランドスケープの形態が適確に当てはまるような気候も、地理的環境も、伝統的素地もほぼないに等しいからである」。

いいえて妙ではないか。

（Pencil Points 誌一九三九年二月号より再録）

再録論文6

なにゆえ科学を試みないのか

1939年

ジェームズ・C・ローズ

もし、不要な出費を抑えようとするのであれば、ランドスケープが建設コストを大幅に増大させることなど受け入れられないはずである。しかし一方で、屋外スペースが我々の環境にとって大切な要素であることを否定できるのは、思慮に欠けた建築家か、貪欲な相場師くらいであろう。それと同じレベルで、ランドスケープの中のフリースペースも建築における以上に、用途に従って秩序立てられないかぎり、満足のいくものにはなるまい。

空間の経済的組織立ては、素材生産の効率的体系と既製素材の効果的用法によって決まってくる。しかし、いまだにランドスケープは建築工法の速度に遅れをとり、デザインスタンダードを確立するだけのいかなる生産体系をもつくり上げていない。数は少ないものの、伝統より工学から力を得ている新しい形態—高速道路や発電ダム—もある。しかしこれを除けば、ランドスケープの思考において、科学は必須要件とはなっていない。

新しいデザイン課題は、例をあげると、園芸術の進歩—植物生産、水耕栽培、大地から離れた状態での植栽管理—から生じてくるものもあれば、ランドスケープの用途に対する需要の絶えざる変化から生じているものもある。しかしながら科学の進歩やその成果に即応して、デザイン形態が発明されているところを目にしたことはない。これは、科学が完全に無視されていることを意味するのではない。たとえば、電気のデザインの世界においては、科学の進歩のほとんどが応用されている。同じく、ガラスブロックや鉄骨がボザール様式の建物に用いられることもある。しかし、そうした素材は、力学的均衡の中でそれ自身の可能性を表明する機会を与えられていないために、純粋な装飾に終わっている。

Ⅱ

有用なランドスケープを経済的、効率的につくり出そうとすれば、計画における三つの主要素から離れることはできない。維持管理、植栽管理、そして造成である。

もし科学がランドスケープの計画に必須要素として用いられるならば、制御の技術そのものが形態を定義することとなり、また維持管理を低減し最小限にとどめる生物と非生物の共存をつくり出すことになろう。例えば、あるブドウは他種とは全く異なる特別な棚面が必要である。また、水耕栽培で育つ植物は厳密な環境制御を要する。それ相応の壁か防風帯によって保護される必要があるものもあれば、外気を必要とするものもある。これは植物であれ人間の活動であれ同じである。新たに開発された地表処理の方法は、植物管理との関係や形態において重要なだけでなく、人の利用法との関係において無限の可能性を秘めている。もし、これらの必要条件の一つでも科学的に満たされれば、それが自動的にある形態を示唆することになる。それは、きっと先例のない形態であり、維持管理を理知的で明快な基礎の上に打ち立てるものとなろう。

環境管理に科学を応用することの一つの成果は、それが我々を諸々の世のしがらみから解放してくれることである。科学の応用は、近代建築や蒸気機関のみならず、彫刻のもっとも先進的な試みの中にさえ見られる要素である。ランドスケープデザインにも同じことを成し遂げる方法がある。例えば些細なことではあるが、もし樹木を群としてではなく「景観木：specimen」（訳注：標本木とも訳される）として用いるなら、少ない数で同じ空間制御の効果をあげることが可能である。なぜなら、一群の中では樹木の一側面しか有効ではないが、単体樹木はその全面でデザイン効果をもたらすからである。逆に群植は、より多くの樹木、空間、多額の出費を必要とする。その結果、大きいばかりで維持管理を要し、多大な不便を被ることになるのである。

植物が科学的に管理されうるのは、各植種が単独でおかれた場合だけである。それによってのみ植物固有の可能性が限りなく展開し、自由自在に用いられる。これは、園芸学であれ建築素材の研究であれ、あらゆる科学的探究において採用された方法である。単なる虚飾の代わりに有機的な形態を生み出す科学の用法は、一途な思い込みを止め、より高い融通性を生みだす。

科学が何かを証明したとすれば、それはいわゆる「自然な」状態が開発にとって必ずしも最適な状態ではないということである。素材に関する実験が証明するところは、一体的用法によってこそ、最大の利便性と単位あたりの経済性がもたらされるということである。すなわち、自然の状態を模倣する試みであれ「点在的」な植栽への対策であれ、根本的に植物を「ひとかたまり」として扱ってしまう理論は、科学的手段がひきだす個体の潜在能力を看過し、有機的な適用の効率を否定することとなるのである。

はっきりいえば、我々が科学的管理を考えるのは、ランドスケープデザインに新しい魅力を見つけるために他ならない。建築においても、工業デザインにおいても、また、その他科学が取り入れられた芸術においてもすべて同じことがいえる。建築における木材やレンガ、鉄骨やコンクリートと同じ知識と効率において、植物を用いることは十分に可能である。そしてまさに、ランドスケープの設計基準に植物生育の科学を適用するならば、所定の環境下で各々の植物の成長速度を適確に定め、その形態的特徴を正確に決定することができるはずである。工業製品や建築単位と同等の適確さをもって、植物を扱うことができるようになるであろう。

伝統的ランドスケープのもう一つの無駄は、観念的概念を満足させる幾何学平面をつくり出すために、地面を造成する必要が生じることである。園路の脇の斜面（時にはもっと悪いことに法面）が、絵画的な迫力を台無しにしてしまうこともある。しかし周知のように、すべての活動が、地面を真っ平らにしてしまう必要を迫っているわけではなく、地形のある程度の変化が三次元的な空間構成の要素として有用であることもある。目指すべきは、特定の機能を定めて大地の形態を効率的に用いることであり、結果、相応の低コストで、新しい次元がもたらされることである。

ランドスケープの維持管理に効率的な体系をつくることの有効性は、特にランドスケープがことさら重要となる、宅地開発、地域レクリエーション施設、個人住宅などにおいて明らかである。ところが、こう囁き続ける人物がいる。「そんなことはできない、維持できない」と。その人物は、築一〇〇年のコロニアル様式住宅を現代の水道電気設備で「再生」させる建築家ではない。あるいはテラスを優雅に歩きながら、庭園には「中世の優美をもつ鉄の服」が必要だと説く施主でもない。実は、庭師その人なのである。我々が「地方各々のランドスケープがもつ貴重な独自性」を破壊してしまうと恐れているのが庭師たちである。彼らもテーブルにつけば、自分たちが糾弾している科学の進歩なくしては絶対存在しなかったはずの果物や野菜を食しているにもかかわらず、「芸術」を生活から遊離した「装飾」としてしか考えられないばかりか、「科学」を無意味で現実性のないものとして片付けてしまう。何と愚かなことであろうか。

（Pencil Points 誌一九三九年一二月号より再録）

第 **5** 章

ガレット・エクボの
生きられるランドスケープ

ルーベン・レイニー

（訳注：ガレット・エクボの名著「Landscape for Living」は、「風景のデザイン」（久保貞・上杉武夫・小林竑一訳、鹿島出版会、1986）として邦訳書が出ている。邦訳当時の日本に本書がランドスケープデザインの包括的理念書として紹介されるにあたっては、このタイトルは的を得ていたといえる。ただし、この書のタイトルにはやはり、ランドスケープも庭園も人々が生き生きと暮らす場であるべきという思いが込められているのであり、タイトルでは直訳的に「生きられるランドスケープ」と訳した）

歴史を庭園細部の集まりとして取り扱うことは、二〇世紀の半ばの我々に恐ろしいほどの過去の庭園の混成物、たとえばエジプトのピラミッド、バビロンの空中庭園、ローマの中庭とスペインのパティオ、中世の修道院、ルネッサンスの露壇と花壇、イギリスの風景式庭園、植民地時代の箱庭、中国の塔、日本の燈籠と岩、アメリカの高山植物園などを残すこととなる。それでは我々は何をなすべきか？　この折衷主義的なこまぎれ時代を通り抜けて、現代の諸問題をその条件と我々の与えられた材料で解決していく、明瞭で単純でしかもみごとな方法を見つけるためには、どのような構成原理を身につけなければならないのか？　これが本書の目的であり、別の言葉で言うなら、風景デザインや園芸の先輩達が我々に残していった折衷主義や感傷の泥沼から抜け出す方法を捜し出すことを目的としている。
（ガレット・エクボ著「風景のデザイン（*Landscape for Living*）」より。久保貞・上杉武夫・小林竑一共訳）

ガレット・エクボの著書「風景のデザイン（Landscape for Living）」、それは、控えめながらも情熱と気迫に満ちた一つの宣言である。エクボは、北アメリカのランドスケープアーキテクチュアの職能を、ジョン・バニヤンの有名な巡礼記に出てくる落胆の沼の深みであるかのように描き出す。エクボの精緻な化学分析によれば、泥沼に停滞する水、それは、陳腐な折衷主義や不適切なデザインの使いまわし、単純な「整形式」「非整形式」という対語、無責任な「ジュークボックス仕掛け」を詰め込んだ鞄、空間の代わりに静止画を求める偏愛、苛酷な経験主義科学の果てに得られる芸術的直観の過大評価、そうしたものが溶け込んだ溶液である。さらに進む分析は、その他の汚染物質をも検出する。二〇世紀特有の需要の無視、自然界とつくられたランドスケープの関係の誤った理解、ランドスケープアーキテクチュアの偉作に実測図づくりからアプローチするという根強い歴史学的慣習からくるコピーブック的認識等々である。

この鋭い論考は、職能の復活という前向きな展望への前奏曲である。建築家、計画家、技術者との共同を通して、より人間的な環境を創造するという使命をエクボは引き受ける。一九五〇年に初版が出された「風景のデザイン」には、

5-1：
<アーンテラス>　ビートリックス・ファランド、ダンバートン・オークス、ワシントンD.C.。ボザール庭園の伝統をもっともよく残す現存の事例。ガレット・エクボの否定するところである。［ダンバートン・オークス研究所図書館資料］

民主主義に基づく新時代の秩序と、科学知識の社会福祉への啓蒙的応用という視点が一貫して据えられている。アメリカ経済が繁栄した第二次大戦後の平和な時代に書かれたこの書は、楽天的な雰囲気を醸し出しながらも、早々にランドスケープデザインの古典的理論書の一つとなった。玄人、素人を問わず北アメリカの人々すべてに向けられた本書は、近代ランドスケープアーキテクチュアの包括的理論書として戦後著された初めての著作である。設計理論書には稀なことだが、ユーモアのセンスをほのめかす一方、結論的解答を押しつけることもない。それは「折衷主義の泥沼」から抜け出す方法ではなく、一つの道を示すものであり、「議論を起こすためであり、終わらせること」を意図するものではない。

エクボの始めた議論は急速に広まり、今日なお継続している。「風景のデザイン」は出版されるとすぐに、アメリカの高等教育におけるデザイン理論書として、それまでのヘンリー・ハバードとテオドラ・キンブルによる教書「ランドスケープデザイン研究序説（An Introduction to the Study of Landscape Design）」（一九一七年初版）にとって代わり、五〇年代六〇年代を通じて大きな影響力を及ぼした。学者も技術者も「ハバード&キンブル」の本を、時代遅れで狭視野的なものと認識していたにもかかわらず、戦争直後はまだこれに代わる包括的な著書が世に出ていなかったのである。「風景のデザイン」は多くの人々に読まれ、歓迎された。五〇年代に学生であった人々、あるいは職についたばかりのランドスケープアーキテクトの多くは、この著書の出現によって引き起こされた当時の知の興奮を覚えている。その感動が、彼らのデザイン思考に与えた影響は深い。

「風景のデザイン」は、エクボが「エクボ、ロイストン&ウィリアムス・ランドスケープアーキテクト計画事務所」の忙しい日常業務—前例のない爆発的建設で膨張しつづけていた都市、ロスアンゼルスやサンフランシスコでの実践—の中から生み出した著書である。それは、ちょうど、ジークムント・フロイトのケーススタディを思わせる方法である。著書を美しく飾るのも、エクボの事務所による設計作品の挿絵であった。エクボの声が聞こえるようである。「これは、どれだけ私の事務所が、ランドスケープデザインの根本問題に取り組んだかという証しである。私が議論してきた基本的な事柄を心にとめて、あなた自身の声を聞きだしてあげよう」と。

ここでいう根本問題とは何か。それを探索するにはエクボがその欠陥を認識したものと、本書の図解で示した代替案を比べてみるのがよい方法であろう。政治や芸術においてもその変革は、それが否定したものと、主張したもの、その二つの関係を検証してみることでよく理解されるからである。ランドスケープアーキテクチュアの場合、エクボがしばしばボザールアプローチと呼んだハバード&キンブルの事例が、アンシャンレジーム（旧体制）を代表する。ハバード&キンブルの書物は、庭園や住宅区、都市公園までさまざまな型のプロジェクトを含んでいるが、簡明を期すためここでは、住宅レベルの敷地に対する計画事例に着目してみよう。それらの配置平面図を、エクボが「風景のデザイン」の

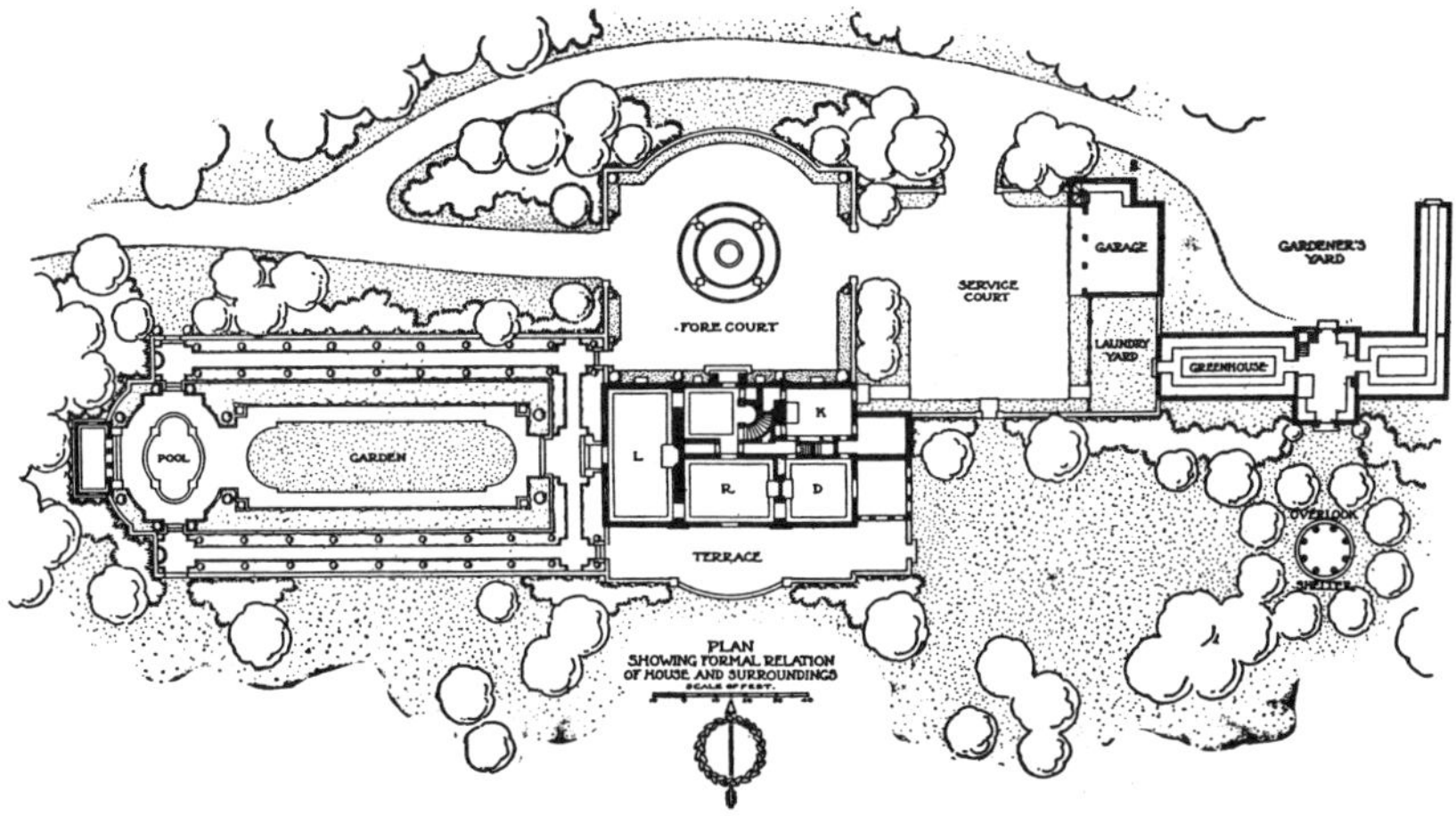

5-2：
＜ボザール様式の住宅配置図＞　ハバード＆キンブル、玄関前庭、庭園テラス、芝生、隔離されたサービス動線がある。［ランドスケープデザイン研究序説より］

中に記した配置平面図と比較すれば、自ずとエクボの思考の核心と、彼のモダニズムがもっていた基本的な気質が露わになってくる。実際、彼がハーバードの大学院生時代に使っていた「研究序説」の欄外には、この本の基本的教義に反発する覚書きが多数書き込まれており、その中に「風景のデザイン」の理念にまで成長する胚芽がいくつも見られる。[2]

ハバード&キンブルに描かれた典型的な住宅配置平面図[3]（図5-2）を見ればわかるように、この書ではランドスケープアーキテクチュアは「美術」であって、もっとも重要な目標は「見る人の心を楽しませる効果」をつくり出すことにある。もちろん、計画にあたっては、機能や経済性も考慮しなければならない。しかし、究極の目的は施主から快い反応を引き出すことであり、施主自身の嗜好性に要心深く配慮されなければならない。美的快楽を得る能力は、「人間精神の中に生まれる」もの、いいかえれば生来のものであるが、またデザイン作品の名作を研究することによって、後天的に洗練してゆくことができるものでもある。[4]
芸術作品としての住宅配置計画の最終的成否は、人から快楽の感覚すなわち「ランドスケープ効果」を引き出せるか否かで判断されることとなる。それは、芸術作品であれ自然風景であれ、それを経験することから引き起こされるものであり、「快楽」が主な効果ではあるものの、たとえば哀愁や歓喜などの「雰囲気」も含まれている。デザイナーにとっては、この「ランドスケープ効果」をよく理解しておくことが重要である。それは、第一に視覚を通して生じるものであるが、より間接的には触覚、例えば空間の中を動いたときの身体感覚のようなものによっても引き起こされる。

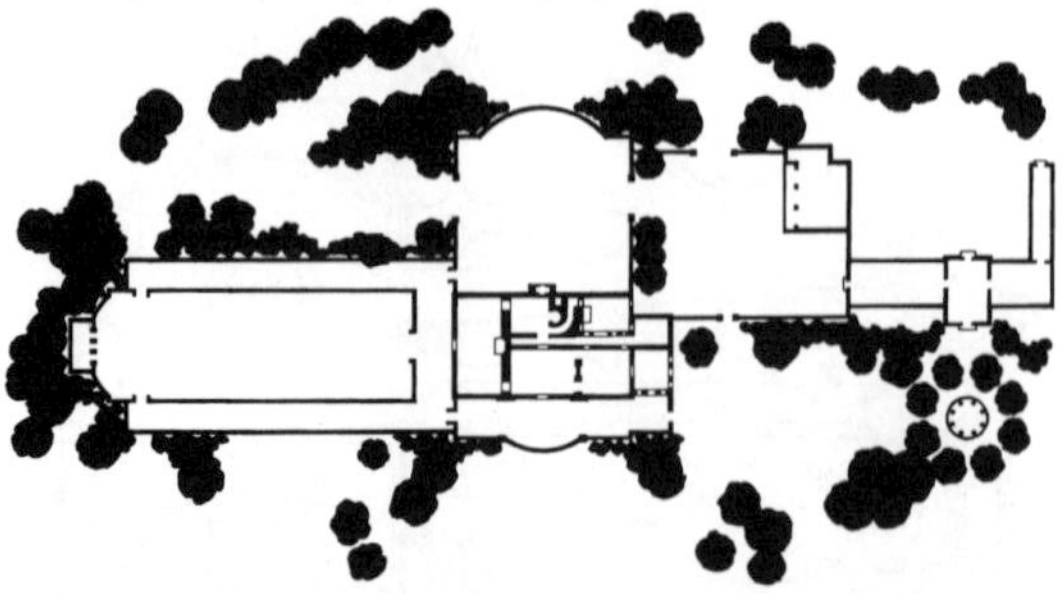

5-3：
＜代表的な住宅配置における図と地＞　焦点を与え景観を枠取るように、敷地を囲いこむ平面形

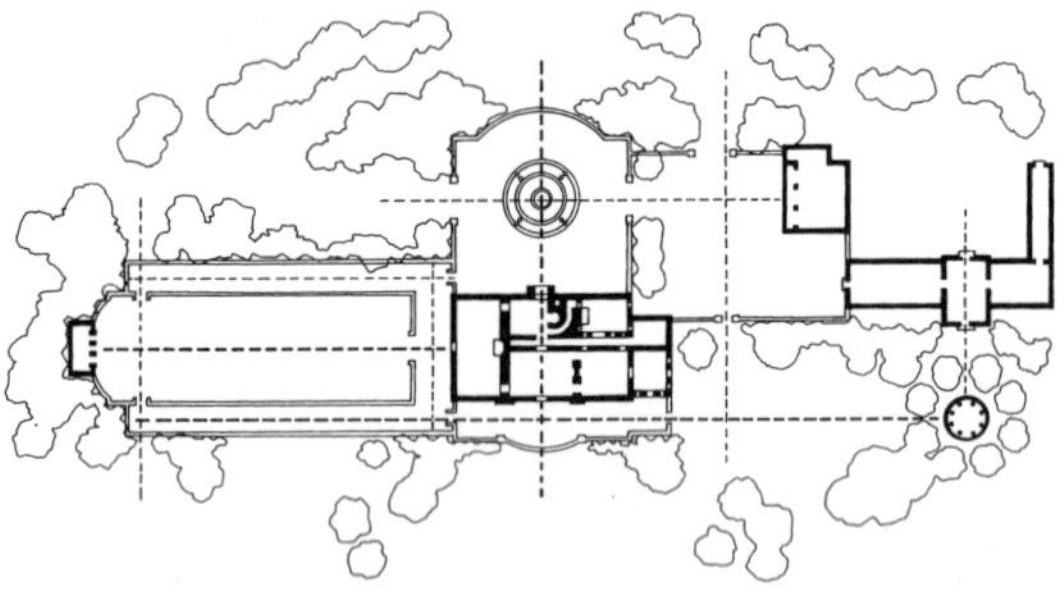

5-4：
＜代表的な住宅配置における軸構成＞　主たる軸線とそれに直交する副軸線が建築内外をつなげる

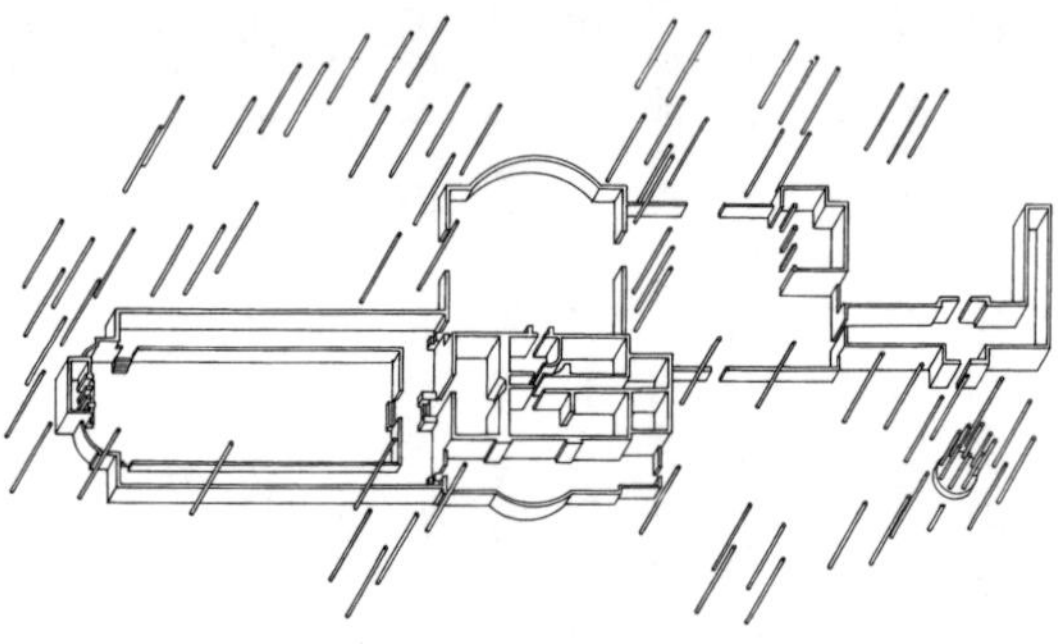

5-5：
＜代表的な住宅配置のアクソメ図＞　平面は、視軸によって規定された空間の階層からなる。住宅と敷地は一体としてデザインされている

ハバード&キンブルはまた、この快楽の経験は、単純の対極にあるものと力説した。それは各々個別の三つの快楽の型―感覚、知覚、認識―の複合的で豊かな混成物なのである。感覚の快楽は、単純明快で考察不能な単体あるいは複数の対象の感覚によって刺激されるものである。例えば、図5-2に示す東側テラスへ続く庭では、最初、芝生の緑の鮮やかさが目に入り、その快楽に酔いしれるのみであり、それ以上の考察には至らない。これと同時に、知覚の快楽が生じる。それは、対象の秩序だった配置の知覚を含み、また過去の経験から相似したイメージを引き出す。たとえば、この庭をしばらく観察していれば、それが対称形であること、そのコーナーを示すものが優美な彫刻であることなどに気づいてくる。そして昔訪れたことのあるトスカーナ地方によく似た庭園があったことを思い出したり、友人の家のために同じような庭を設計してあげようという甘美な幻想に浸るかもしれない。知覚の快楽は、まさしく連想に帰属することが多く、人により異なる。最後に、我々は認識の快楽に到達する。それは、本質的に対象の特性や性質に関する意識的で理論的な考察である。例えば、庭園の擁壁に施された細やかな石細工、あるいは効率的につくられた控え壁のうまさなども賞賛するだろう。

ハバード&キンブルによれば、この三つの快楽の重複的経験における重要な要素は、デザインの「一体性」、完成さ̀れ̀た̀組織体がもつ「一体性」の認識である。自己充足しよく秩序立てられた視覚的構成、あるいは、軸ないしは直線的な園路によってつなぎ合わされた敷地デザインのみが達成できるものである。この構成をなす複数の要素―形状、色彩、形質―は展開、均衡、反復といったデザイン原理に従って構造が与えられる。こうした一体化の中でも特定の性格をもつものが、「様式」として知られる表現形態を形成する。様式はそのほとんどを「理想」―プロトタイプとしての事例、あるいは秀でた一体性を証明する対象物一群の「合成写真」―に負っている。一人のデザイナーとしてプロジェクトに立ち向かうとき、最初に発する問いは、「私の理想とは何か?」に他ならない。いってみれば、どのプロトタイプの審美的イメージを用いればよいか、である。図5-2で示した庭園などは、その理想形のほとんどを一六、一七世紀のイタリア庭園に求めている。これこそ、歴史的先例を現代に適合させる方法に完全に依存しているデザインアプローチの典型的な事例である。

ハバード&キンブルは、また、ランドスケープアーキテクチュアの歴史は主に二つの様式に抽象化することができると主張する。「人工的なもの」ないしは「整形式」と、「自然的なもの」ないしは「非整形式」である。整形様式は、人間の自然界に対する制御を表現している。多くの場合、空間の軸構成を用いることによって、慎重に順序立てられた幾何学形態が関係性の調声を奏でる。非整形様式は、自然の秩序の発見とそれに対する人間の理解、そこから引き出される快楽を表現している。人間の意志の支配力ではなく「自然自体の完全な表現」を表そうとするものである。自然界の複雑な形態を採用し、伝統的整形様式の純粋なユークリッド幾何学と空間の軸構成を嫌う。この二つの様式相方をうまく使い分けるべきであり、図5-2に示した例のように、時には、一つのデザインの中で結合させなければならない、そうハバード&キンブルは議論を進める。そこでは、整形様式がテラス、ガーデン、エントリーコートを邸宅平面と一体化している一方、敷地周辺は一八世紀のイギリスのパークを思わせる非整形な形に扱われている。この二つを仲介するものが芝生の広がりである。ハバード&キンブルは、非整形様式のほうを「より高尚な芸術」―人間生活を秩序立った自然界の過程に近いイメージにもちこんで豊かにしてくれる「さり気なさ」―として暗示しているように思われる(ここには、フレデリック・ロー・オルムステッドの影響が明らかに見てとれる)。

ハバード&キンブルは、自らの美学の基本的教義を明らかにした上で、さまざまな工法と素材の用い方とその計画の仕方について、設計者に指標を与える一連のデザイン原理の概要を述べてゆく。さらに進んで多種にわたるプロジェクト―庭園、住宅、住区、自然保全区など―の設計に関する事細かなガイドラインをゆるぎのない信念のもとに提示してゆく。我々はここでの分析を住宅レベルの庭に限定しているが、こうしたガイドラインをつくり出す彼らの美学的見地が、他のプロジェクトタイプまですべてを含んでいることは特筆すべき事柄である。公園の設計であれ、住居地域の設計であれ、プロジェクトは慎重に調整された景観によって構造化され、整形様式と非整形様式のどちらか、あるいはその二つの上手な混成によって形づくられなければならないのである。

ここまでハバード&キンブルの審美論全般を図5-2の配置図によって図解したが、これはさらに、彼らの個人邸に関するデザイン規範のほとんどすべてを示してくれる。敷地は、樹木の茂った丘の緩やかな南斜面にある。平面図には、

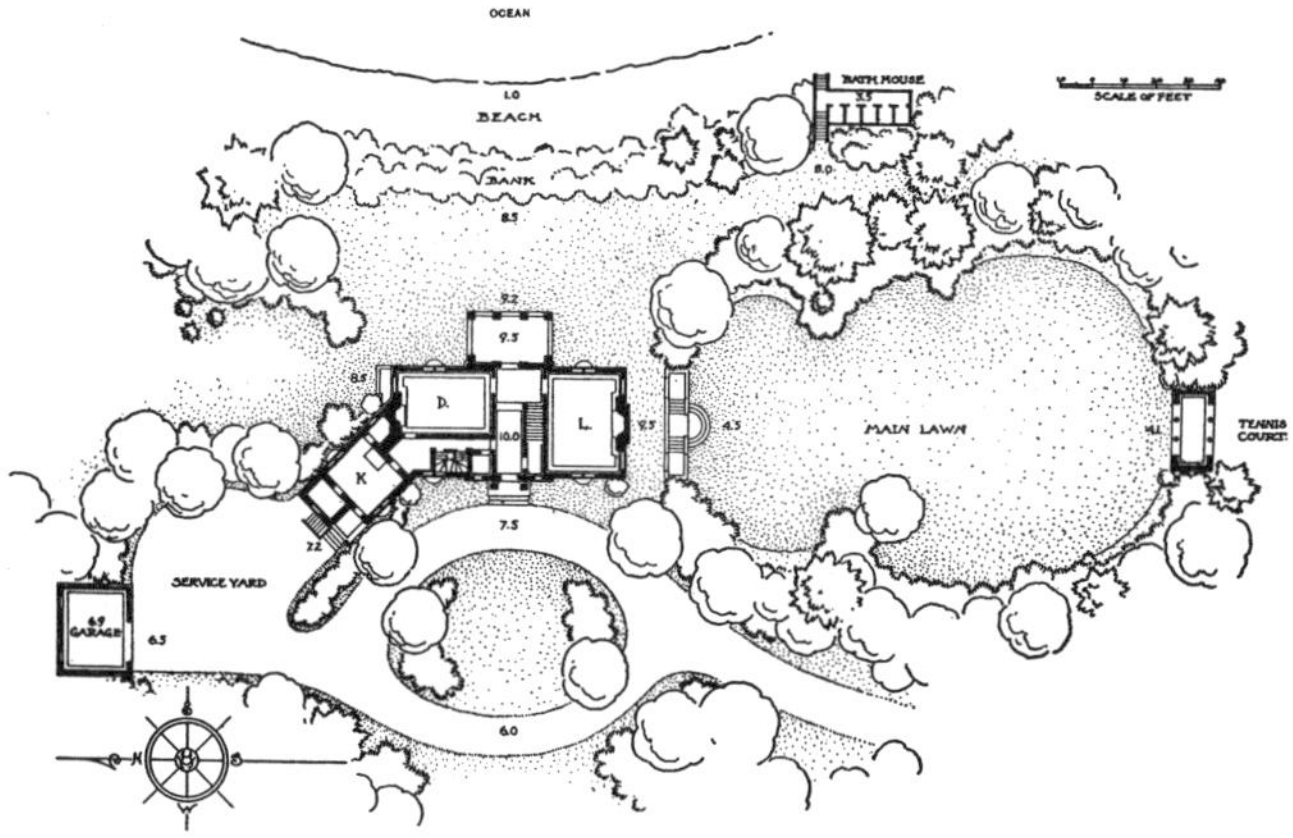

5-6：
＜海岸線の住宅＞　ハバード & キンブル。敷地は四つの眺望によって構成される。キッチンは食堂から北への眺望に沿って張り出されている。［ランドスケープデザイン研究序説より］

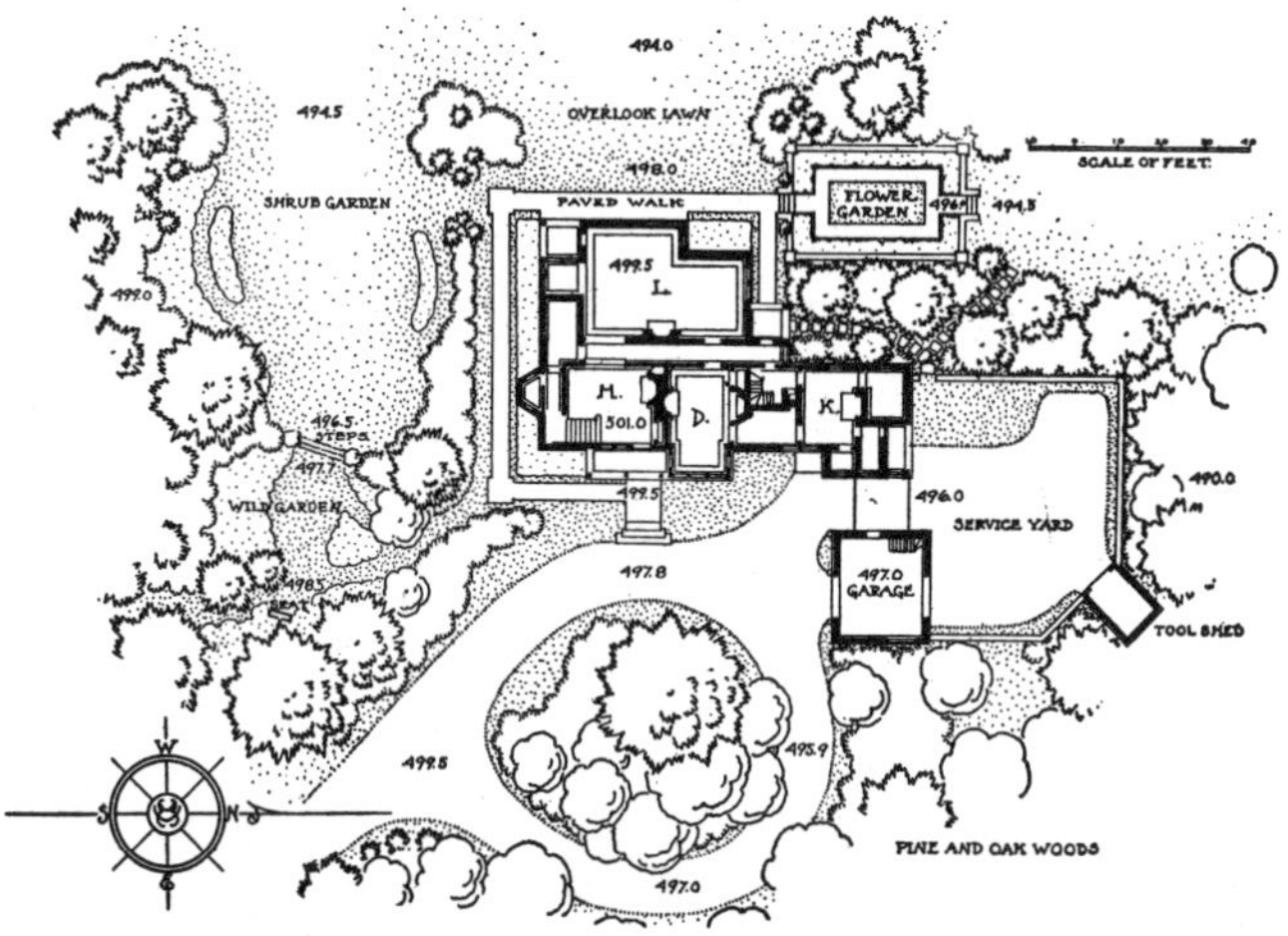

5-7：
＜田園地帯の住宅＞　ハバード & キンブル。起伏の多い地形が、灌木と野生の庭のある地面の処理を暗示する。［ランドスケープデザイン研究序説より］

個人邸の敷地計画に対するハバード&キンブルの典型的な要素—邸宅、玄関、エントリーコート、管理棟、庭、テラス、進入路、管理用道路、開けた空間、木立の点在する芝生、添景としてのあずま屋—がすべて見られ、それらは、強い軸線や弱い軸線に結びつけられて一連の構成をなすように配置されている（図5-3、4、5）。整形庭園は、慎重に囲まれることで特別な単位を形成し、明らかに人間の技を示す作品として位置づけられる。たとえば、庭園東側から邸宅入口に登る階段から、単位の一つを目にすることができる。軸は、周囲の木立がつくる暗い背景にして注意深くおかれたパビリオンを焦点としている。庭園自体は三つの軸で構成される。中心軸は邸宅西側の居間のドアを抜けてゆく軸であり、邸宅と庭園を一つの単位とする。また庭園の園路がもう二つの軸を決定する。

ハバード&キンブルによれば、庭園は三つの要素—地表面、囲い壁、種々のオブジェ（あずま屋や装飾品など）—の構成としてデザインされるべきものである。この庭園においては「地表面」が支配的であり、西側におかれたプールとパビリオンに静かな前景を与える簡明な芝生のパネルとして広がっている（これがもし、手の込んだパルテールであったら、遠くにおかれた焦点と干渉しあい、眺望の一体性は失われていたであろう）。加えてハバード&キンブルのもう一つの基本原理も描かれている。それは豊かなアンサンブルと異なった雰囲気をつくり出す、非常に高度に統制された対位法である。地を掃いたように広がる芝生、整形庭園の単純明快な幾何学、円形のテンプルを囲い込む落ち着いたボスク。これらの眺望はその単一性と雰囲気を乱すような管理施設をいっさい見せないよう注意が払われており、進入路も管理動線も横断させていない。

ハバード&キンブルはまた、住宅敷地計画の別の事例において、上記のガイドラインがいかに多様な敷地条件に応用可能かを示す。海辺の敷地（図5-6）、複雑な地形の田園地帯（図5-7）などである。海辺の敷地計画では、主要な眺望をめぐる四つの軸が構成されている。キッチンは、ダイニングルームに北の眺望を引き入れるように斜めに持ち出され、進入路と管理動線は慎重に分離されるなど、ハバード&キンブルの住宅敷地に関する諸原理のほとんどが明確に示されている。山奥の敷地計画では、広大な雛壇状の整地を必要としながらも、同じ原理がかなり複雑な地形に対して、適応可能であることを明らかにしている。ここでは、南に向かう起伏をもった斜面には、比較的整形でない灌木や野性の庭が採用され、それが特別な構成に配置されている。居間には、最上の眺望が与えられ、ここでも強い軸構成が明確にとられている。郊外型の敷地計画では、複数の景観を構造的要素としながらも、境界を明確にしプライバシーを守るために、敷地は囲い込まれている。緩やかに曲がる裏側からのドライブウェイは、芝生斜面を越えて広がる眺望を阻害しないように配置されている。

上記の事例は、住宅敷地に適用されるボザール的、アンシャンレジーム的ランドスケープデザインの典型的表現である。この方法は、一九四〇年代まで合衆国中の専門学位を与える教育プログラムの中に君臨していた。ローマ賞応募者の作品集にも実務オフィスのパンフレットにも、このスタイルが溢れかえる。そして、ニューポートにもビバリーヒルズにも、この高価な庭園が華麗な邸宅とともに並んだのである。その中でももっともよく保存されているのは、ダンバートンオークスにあるビートリックス・ファランドによる作品であろう。実は、学生が「整形式」デザインと「非整形式」デザインのどちらかを選ぶようにいわれたり、ヴィスタにあわせて作品を構成するように指導されることが、今でも設計演習の中で繰り返されているのである。

ボザールの伝統は、包括的で明確なデザイン原理が特徴である。美とは何であるか、いかにしたら特定の「ランドスケープ効果」がデザインできるかを教えてくれる。きらりと光るオリジナリティーよりは、明快な分析思考と実績のある方式の注意深い応用に重きをおく。中庸な才能のデザイナーからも、堅実な作品を引き出す方法である。しかしながら、ガレット・エクボは、この伝統をランドスケープアーキテクチュアの将来に恐るべき脅威を与えるものと見なしたのである。[6] エクボは、ボザール理論には非のうちどころがないことを承知していた。その彼が、この伝統様式の中にどのような誤りを見つけたのであろうか？　そして、それに代わるものとして何を提案したのであろうか。

エクボの批評は包括的かつ詳細にわたるが、三つのテーマを核とする。一つは、ランドスケープアーキテクチュアの特性と範疇の問題、もう一つは、歴史的先例の解釈の問題、最後に、人間と自然の関係から生み出される形態表現の問題である。

第一のテーマ、「ランドスケープアーキテクチュアの特性と範疇について」エクボは、ハバード&キンブルに部分的には賛同しながら、多くの点で異論を唱える。[7] エクボは「ランドスケープデザイン」というのを好んだ。それは「素材と人間の間の三次元的関係を暗示する」からである。より伝統的な言葉「ランドスケープアーキテクチュア」は、建築との「一体化」(もはや存在していないもの)を示唆する。ランドスケープデザインは「用途と快楽のために景観要素を意図的に再統合すること」である。それ自体は「芸術」であるが、同時にエクボは、しばしばそれを学問分野として言及する。その第一の義務は、民主的価値観を具体化し、人間の自然界に対する適切な関係を表現する形態を建設することで、人間の需要に応えることである。ハバード&キンブルも、ランドスケープアーキテクチュアが芸術であるという点においては、エクボと意見を共有しているが、しかし、民主的価値観を具体化するというエクボの理念はもっていなかった。

「生きられるランドスケープ」は、エクボが大衆に向け表明する一貫したヒューマニズムである。「(デザイナーの)着想や努力がつくり出すものは、豪華な空間や優雅な部屋ではない。むしろ最終的には、その中で成長し発達する人間なのである」。[8] そのようなデザインは「人生に必要なものとしての人間愛」と「人間の世界にもちこむことのできる自由空間秩序がもつ大きな連続という明確な概念」に基づく「人間規範・民主原理」なのである。民主的価値観を具体化するデザインは、人々の需要によって計ることができる。それは「細部においては簡潔で実用的」、平面形においては「順応性のある」デザインである。このように民主的価値観を正式に表明することに重きをおくことによって、エクボは、トーマス・ジェファーソンや、フレデリック・ロー、オルムステッドの伝統と同じ地平に身をおく。さらに、自らの建築理論を政治的なヴィジョンの上に位置づけた、ワルター・グロピウスをはじめとするヨーロッパの近代主義建築家たちとも席を同じくすることになる。しかしながら、二〇世紀はまだ人間のつくる環境に民主的価値観を確実に組み込む道を見つけてはいない、そして、いまだに昔ながらの独裁的文化から引用されたデザイン言語にその多くを依存していると、エクボは指摘する。この民主的表明を開拓することが、ランドスケープデザインの第一の義務なのである。

エクボによれば、ランドスケープデザインが基本とする柱は二本である。科学的厳密さと芸術的「直感」である。彼が糾弾するのは、ボザールのデザインアプローチが、自然の力の「幽玄性」や「神秘性」そして芸術的「直感」を強調するあまり、明晰な科学データを犠牲にしていることである。芸術的直感には、それなりの価値がある。実際、科学でさえ直感を用いることがある。しかし往々にして、曖昧な思考や与えられた文脈の独自性の評価を見過ごす不適切でアプリオリなデザイン解へとつながってしまう。エクボのいう科学とは、自然科学と社会科学の両者であり、彼がデザインプロセスに科学的厳密さを要求したことは、デザイン形態の重要因子として生態系と人類の挙動に関する研究を重視する今日の世界中の傾向を先取りしたものである。

ランドスケープデザインの責務は「人間の身体的環境に連続性を与える統合的最終要素として働く」ことである。それはとりもなおさず人間社会の質と安定性を示す「社会指標」としての役割を担う。近い将来ランドスケープの最前線で主に繰り広げられるのは、「都市化」であり、このことは専門領域を超えた都市のデザインを意味している。

エクボは、ランドスケープのモダニズムは、四つの主たる論点、「空間概念」「素材概念」「社会概念」そして「風土的地方主義」から成立すると考えていた。

「空間概念」は「三次元の空間形態」をランドスケープデザインの第一義的手段として意義づけるものである。これは、対象物の統制のとれた配列や静的「構成」の創造に腐心するボザールとは明らかに一線を画する。「素材概念」は、素材本来の性質を見抜き、それによって空間を規定することを第一と考えることである。エクボは、ボザールが得意としていた素材の偽造(たとえば、木材による大理石の表現)、あるいは数限りない装飾などとはいっさい縁を切ろうとする。「社会概念」は、特定の人間の需要を「生きるための空間」の創造を通して一貫したものとする重要性に焦点をあてる。「風土的地方主義」は、温帯、熱帯、乾燥地帯など、それぞれのデザインの制約と可能性について情報を与えるものである。それは、ある地域に妥当な解決策を他の地域に強要しようとする教理的な観念を離れ、地域ごとの植物や素材に敬意を払うものである。

「よい」デザインは、快楽を引き出すというハバード&キンブルの考え方に、エクボも同意を示す。しかしエクボは、ハバード&キンブルのように快楽のニュアンスをさらに細かく分析したり、「心地よいデザイン」のもつ「美」を明晰に定義することはしない。一方、エクボは実に明快に次のことを示す。あるデザインが我々に感じさせる基本的な刺激は、ハバード&キンブルのいうような、きっちりと構成された「見え」なのではなく、よく秩序立てられた、ダイナミックな「空間」の「生き生きとした体験」なのであると。[9]

エクボはまた、第二のテーマ「歴史上の偉作に対する解釈」においても、ハバード&キンブルとは異なる姿勢をはっきりと示す。エクボによれば、歴史上の伝統も、その動的で多面的な本質と、それを改良し発展させてゆく責任感を理解するのであれば、限りない意味をもつものとなる。もちろん、ハバード&キンブルも完全なコピーをよしとしたわけではない。しかし、エクボはいう。「様式理念」を各々の土地の状況に適合させることに固執することは、ランドスケープデザイナーから現代社会の需要をしっかりと見据える機会を奪ってしまう。様式的アプローチは、二〇世紀の芸術と科学の進歩に対しかたくなに心を閉ざした怠惰な方法と、彼の目には映ったのである。「様式は一つの虚言である」――このル・コルビュジエの言説をエクボは好んで引用し、ひるがえって、ランドスケープアーキテクチュアが、レプトンの時代以来、何も新しい形態言語を育てていないことを嘆いた。

そうすると、どのような形で歴史的先例の言語に接すればよいのか？　エクボはいう。「歴史は我々がそこから出発すべき伝統の本体である。どんな分野でも創造的なデザインの目的は、伝統を発展拡張してゆくことで、その命と活気を継続させてゆくことにある」[10]。そうすれば人々は、歴史の「奴隷」ではなく、「相続人」となるのである。過去の様式はある特別な時代の特定な場所の社会形態を反映したものであるという点において、エクボは同時代の近代主義建築家と意見を一にしている。事実、様式の役割は「我々自身の時代、場所、人々、そして技術にふさわしい形態を表現しながら、同時に質の上においても負けないものを生み出すように刺激することにある」。もっとも効果的なアプローチは、過去の伝統と現在の動的な生命力の両者にじっくりと身を浸してみることである。

エクボは、作品を「整形」か「非整形」かという見地からしか見ないボザールのデザイン伝統を、あまりにも狭量な

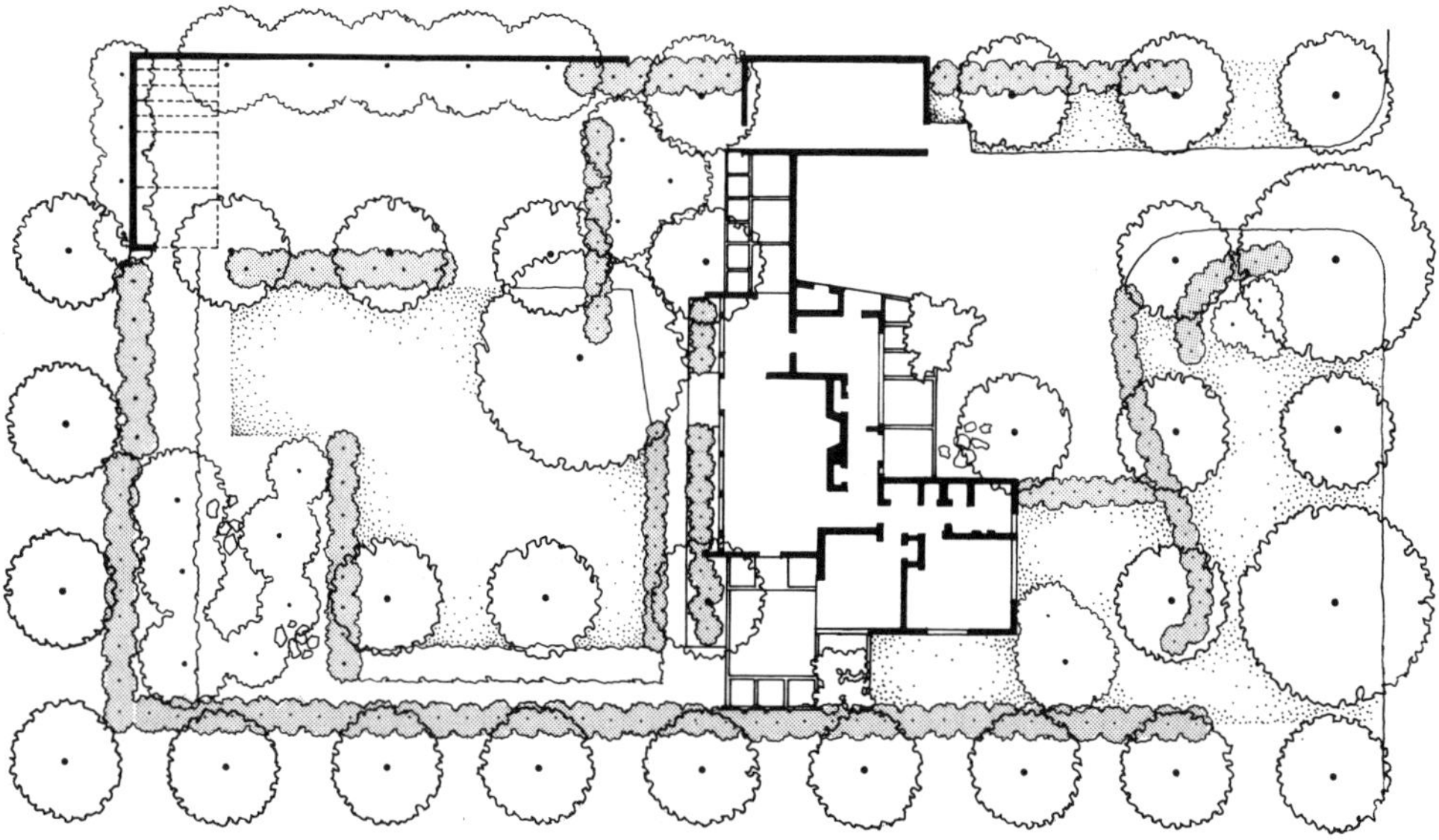

5-8：
＜メンロパークの庭＞　ガレット・エクボ、カリフォルニア州、1940年。敷地は、既存のナシ園の中に位置した

ものと考えていた。それに代わるものとして、彼は歴史上の作品がもつ「豊かで多様な八要素」というものを考えた。（1）イスラム、ルネサンス期ヨーロッパ、バロック期ヨーロッパの整形デザインの系譜。またこれに加えて、古代ギリシア、後期ゴシックの伝統にあるあまり堅苦しくない創造的な表現。（2）一八世紀イギリス、日本、中国に見られる非整形で「空想的」な系譜。（3）「植物至上主義」をかかげる園芸科学。（4）原生同然の風景の美とその価値、そして都市公園の必要性を説く保全運動。（5）街区や都市のデザイン、そして建物とオープンスペースの関係を洞察する都市計画、地域計画の動き。（6）一九三〇年代以降の建築、芸術、ランドスケープに見られる「近代運動」。（7）田園地帯農業の伝統がもつ土地利用。（8）家庭庭園の系譜、特に二〇世紀のもの。この八つである。[11]

エクボの作品はこの八つ、分けても近代運動によっている。詳細な分析はさておいて、彼のデザインに対するこれらの影響をいくつかあげることができる。メンロパークの住宅の敷地計画のまとめ方を見てみよう（図5-8、9、10）。果樹の格子形と対比的に重なりあう低木の帯は、明らかにミース・ファン・デル・ローエのバルセロナパビリオンを連想させるものである（図5-13）。農耕景観がもつ空間構成はエクボの作品に根本的影響を与えるものであり、エクボはそうした農耕景観を「地域ランドスケープの基本的パターン」と称した。この記述は、そのまま、エクボの住宅敷地計画のキャプション、例えば図5-8や図5-20のキャプションとして用いることができる。

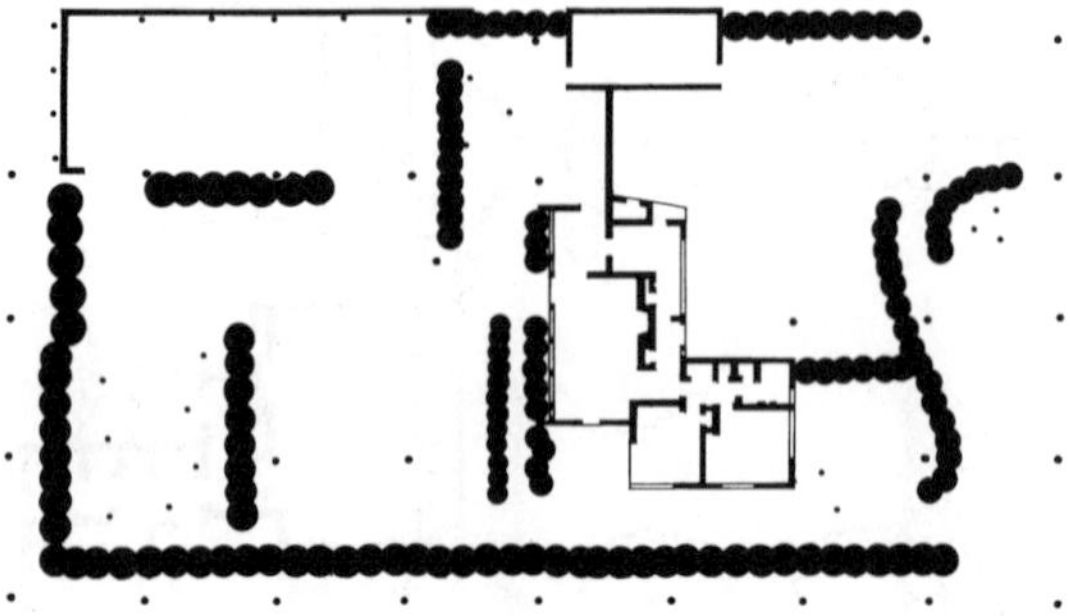

5-9：
<メンロパークの庭、図と地>　平面は、豊富な視点と発見を与える複層的な空間の連続によって構成される。住宅と敷地は一体としてデザインされている

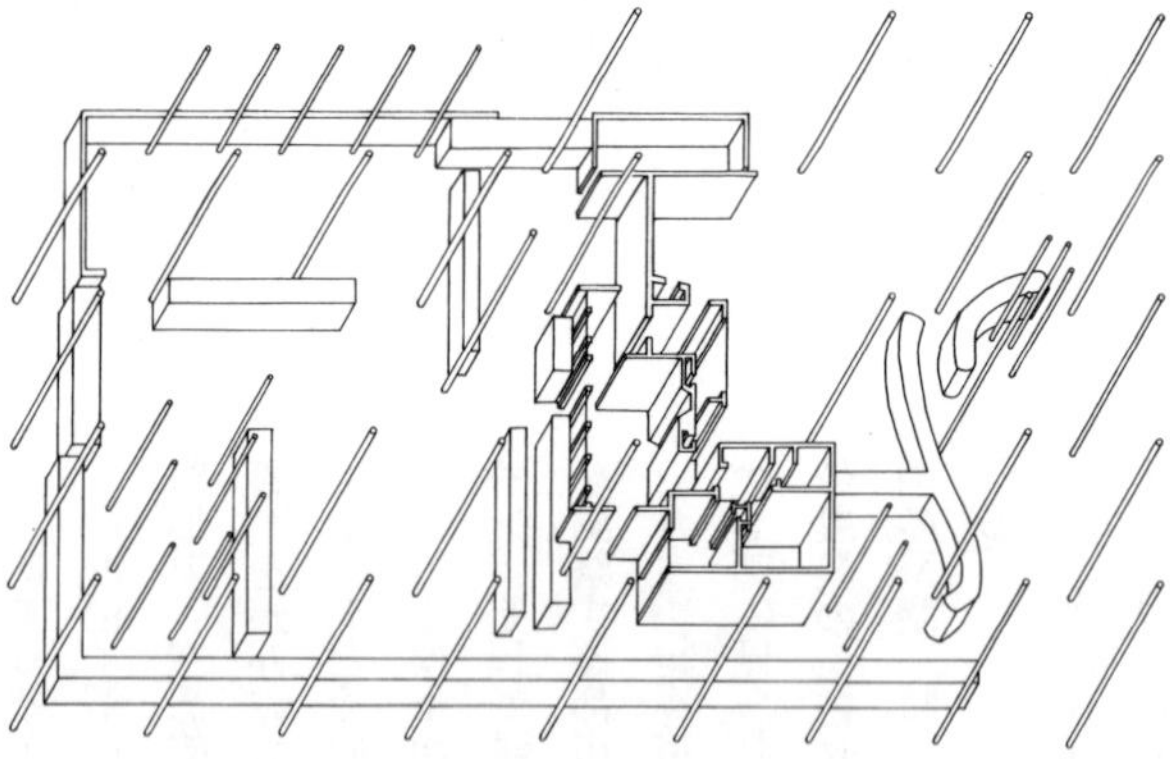

5-10：
<メンロパークの庭、アクソメ>　エクボが庭園デザインのために軸と焦点の代わりに用いたものは、重なりあう垂直面による空間連続体である

「田園の中には自然素材でありながら同時に構造的、三次元的な空間形態をしっかりつくり出すものが無数にあるのに気づく。並木や緑地帯の幾何学模様、果樹園のつくり出す規則性、刈り込まれていない生垣の直線などであり、独立した木立は、自然のあずま屋となる。並木や生垣の直線が交差するところには、局所的に空間がつくり出される。それらは、完全に閉じられた空間であることは稀であり、常に連続性を示唆するもの、何か漂い出すものであり、空間の全体像を一時に見わたすことができないという魅力をたたえている」[12]。

さて、第三のテーマ「自然界への人間の関わり方、そこから示唆されるランドスケープデザインのあり方」であるが、この論点こそ、エクボの思想の中で、もっとも独創的かつ挑戦的な部分であろう。「様式」や折衷主義、ボザールの型通りのデザインへの批判は、それまでにもワルター・グロピウス、ル・コルビュジエ、ジェームズ・ローズ、クリストファー・タナードといった建築理論家や、ランドスケープ理論家によって主張されてきたものである。また、空間、素材、機能への応答、気候風土と地域主義に基づいたランドスケープデザインというエクボの主張も、基本的には建築の近代主義者の主要関心事を、ランドスケープデザインに応用したものである。しかしながら自然界と人間界の関係という事項をクローズアップすることにより、エクボはランドスケープアーキテクチュアの本質問題に立ち戻り、またそれを新たに問い直すこととなった[13]。その結果、既に展開されていた近代主義理論のランドスケープへの応用にはとどまらない、大きな成果があげられた。そこから生まれたものは、新しいデザイン言語の総合的試みである。例えば、整形／非整形という古くからの二分法を超越し、代わりに人間と自然界の調和のとれた関係を表現しようとする試みである。

自然と人間の関係に関するエクボの議論と、そこから示唆されるランドスケープデザインの方向性は、彼の人間性に対する全面的信頼を表現するものである[14]。エクボは主張する。人間には、知性を適用し、芸術的想像力を働かせることによって自らの環境を改善してゆく能力が生来備わっているのだと。人間が自然の一部であるのだから、人間の挙動は「自然」である。人間は、自然の外部勢力などではない。

二〇世紀後半のランドスケープデザインの責務は、人類と自然を「統合」することであるとエクボは主張する。それは、単純な原始主義への回帰ではなく、何世紀も昔からある自然界との「統一と連帯」の相互作用の持続的痕跡としての農耕景観の確立である。物語があればよい。説明はいらない。ボザールの整形／非整形という不毛な二分法に依存するかぎり、ランドスケープデザイナーは、惨めな敗北を喫することになるであろう。この二分法は、自然からの乖離の「徴候」であっても「解決」ではない。それは、自然界征服か、自然界への隷属かといった根拠のない選択を迫る精神分裂的言説であり、これに制約されたまま、人間と自然の生き生きとした相互作用を表現することなどできない。

ランドスケープデザイナーは、自然のコピーをやめなければならない。それは「神秘的」なシーンの経験によって人類の損失をあがなおうとする無駄な努力である。そして、自然界の中に人工を介在させることの弁明をやめ、総合的な

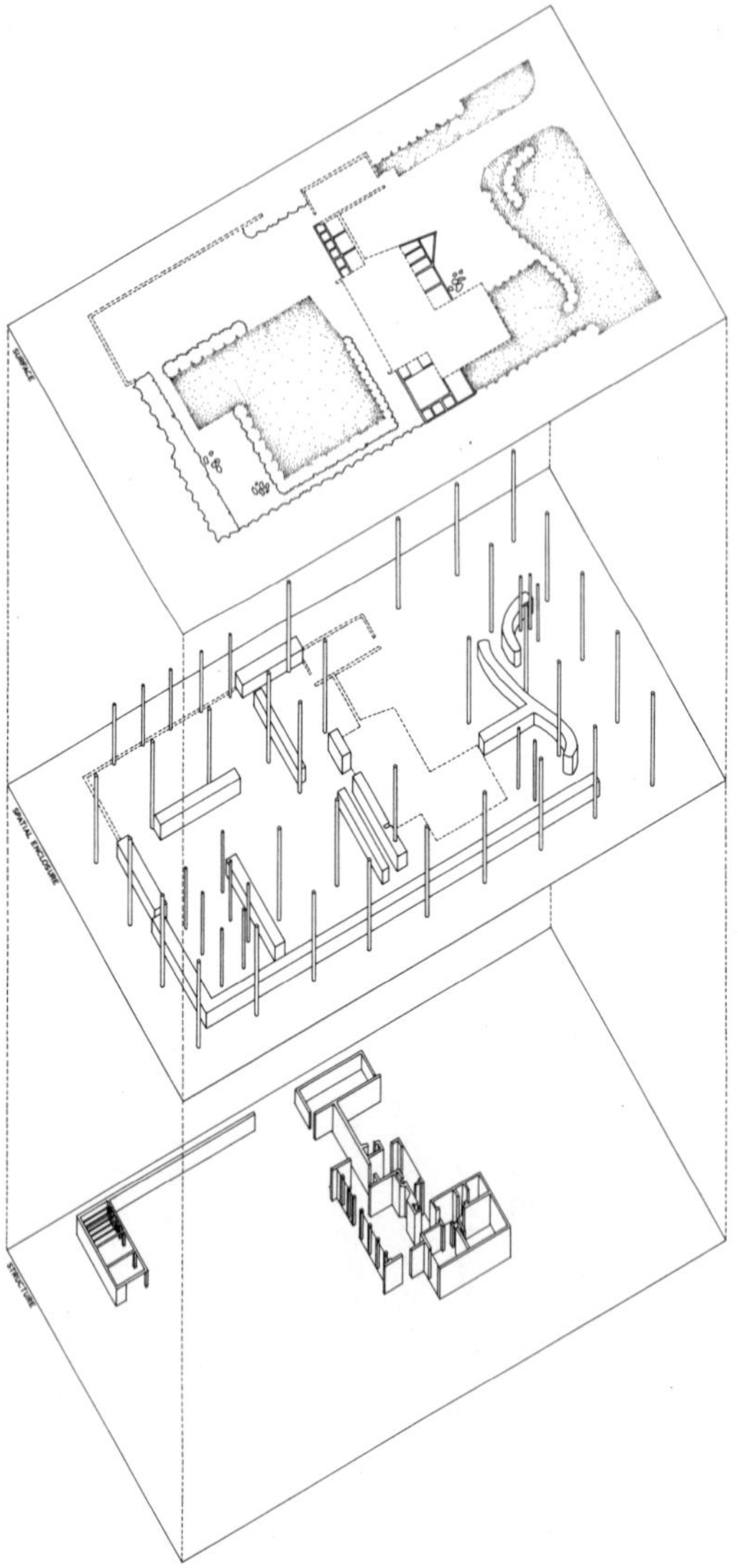

5-11：
＜メンロパークの庭、囲み - 地表面 - 構造物＞　敷地をデザインするためのエクボ独特の三つのアプローチ。整然とした形態の反復が、平面の一体性を強化する

「場所―空間」のデザインを生み出すために、技術士、建築家、計画家を統合しなければならない。そうすれば、自然動態がもたらす制約と機会を考慮しながら、同時に人間の需要を方向づけることができるようになるであろう。そのような仕事は、自然界の仕組みとそこに人間が介入していったときの影響について、正確に詳述された「科学的」知識に基づいていなければならない。

　こう見るとエクボは、一九七〇年代にランドスケープアーキテクチュアの名著となるイアン・マクハーグの「デザイン・ウィズ・ネイチャー」の思想を先取りしていたことになる。しかしマクハーグとは異なり、エクボはむしろ、人類と自然環境の調和関係を表出する新しいデザイン言語を描き出すことに関心を寄せていた。フレッチャー・スティールは、一九三七年既に、「近代」のランドスケープアーキテクチュアは、整形／非整形の二分法を乗り越え、全く新しいデザイン言語をあみ出す総合的試みだと認識しながら、この試みを、人間の自然界との関係の問題へとつなげはしなかった。[15] その意味で「風景のデザイン」は、この問題に関する詳細かつ総合的な考察を呈示した最初の理論書となったのである。

　エクボのつくり上げたものは、彼が「人間とランドスケープの有機的形態」と呼ぶ新しい言語の一般原理のみである。この新しいデザイン言語は、自然の動的力学と人間の合理的幾何学の創造的同調である。一方は、「成長」と「変化」の実体、一方は「目標を定めた組織立て」の表現であり、この言語こそ、「人間と自然をつなぐ橋」となる。もはや「デザインは、整形にしようか、非整形にしようか」などといった皮相的な疑問を発する必要はない。代わりに「いかにしたら、デザインがこの特定の文脈の中で、人々の必要に貢献するであろうか」という、もっと妥当な問いを発することになろう。

　エクボも、古くからの整形式伝統のうちに、それなりによいものを認めていた。「秩序、明晰さ、比例、合理的平面」そして「人間の創造力の自由な表現」である。新しい形態言語も、これを継承せねばならない。非整形の伝統もそれに匹敵する長所をもつ。自然界の力と美の認識、そして簡素で素朴な環境に住みたいという人間欲求の理解である。新しい形態言語は、新種の折衷的「ごった煮」なのではない。ましてや、無味乾燥な妥協や、この二つの伝統の統合を諦めた陳腐な「中庸道」などでもない。むしろその逆、すなわち『両者』の総合化を意味するものである。互いに補強し合い、命を吹き込み、統合されたときの対比、一貫性と融通性をもって豊かに展開するのである。それにより、極度に単純化された二つの思考にしがみついている、標準的だが融通のきかない不毛な学識範囲を越えることができる。つまるところ、人間と自然が出会い、溶け合い、ともに揺れ動きながらダンスを続けるところ、生命そのものの躍動と同調する環境のパターンである。エクボは主張する。この原理によれば、自己参照する恣意的幾何学によってランドスケープをつくり上げることなど許されなくなると。現代のデザインはすべて、都市ランドスケープと原自然的ランドスケープの中間、たとえば農耕景観のスペクトルとして現れる。そうした多様な文脈に注意深くあらねばならない。たとえば、自然がそのまま残されているエリアに隣接して地区公園を設計するのであれば、その公園は、その場所の自然美と様相を共有し、映し出していなければならない。

クラウディオ・ラザーロは、一五、一六世紀のイタリアルネサンス庭園が、どのように理解されていたかを研究している。それは、「第三の自然」を生み出す自然と人工の結合である。「第三の自然」においては、「自然と芸術は、その差異がわからないまでに全体として結合している。自然は……芸術の本質に通ずる。互いに均等な創造により、どちらか一方ではつくり出しえない何かを生み出すのである」[16]。エクボが整形、非整形伝統様式に魅力を感じていたとすれば、それは、この「第三の自然」の伝統であろう。もちろんエクボは、左右対称の構成や風景景観の模倣は行わず、寓話的流儀で彫刻を用いることもない。その新しい形態言語は、彼の住宅の敷地計画をいくつか観察することでうまく述べることができよう[17]。

カリフォルニア州、メンロパークでの邸宅と庭園のコンプレックスは、一九四〇年に建築家のフレデリック・L・ランゴーストと共同したプロジェクトである。ここに、エクボの造形原理がいくつも表現されている。二八×五五メート

ルという平均的サイズのこの平坦な敷地は、急激に宅地開発されつつあった既存の果樹園の中に位置していた。敷地中央にある一階建ての邸宅は、レッドウッドの下見板張りであり、中央に大きな煙突を据え、軒は深く、ある種フランク・ロイド・ライトのプレーリーハウスを思わせるものである。居間と食堂の大きなピクチャーウインドーが、後の庭とその背後の丘の風景を切り取っている。

エクボは、敷地計画を、相互連繋する三つの要素から考える。「囲み」「地表面」「構造物」である（図5-11）。この

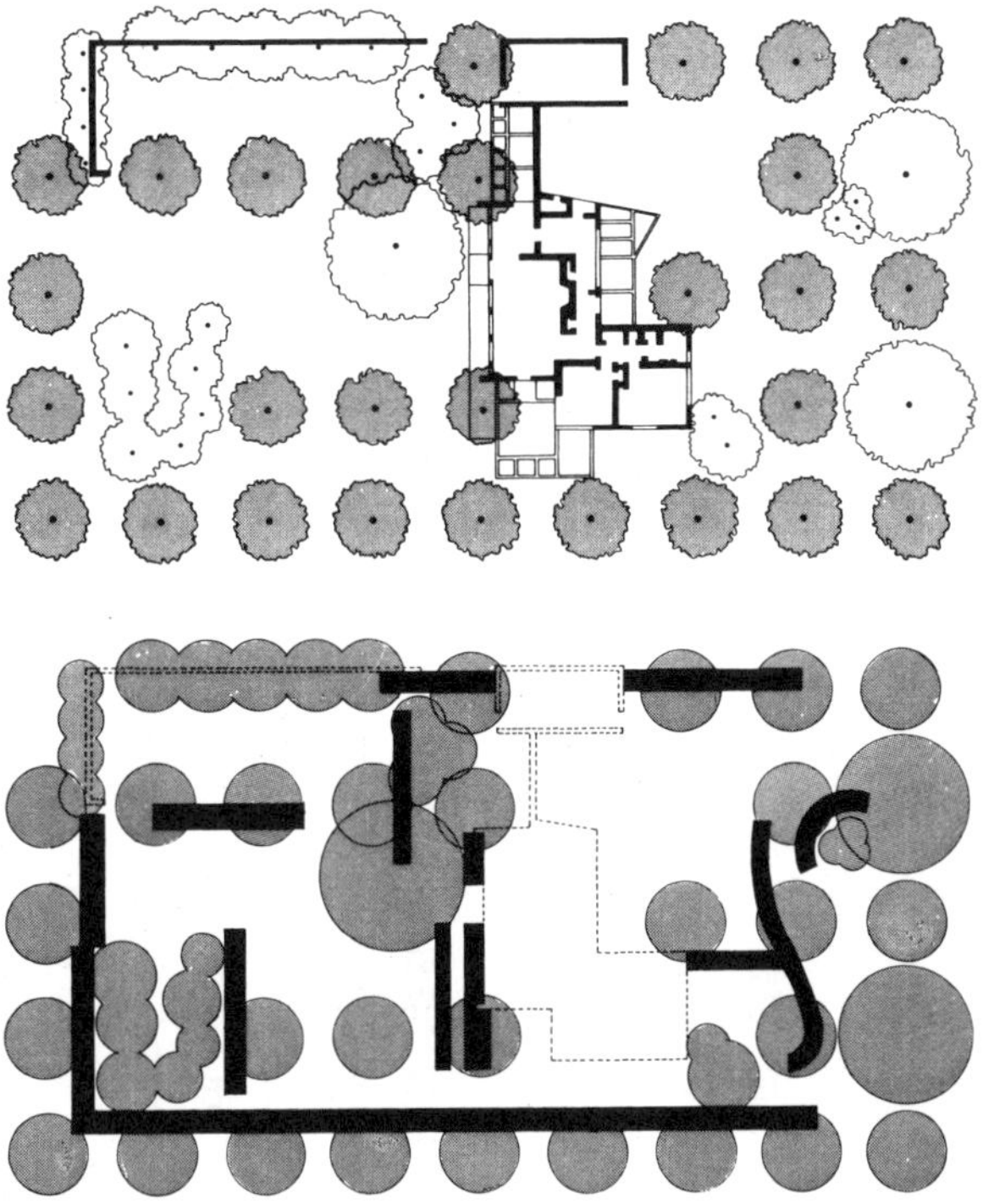

5-12：
＜メンロパークの庭、階層のダイアグラム＞　エクボは果樹園の木のほとんどを生かし、景観木をこれと組み合わせた。樹冠と生垣が垂直方向、水平方向の双方に豊かな階層をつくり出す

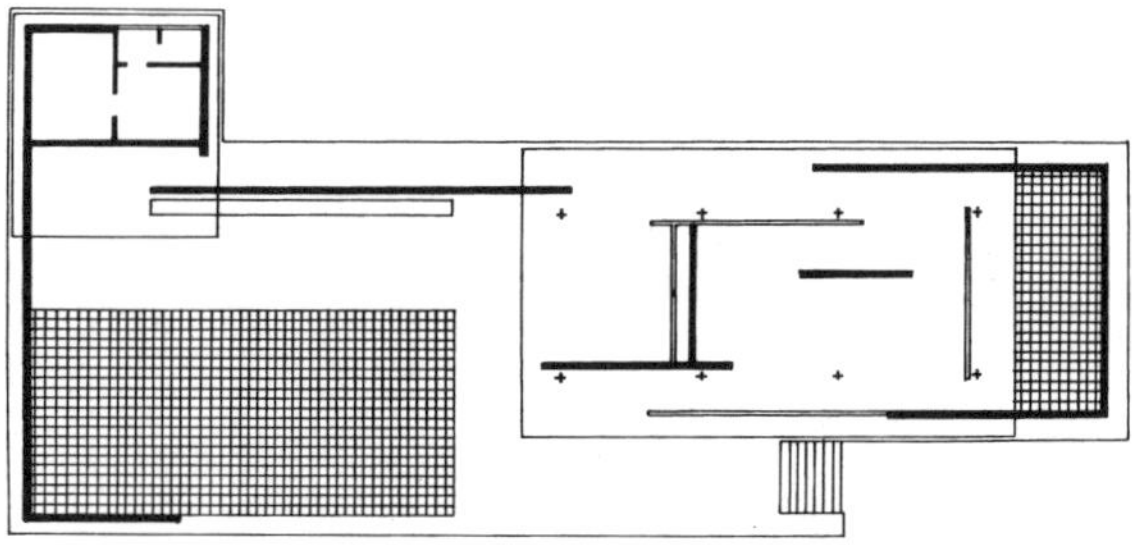

5-13：
＜バルセロナ博覧会ドイツ館、平面図＞　ミース・ファン・デル・ローエ、1929年。エクボのメンロパークの庭は、空間の統制においてこのパビリオンの手法とよく似ている

明快な空間規定こそ、エクボデザインの認証印ともいえる特徴である。〈メンロパークの庭〉においては、いくつかの方法でそれがなされている。まず、敷地の文脈を大切にする彼は、既存果樹園のナシの木の格子形をほとんどそのまま残すことから出発する。空間の体験を際立たせるために空けられた庭の中央のみが例外である(図5-8、9)。この「空白の中心」こそ、エクボの作品すべてに見られるものであり、そこには何も含まれず、いかなる焦点もつくられない。唯一人間によってのみ命が吹きこまれる場所である。人間こそ「最終的対象」であり、「誰が創るいかなる空間体にとっても最終的生命力」なのである。敷地周囲には、生垣、レッドウッドのフェンス、ナシの木の列植などがいろいろな形で組み合わされ、強い境界が与えられている。街路との境界には、ナシの列植と揃えてクルミが配植され、プライバシーを守る空間の層を生み出している。

設計においてエクボの目指すところは、秩序立てられ単一化された、それでいて、変化に富み動きのある空間を創り出すことにある。それは、「生命を表し」「生活の必要」を表す「均衡のとれた動的な安定性」の宣言である。エクボは、これを達成するための形態、重力の力あるいは水平面の安定性を表現する「首尾一貫した、力強く、明快な形態」があると確信する。また、「動きの中の視線」を生み出す、植物、色彩、形質、形状のコントラストも重要とする。我々の視線はちょうど、キュビズム絵画を鑑賞するときのように、設計された空間を自由に漂うであろう。まさにメンロパークの庭では、一つの固定された焦点も透視景の構成も創られてはいない。そこに創り出されているのは、視野の重合と、敷地を歩きまわったときに発見される「生き生きとした空間体験」の楽しみである。それこそ、人間の快楽の中で最上のものとエクボが考えたものである。この空間力学は、直交方向に構造化された一連の低い生垣によってもたらされている。これが、格子状に列植された果樹と対比的効果をもたらし、重なりあって展開する平面を構築している(図5-12)。エクボはこのデザインを「デ・スティルないしはファン・デル・ローエの平面構成に連なる自由な矩形性」と呼ぶ(図5-13)。

「自由な矩形性」は、芝生面、ボスク、バドミントンコートなど、明確に縁取られたさまざまな大きさの矩形の連続で構成されている。「用の領域」を規定する各々の矩形は、異なる素材―土、砂、芝、砕石など―で囲まれ、それによって、異なる機能領域は異なる素材で規定されるというエクボの考え方が実現されている。バドミントンコートの赤い粉砕レンガは、深いエメラルドグリーンの芝生や、色とりどりの花壇と対比をなし、空間の動きを豊かにし、我々の視線を一つの領域から別の領域へといざなう。典型的なボザールの庭とは異なり、どの一点からも、地表面全体を見渡すことはできない。通りに面する側の地表面もまた、地被植物の涼やかな緑色と平滑な車道面の灰色の対比をあえて表現するものである。さらにエクボは、植物素材と対比させる形で、これら地表面を囲い込む「壁体」をつくり出している。もう一つのエクボの造形原理は、空間の視覚的動きを魅力的なものとする明快な幾何学の用法である。重なりあう二つの生垣の曲線は、車道のエッジを決め、ナシとクルミの格子状の層や後庭の直交幾何学とも対比を生み出している。

　ボザール様式においては、住宅に近いところでは「整形」、敷地周辺では「非整形」という移行があるのに対し、このメンロパークでは、一つのデザイン言語から別のデザイン言語への移行は、全く見られない。空間は、むしろ一つの連続した織物のようにデザインされる（これは、エクボのさらに大きなスケールの住区計画においてもいえることである。セントラルバリーの広大な地所のための計画（図5-20）でも、のびのびとした牧草地に対し、調停を施すことなく組み込まれている。漸次的な移行は一つもない）[18]。また、住宅の様式を庭園に反映させようともしない。自分のデザインを住宅のスケールと、その規則性をもった線形に関係づけることはあっても、ボザール時代の庭をなぞったり、様式を応用したりはしない点、これも彼のデザインの特徴である。図5-14に示したビバリーヒルズの住宅は、スパニッシュコロニアル様式であるが、ここでも、その素材や様式的特徴を庭園に反映することはない。

　〈メンロパークの庭〉の構造は、さり気なく、機能的であり、優雅である。住宅に関係づけつつ庭園の空間構造を強化する。エクボは、庭園の奥に木造のあずま屋を設けたが、それは、固定的な焦点をつくり出したり、空間に突出したりしないように設置されている（図5-11）。空間を強調しながらも、量塊感はなく、軽く、透明であり、その細く製材された架構は繁茂する植物の生命力と対比をなす。ハバード&キンブルの庭では、逆にあずま屋は、焦点をつくり出すためのものであり、量塊感を強調するように設計された。エクボは時に応じて、新しい工業製品やプレハブ材で架構を施した。ハリウッドヒルズにある彼の自邸では、実験的にアルミニウム材でパーゴラがつくられたが、他のプロジェク

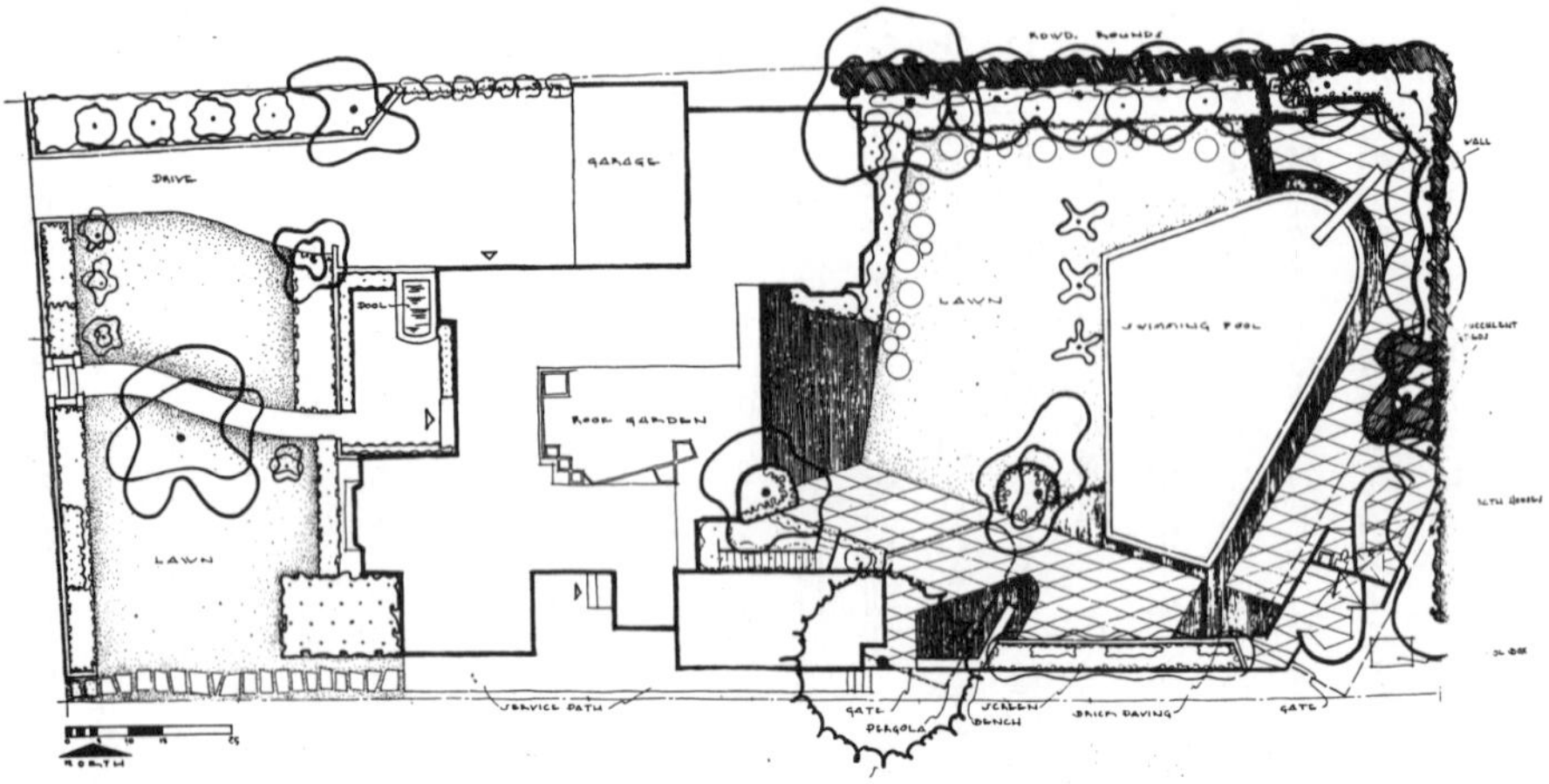

5-14：
<プールガーデン>　ガレット・エクボ、カリフォルニア州ビバリーヒルズ、1946年。自己参照的になる傾向のある郊外住宅の囲まれた庭において、エクボは、より複雑に絡み合った幾何学を試みている。[Landscape for Livingより]

トでは、建材自体の値段と、施主が興味をもたないという理由で試みられなかったようである。〈メンロパークの庭〉のフェンスは、シンプルなレッドウッド材の縦使いでつくられている。その静かな面の連続は、人の意識を直接、空間のヴォリュームへと向ける。それは、エクボが彼の空間を規定する面のもつ簡潔性、連続性、微妙なリズムを大事にしていることを如実に物語るものである。

　植栽計画にも、エクボの原理、植物はまず空間をつくり出すために用いられねばならないという理念が反映されている。植物は「人工物ではないが構造的な」要素である。ボザール様式が群植によって不定形な群造形を配置していたのに対し（図5-6、7）、植物本来の生長形とその特質を表現すべきなのである。植物は、人間の技が建設する構造物と同じく、重力に対抗する「反動」要素である。その上昇力が、地表水平面の静的安定性と対比をつくり出す。

　エクボの用いる植種は、ボザール様式に比

5-15：
＜プールガーデン、パーゴラとフェンス＞　パーゴラの構造は、それが地面から浮いているように見えるほど、軽く繊細である。その斜交の形態は、舗装パターンと呼応している。［Landscape for Living より］

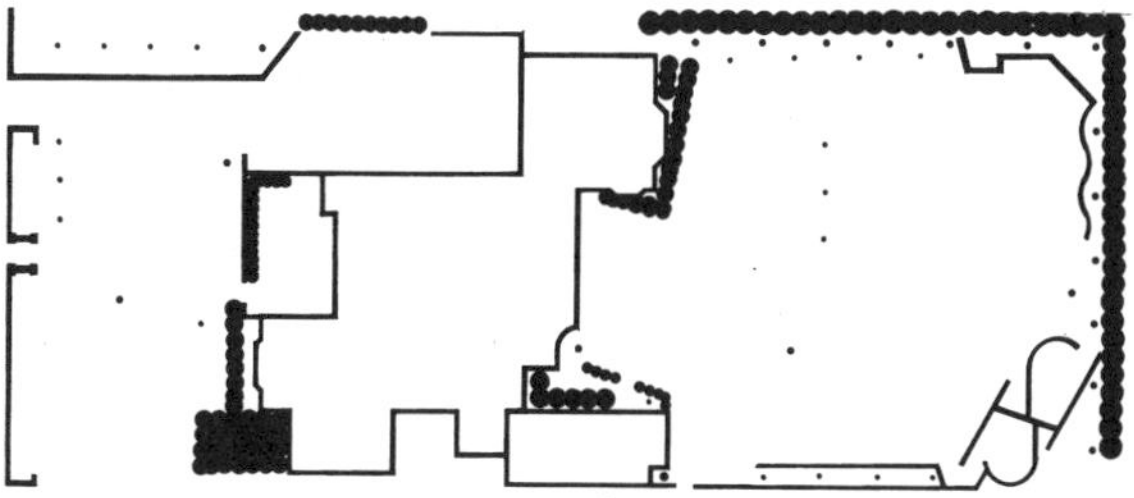

5-16：
＜プールガーデン、図と地の構成＞　メンロパークの庭に比べ、空間の階層性は少なく、曲線と直線の対比が強調されている。

べてそれほど多くはないが、植物リストが短いことを美徳としていたわけではない。実際、彼の植栽スキームは通常多彩で複雑である。しかし、よく秩序立てられており、管理はずっと容易なものとなっている。〈メンロパークの庭〉では、約三八種が用いられ、そのいくつか—庭園部のプラタナス、前庭部のカバ、カエデなど—は、デザインに変化を与える単独の景観木として植えられている。エクボは植栽デザインにおいて、空間を統一する要素としてのテクスチュアをかなり重要視している。例えば、メンロパークの植栽計画においても、ほとんどが「荒い」テクスチュアをつくり出す艶のある葉の植種に揃えられている。

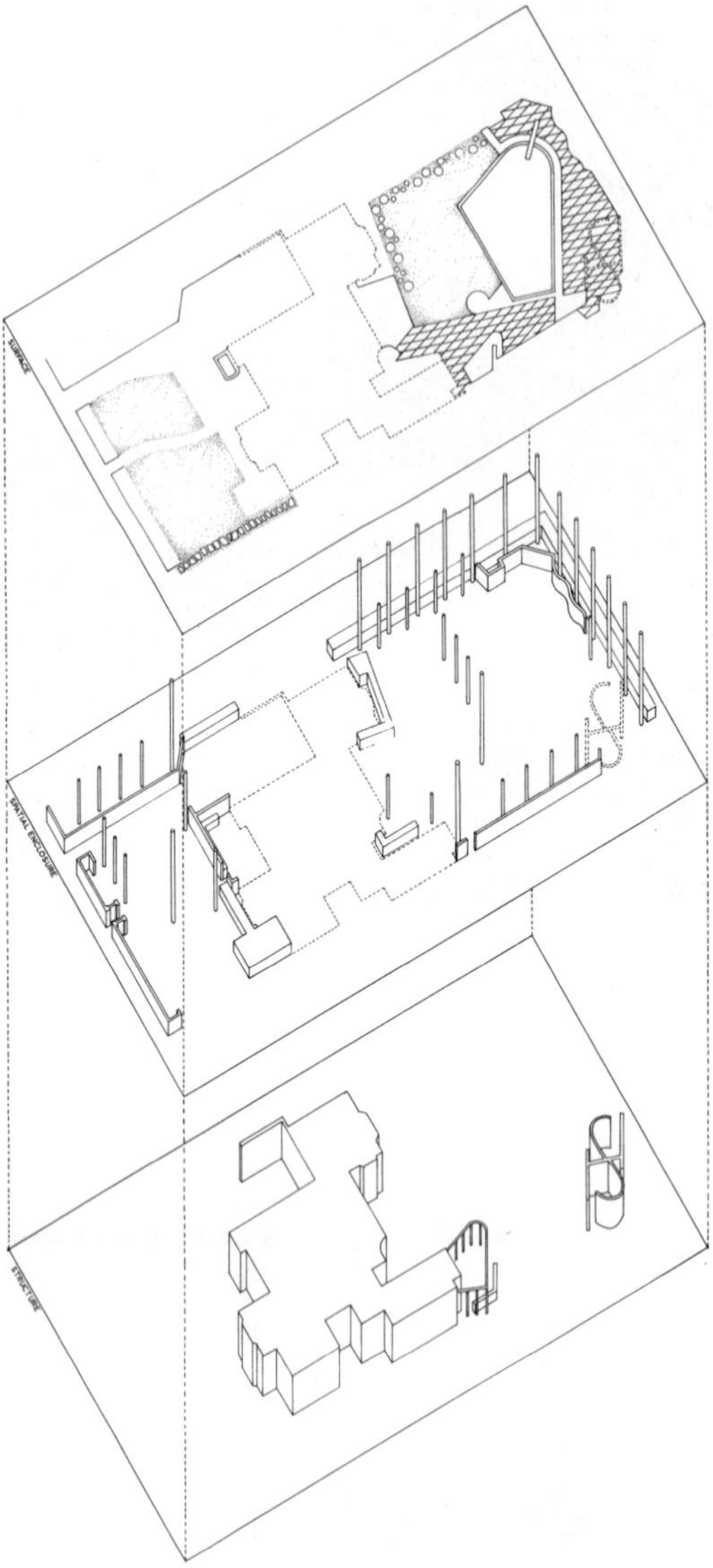

5-17：
<プールガーデン、囲み - 地表面 - 構造物>　プールとパティオの斜線が住宅内部からの視線を誘導する。プールとパーゴラが相似形をなす

ボザールの様式的、歴史引用的概念をしりぞける一方、エクボは、植物や石が自然の変容を強く連想させることを歓迎した。植物はその力強い生長力を見せることによって、自然の美と力を我々に連想させ、石は、地球の構造や地質形成の動きを連想させる。石はまた、地球の中心に向かう引力を象徴する「重力素材」であり、デザインに重量感をもたらす。メンロパークの場合は、住宅の入口近くと、庭園のボスクの砂地の中に石が据えられている（図5-8）。

メンロパークのデザインでは、エクボの概念「人間とランドスケープの有機的形態」が明確に具現化されている。そ

5-18：
<プールガーデン、化粧室のスクリーン壁>　面の連続と静かなリズムが空間感覚を強化し、徐々に変わりゆく陰影が空間に息吹を与える。[ジュリアス・シャルマン撮影、ガレット・エクボ所蔵]

5-19：
<プールガーデン、化粧室の曲面壁>　化粧室は、フェンスに一部隠れるようにして敷地の隅におかれており、中心的存在になることを避けている。その形は、隣接する曲面壁と響きあう。[ジュリアス・シャルマン撮影、ガレット・エクボ所蔵]

れは、人類と自然の調和的関係を描き出すものであり、伝統的整形、非整形様式の最良の部分を注意深く織りあわせたものである。重なりあう垂直面と地表面の機能領域は、人間の利用と意志を語る。生来の姿で勢いよく伸びる植物は、洗練された構築物と対比をなしながら、自然の存在を感じさせる。この人工と自然の重合は、周辺の果樹園や畑地の農耕景観（宅地開発の波ですぐに姿を消してしまうことになるが）の中によく現れている。この失われゆく風景を回想すべく、エクボは、古いナシ農園の格子形態を新しい平面形と組み合わせ、豊かなものとした。これは、人間と自然のさまざまな関係を描き出している既存のランドスケープに対する考古学的省察である。エクボはその相関関係を、新しい空間の中に移し代えて表現する。この多様な重複性は、メンロパークにおいて時間と空間の両者においてデザインされている。平面形は、エクボの目標「民主的な」デザインを表明している。それは人間の需要をものさしとし、「平面は自由度が高く」、「部分は機能的」にできている。この平面は、「風景のデザイン」に表された最初のケーススタディーであり、エクボの新しい試みのうちでも衆目を集めるべき事例である。ハバード&キンブルの整形／非整形という古くからの語り口と比べてみれば、改めて問うまでもなく、それが新たに生まれた言語の実体化であることがわかる。エクボは、静的で調和のとれた絵画的「コンポジション」から得られる快楽を重要視するハバード&キンブルの考えにとって代わり、調和のとれた、しかしダイナミックな空間経験と、その中に住むことの輝かしい喜びを示したのである。

この六年後につくられた、カリフォルニア州ビバリーヒルズの〈プールガーデン〉は構造設計者ジャック・ゼンダーとの共同設計である。ここにも、空間の重ね合わせ、幾何学とテクスチュアの対比、用途に応じた領域の明確な位置づけ、植物本来の生育を大事にした植栽など、同じデザイン戦略が数多く表明されている。エクボはここで、〈メンロパークの庭〉同様、構造施設を空間体験を強化するものとして配置している（図5-17）。庭の一角に配置された曲線形レンガ造のバスルームは、空間に中心を与えないようにその一部がフェンスで囲まれている。プールも「分け隔てる感じ」を与えないよう、庭の奥に配置されている。パーゴラも、細いパイプ柱による軽く繊細なものであり、なるべく空間を圧迫しないように注意されている（図5-15）。斜めにかけられたツーバイエイトの架構は、パティオの床パターンと呼応し、その外形はプールの輪郭に沿う。さらに、空間の総体化は進む。庭園西側から北側に進む、コンクリートの飛石

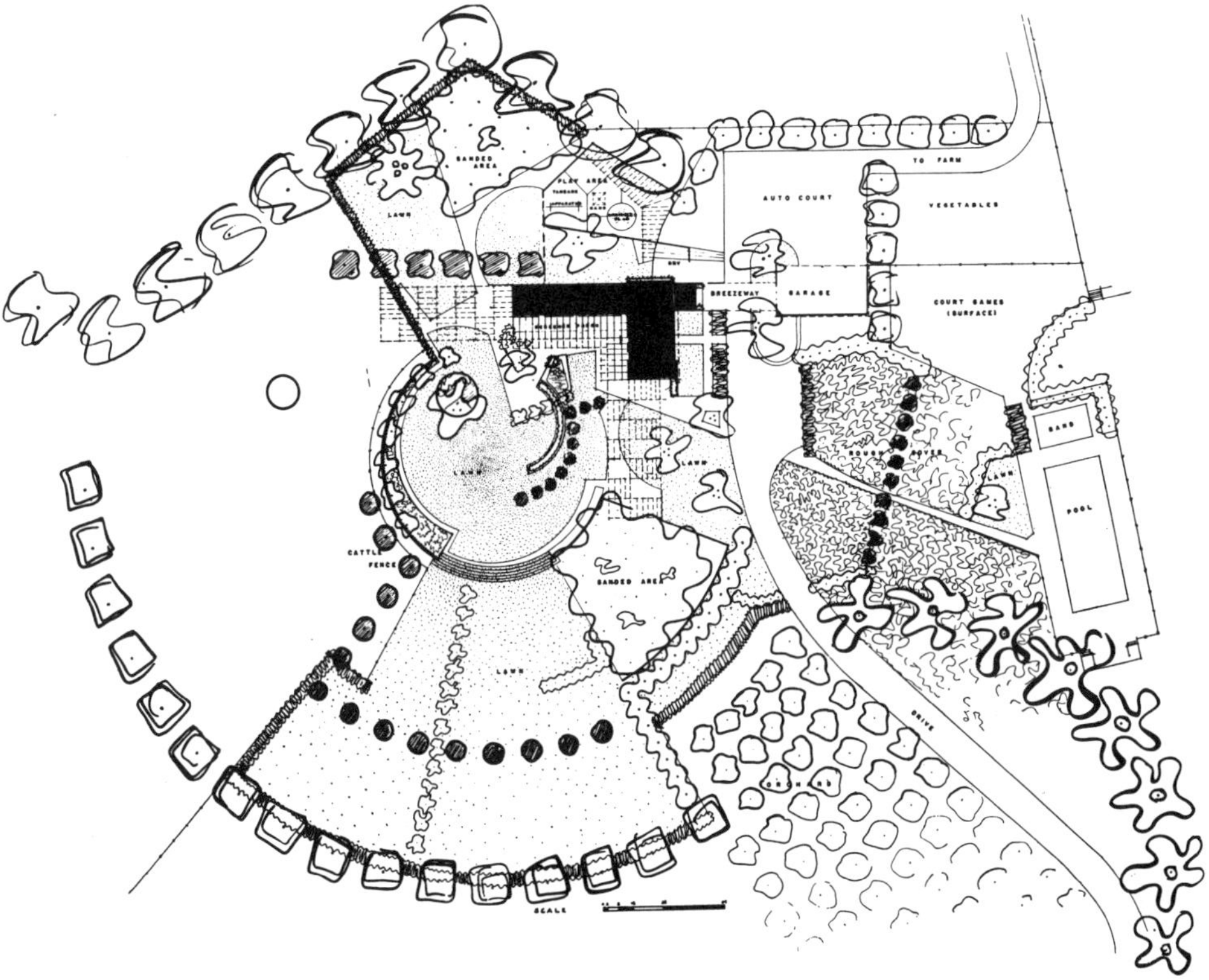

5-20：
＜セントラルバリーの牧場主の家＞　ガレット・エクボ、1945年。4000ヘクタールの牧場のための計画。エクボは住宅北側に直線的な並木をおくことにより、南側の円形構成と対比をもたせ緊張感をつくり出した。平面には調停的な幾何学はいっさいなく、西側の放牧地と簡潔にかみ合っている。[Landscape for Living より]

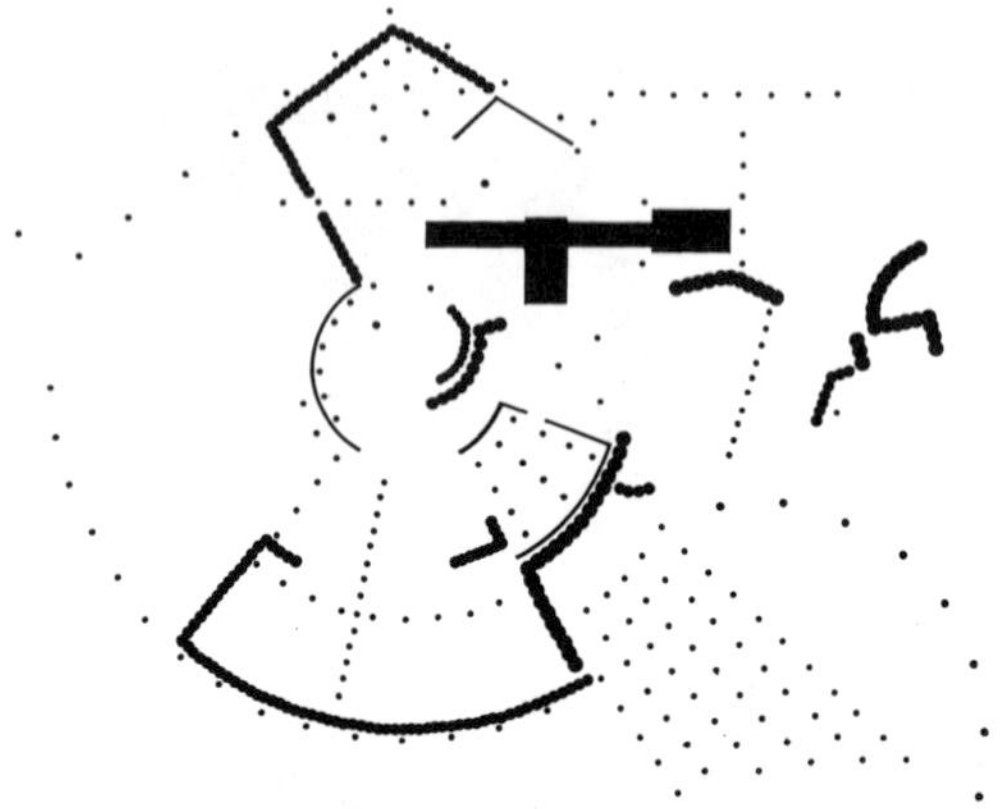

5-21：
＜牧場主の家、図と地＞　エクボは重なりあう放射形の幾何学を用いながら、中心に空白感を与えた

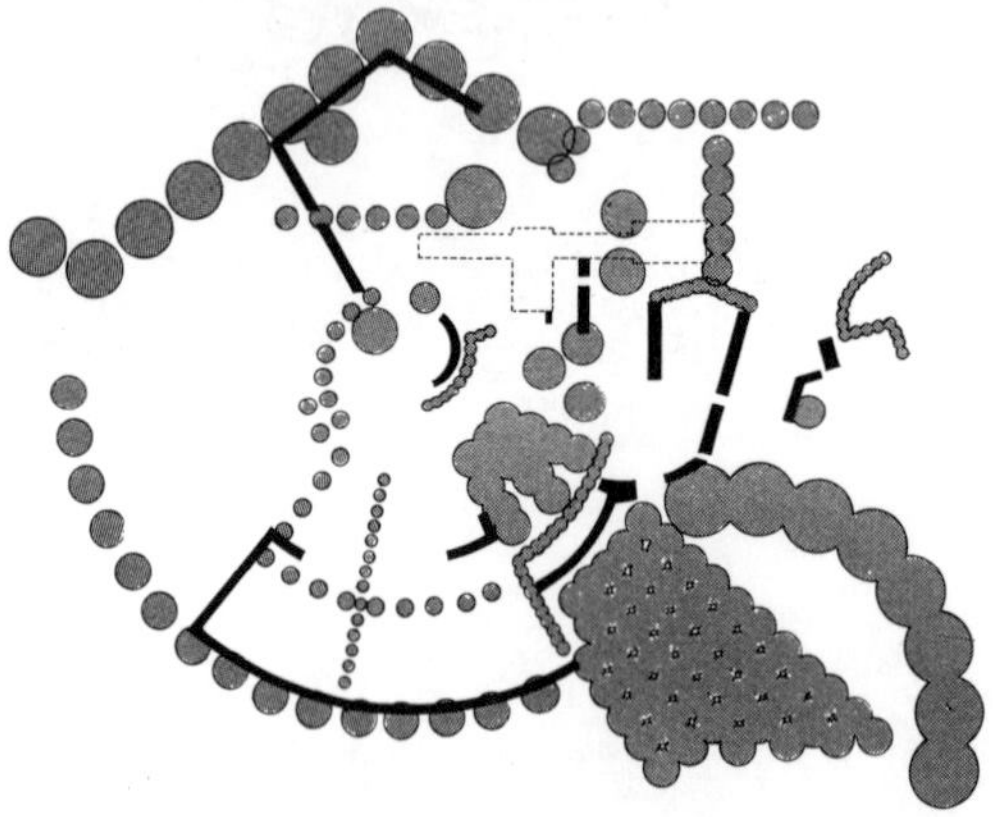

5-22：
＜牧場主の家、階層構造＞　メンロパークと同じく、この大規模な配置平面においても、円弧を描く並木とその下を抜けてゆく低い植栽が、垂直方向にも水平方向にも豊かな階層構造をつくり出している

は円形であり、プール外周の円弧や東側のレンガ壁の曲線と関係をつくり出す。プールは、地表の幾何学全体を総合化する中心的存在である。そのガラスのような水面が、空を映し出し、ムーア様式の庭園に通ずる深い静けさをつくり出している。このデザインを通してエクボが達成しようとしていること、それは、強く透明な形態と、その結合である。それは、退屈な単純性でも無秩序な複雑性でもない。その狭間、カミソリの刃ほども薄い領域を見つけ出す綱わたりなのである。

ビバリーヒルズの〈プールガーデン〉には、〈メンロパークの庭〉では見られなかった一つのデザイン原理が表明されている。それは、視線と平面分割構成を結合する手法である。彼は、パティオのもつ斜線—それはまた、プールの北側のエッジで反転されて繰り返されている―が、住宅の「形態」から引き出された「眺望の方向」を考慮しているものと説明する。この二つの直線は、思いつきの造形ではない。住宅内部からの視線と共鳴する直線であり、住宅と庭園の結合を強くするものである。この設計でエクボが構成しているものは、明らかに「絵画」である。しかし、「空間体験と、空間への共鳴が、絵画から生成することは事実である」とエクボは注釈する。[19] それは左右対称によるボザール式の固定的な構成ではなく、「強く」「明快」かつ「ダイナミック」な形態であり、斜めにずれてゆく視線が生み出す構成である。もともと壁で囲まれた自己言及的な郊外住宅地のこの庭において、エクボはメンロパークの敷地における周辺果樹園の格子形の利用をはるかに超える、複雑な幾何学実験をとり行ったのである。

エクボの作品から、異なる文脈への応答を見せる三つめの事例を出そう。カリフォルニア州セントラルバリーに建築家マリオ・コルベットとともに一九四五年に提案した、四〇〇〇ヘクタールの所領〈牧場主の家〉のデザインである（図5-20)。エクボはその設計規模を「フレンチバロック」になぞらえ、「囲い込まれることによる安全の感覚と、五〇キロにわたって海岸線の丘陵まで遮るものなく広がる大きなスケールの眺望へと連続してゆく感覚、この二つを合体する三次元的なパターン」であると記録している。彼がここで表明するデザイン原理も、ずっと小さなメンロパークやビバリーヒルズの庭園と同じである。すなわち、垂直面、水平面、両者における空間の多層化、そして円弧と接線による「強い」幾何学の結合である（図5-21、22)。外部ポーチをもつ、L字形平面の〈牧場主の家〉は、円形の「空白の中心」と結びあわされている。その「空白の中心」が始点となり、重なりあうようにして放射状に並木や生垣が伸びてゆき、視線を遠景へと導く。これは、視線を幾何学へと変換するエクボの手法のまた別の形である。邸宅の南側に並ぶ円弧状の並木は、重なりあう一連の同心円形の面を形成し、空間を複層化する。邸宅の北側には、南側の円弧状の形態とは対比的に、矩形に列植を施し、デザインにダイナミックな緊張感をもたらしている。プールの南側で反転した円弧を描く列植も、さらに対比の面白さをつくり出している。彼特有の手法で子供の遊び場、果樹園、そしてプールやコートなどの遊び場を一つの領域として配置している。邸宅の南側と北側には、乾燥地の中のオアシスのように円形の芝生が広がり、枯葉色の放牧地へと連続してゆく。敷地の南北には、二つのボスクが互いに天秤の形でおかれ、皮膚の焼けるような夏の熱さ（摂氏三三度を越すこともある）に対してまず必要な木陰を提供する。

ここでも、すべての植物が本来の自然な姿で扱われている。また平面計画には収穫用果樹園が含まれる。この平面図に支配的な円弧の幾何学が実現されれば、セントラルバリー一帯に広がる農作地の直角に交わる格子形と美しい対比をつくり出すことになったであろう（農作地の格子形は、この平面図にはおさまらない大きさのため、描かれていない）。エクボは、斬新な形で農耕景観を再現する。視覚的対比項を挿入することで、既存の風景に対する人々の意識を研ぎすませるのである。

セントラルバリーの牧地は、メンロパークやビバリーヒルズのプロジェクトとは規模においても状況においても異なる。しかしこの三つには共通して、ボザール様式から出発した一つのデザイン戦略が見られる。旧来の整形、非整形様式の最良の部分をいかにうまく生かして「生きられる空間」をつくり出すかということ、そしてそれが、「人間とランドスケープの有機的形態」をいかに具現化できるかということ、これを三プロジェクトは示すのである。


エクボのデザイン理論と、彼の作品に表された解釈を総合的に考察するためには相当量の独立した研究が必要となるであろうが、この歴史的考察をしめくくるにあたり、もう一つ短い批評的感想を述べておきたい。

「風景のデザイン」はすでに四二年の時を経ている。これは人間でいえば、創造力と知力の高みに至る歳月であろう。時に触れ、幾度もその正統性を認められてきた一人の優秀な顧問役と見なすことができようか。それとも、最盛期を何年か前にすぎて、魅力的ではあるが、現代の生活感はもちあわせていない孤独な人物と見たほうがよいであろうか。

問うまでもなく、彼は今でも優秀な顧問であり、これからの時代、さらに複雑化してゆく環境デザインの問題解決にあたって、ランドスケープアーキテクトたちに多くを教示してくれることだろう。

エクボは、我々が専門分化の迷路の中で道を見失わないように、次のことを単刀直入に知らしめる。ランドスケープアーキテクチュアが、まずは「デザインの」仕事であること、人間的価値の表現と人間界と自然界の調和的関係の表現に関するデザインであることである。ランドスケープアーキテクチュアは、芸術至上主義の芸術ではない。しかし、人々の需要を満たすため科学的厳密さと芸術的感性を重ねあわせた芸術なのである。また、その性格上、学際的であることが必要で、建築家、都市計画家、技術者、環境学者たちの仕事をよく理解していなければ、現在進行形の問題を処理できないものである。ランドスケープアーキテクチュアが最高潮に達したとき、それは広範な人間文化の試み—前衛アート、地域文化、文学、建築、工学、ファッションなど—に自分自身を開示する。しかし一方、「デザイン」の職能として、自分自身のアイデンティティーを維持し、常に自己鍛錬と自分自身の血統を改良していかねばならない。

エクボの最初の職能定義が、今日の大スケールの共同事業や、多岐にわたるデザイン職能プログラムの状況に一つの基礎を築いてくれたのであり、それは今日でも信頼に足る。ところが、依然として我々が彼の総合的見地から遠く離れたところにいるのは驚くばかりである。特に学問領域において、エクボは、学際的研究のための新バウハウスのようなものの必要性を唱えていた。しかし、現代では学問領域がその専門分化を旗印にかかげるようなことがあまりにもしばしば起こる。例えば建築とランドスケープ両学科の関係の希薄化はどの国でも同じように生じている。

ピーター・ウォーカーは、今日のランドスケープアーキテクトに対し、「新モダニズム」を展開することを率直に呼びかけた。それは「土地の使われ方や、土地に織り込まれた歴史、そして大地そのものに共鳴するモダニズム」[20]である。「風景のデザイン」の中に、この新しいモダニズムに対するよき助言を見いだしてみよう。エクボはこう主張する。我々は、もっとも厳格な環境科学の教養に従ってデザインするのだと。我々の仕事が地球生態に大きな影響を与えることを完全に認識しているべきであると。彼はデザインの仕事を確固とした四つの原理に基づかせた。空間が優位であること、素材に率直であること、人間の需要を満たすこと、地域風土に根ざすこと、である。そしてこの各々に包括的かつ詳細な議論を展開している。さらに過去の偉作とのダイナミックな関係を示唆する。退屈な模倣を拒否しながら、過去のデザインの優れた点を現代の作品に創造的に応用することである。この過去とは近過去—すなわち、自分のすぐ前の世代の創造性と洞察—も含んでいることを、最後にエクボは強調している。すなわち、オルムステッドや、レプトン、ル・

ノートルに全面的に頼るようなことをしてはならないと。

エクボは、ボザール旧体制に対しては、やや辛辣であった。それは、人間の需要を満たそう、そこから明確に定義される空間を絵画的に構成しようという彼の関心事から派生するものである。また、過去の作品の直截的模倣に対しても否定的であった。ボザールの表層的様式手法や、整形／非整形といった実りのない二元論を批判するにあたっては、かなり厳しい。しかしながら一つのデザインツールとしての軸構成や左右対称構成に対する彼の過剰な拒否に対しては、賛同しがたいところもある。実際その拒否は、彼が我々に忠告したデザイン教義の匂いがしないでもない。たしかに、左右対称の使用が尊大で静的な図式を導くことは多いが、ある文脈では、左右対称も妥当な秩序原理なのである。このことはダニエル・カイリーがその作品で証明している。加えて、歴史的連想というボザールの概念に対するエクボの把握にも疑問の余地がある。ある人物のデザインが、歴史上の様式を特定の文脈の中で、正当に翻訳（模倣ではない）してよいと考えているからといって、そのデザイナーが模倣者である、あるいは厳格な型の擁護者であるということにはならない。たとえば、街並みが伝統的歴史構造をもち、特定の時代の様式リバイバルでできているような場所においては、そうした呼応関係は、デザインを全体として魅力的にするばかりでなく、それらが醸し出す歴史的・文化的雰囲気を反映することになる。

次に、エクボ独自の形態言語について見てみよう。時に、エクボの形態言語は複雑な状況への応答性が足りないと批判される。しかし彼の三つのプロジェクトに対するここまでの筆者の分析によって、それが誤った解釈であり、実は敷地の文脈をよく留意したものであることがわかるであろう。エクボの平面図は、実現された空間よりも目にうるさい印象を与えるかもしれない。しかし、エクボの庭に一度でも訪れた人は、その植栽の豊かなこと、生き生きとしていることに心を奪われるであろう。そして植栽が、複層化した地割や構築物の幾何学に全体性を与え、空間を規定していることに気づく。写真によっても、この印象はうまく伝えられない。というのも、エクボの作品は、デザイン誌を飾る一点からの印象的ショットというものをもたないからである。ミースの〈バルセロナパビリオン〉と同じく、彼のデザインにはファサードがない。「特定の地域的文脈」への空間的連続として体験しなければわからないものである。最近の若いデザイナーは、往々にして、まるで「敷地特定型」環境アートによって、コンテクスチュアリズムを再発見したかのような発言をすることがある。ところが既に、エクボの風土的地域主義こそ、コンテクスチュアリズムそのものなのである。

エクボの作品のここに構成主義的円弧がある、ここにキュビズムの重層性がある、ここに生体的形態が散りばめられているといった分析をすることももちろんできよう。しかしそれは、問題の核心足りえない。エクボが正面から中心課題としてきたことは前述した通りであり、我々が我々自身のためにその問題を解くことを求めたのである。ランドスケープアーキテクチュアにおける形態のもっとも重要な役割は、人間と自然界の適正な関係の表現であることをエクボは教える。環境運動の相続人たる我々は、いまだにこの表現を探し求めているのである。エクボの「人間とランドスケープの有機的幾何学」は、その一つの解答となりうるであろう。彼と時代をともにしたランドスケープアーキテクトたちも、これに比肩する表現を提示してきた。ローレンス・ハルプリンは自然のプロセスを抽象化することに挑戦し、リチャード・ハーグは日本やヨーロッパの古典伝統に創造的共感を示し、一方、自然保護区に関する理論を打ち立てた。ダニエル・カイリーは古典主義の新鮮な解釈を示し、ピーター・ウォーカーは、図像学に対し示唆に富む探究を行い自然と人工の境界を見極めようとし、A・E・バイはある雰囲気を醸し出す自然風景の構図に微妙な抽象化を行った。エクボは、彼の縮小版に我々を導いているのではなく、我々が我々自身の形態言語を見いだし、この問題を解くように道を示しているのである。伝統に沿った偏見にとらわれることなく、失敗を恐れず実験を試みるようにと。

ローリー・オーリンが的を得た所見を述べている[21]。多くの現代作家の「生涯を通じての業績も、（エクボの）思想の部分部分からつくりあげられている」と。その理由を見つけ出すことが「生きられるランドスケープ」に少しでも近づく道となる。

第5章の註

Hubbard and Kimball の書、An Introduction to the Study of Landscape Design, の註釈付学生版のコピーを提供してくれたガレット・エクボ氏と、当小論に使われた数多くの分析図を描いてくれたミッシェル・グラス氏に感謝の意を表する。

1. Landscape for Living (New York : F.W.Dodge, 1950)（邦訳書：「風景のデザイン」久保貞・上杉武夫・小林竑一訳、鹿島出版会、一九八六）より以前に、ランドスケープアーキテクチュアの理論にもっとも影響を与えたものは、一九三八年初版、一九四八年改稿のクリストファー・タナードの「近代ランドスケープの庭（Gardens in the Modern Landscape)」である。ジェームズ・ローズも同時期、非常に重要な小論を Pencil Points 誌に書いている。そのうち四編は本書収録。
2. エクボの註釈付コピーに注意を払うようにしてくれたメラニー・サイモに謝意を表する。また Landscape for Living（邦訳書：「風景のデザイン」）のテーマのいくつかは、一九三〇年代から四〇年代初期のエクボの手記に既に見られるものである。そのうちでも重要なものは、"Small Gardens in the City: A Study of Their Design Possibilities," Pencil Points (September 1937) と "Outdoors and In: Gardens as Living Space," The Magazine of Art (October 1941), であり、また、ジェームズ・ローズ、ダニエル・カイリーと共著となっている三つの記事である。Architectural Record: "The Urban Environment" (May 1939), "The Rural Environment" (August 1939), "The Primeval Environment" (February 1940)。
3. これに続く解説は、Henry Vincent Hubbard and Theodora Kimball, An Introduction to the Study of Landscape Design (New York: Macmillan,1927). の第一章から七章に基づく。
4. ハバード&キンブルの美の解釈は、George Santayana, The Sense of Beauty, Being the Outlines of Aesthetic Theory, first published in 1896. で展開されている解釈と極めてよく似ている。
5. これに続く平面図は、ハバード&キンブルの書（図版31、32、37)。
6. Melanie Louise Simo, "The Education of a Modern Landscape Designer," Pacific Horticulture 49, no.2(Summer 1988), 19-30 参照。
7. 以下に続く、自然とランドスケープアーキテクチュアに関するエクボの理念の解説は主に Landscape for Living（邦訳書：「風景のデザイン」）内、第二、八、一五章に基づく。
8. Eckbo, Landscape for Living（邦訳書：「風景のデザイン」）, 254.
9. 前出、59、109。

10. Eckbo, Landscape for Living（「風景のデザイン」）, 10.
11. 前出、57。
12. 前出、41。
13. もちろん、人間と自然の関係は、モダニズムにおける多くの建築家、特にエクボが敬意を表したフランク・ロイド・ライト、ル・コルビュジエ、リチャード・ノイトラなどにとっても大きな関心事であった。
14. 以下に続く、人間と自然界に関するエクボの理念の解説は主にLandscape for Living,（邦訳書：「風景のデザイン」）内第三〜七章に基づく。
15. Fletcher Steele, "Modern Landscape Architecture," Contemporary Landscape Architecture and Its Sources (San Francisco: San Francisco Museum of Art, 1937).
16. Claudia Lazzaro, The Italian Renaissance Garden from the Conventions of Planting, Design, and Ornament to the Grand Gardens of Sixteenth-Century Central Italy (New Haven and London: Yale University Press.1990),9.
17. これに続く注釈において論議されているデザイン原理はすべて、Landscape for Living（邦訳書：「風景のデザイン」）の複数の章でエクボが言及しているものである。ここに述べられている三つの住宅の庭に対するエクボ自身のコメントは極めて短いため、ここでの注釈は、筆者がエクボの原理をそのまま用いて記述したものである。
18. Landscape for Living（邦訳書：「風景のデザイン」）に図説されたプロジェクトにおいて、エクボは徐々に変化する幾何学を試みており、それに"Country Home in Westchester Country, New York, 1945"（図93）と表題をつけている。そして、その移行を次のように表現する（キャプション80〜94）。「大邸宅を広々とした風景にどうつなぎとめてゆくかという昔からの問題は、格式ばらない開け放たれた形を普及している近代建築においても、繰り返される。洗練されたリビングテラスから、少し野趣のあるプレイテラスや低いテラス（草原という要素の抽象化）を経て、敷地の自然へと移行してゆくのが通例である」。
19. Eckbo, Landscape for Living（邦訳書：「風景のデザイン」）, 68.
20. Peter Walker, "Prospect," Landscape Architecture 80, no.1 (January 1990), 124.
21. William Thompson, "Standard Bearer of Modernism," Landscape Architecture 80, no.2 (February 1990), 89.

第6章

探求者の軌跡

——ガレット・エクボ自伝

一九九二年——

ガレット・エクボ

6-1：
＜都市の小庭園、模型＞　ガレット・エクボ。［Pencil Points, 1937 年 9 月号］

芸術、デザイン、文化は常に緊迫した均衡―伝統と発明、先例と新しい概念、既成概念と想像力の間の均衡―のうちに息づいている。このことは、程度の差こそあれいつの時代にもあてはまる。産業革命―農耕革命以降最大の衝撃的事件―が、もっとも際立った反応を美術や建築のうちに花開かせたことは驚くにあたらない。近代になって、美術の基本である絵画と彫刻は、あっという間に印象主義、立体主義、超現実主義によって、すなわちピカソ、ブラック、マティスなどによって塗り替えられた。建築からは、ライト、ル・コルビュジエ、ミース、グロピウス、アアルト、ノイトラなど数多くの建築家が現れた。才能と感性豊かな革命児であった彼らには、産業革命の意味するところが一瞬にして見えたのである。創造的反応はまず産業革命の始まった場所、ヨーロッパから起こった。

ランドスケープアーキテクチュアは、環境芸術の中でももっとも古い歴史をもち、大地や自然とともにあるものである。これが、一九二〇年代のヨーロッパで庭園や公園という形で展開したことは、ドロシー・インバートの著述に詳しい。[1] 二〇世紀初頭からフランク・ロイド・ライトがアメリカ近代建築を生み出していたが、彼の活躍が不幸な中断を迎えた後は、その舞台はジョセフ・ハドナット、―ハーバード大学デザイン大学院の学部長―によって引き継がれた。そして一九三七年になって、ワルター・グロピウスとマルセル・ブロイアーが北アメリカに招かれた。アーモリー・ショウがニューヨークで最前線の近代アートを紹介したのも、これと前後する。

これが、西部の一人の若者にすぎない私がこの領域に足を踏み入れた一九三六年当時の時代状況である。ニューヨーク州生まれ北カリフォルニア州育ちの私は、カリフォルニア州立大学バークレー校を卒業し、一九三五年にランドスケープデザインの学位を得た。その後南カリフォルニア州の大きな圃場で働きながら、一〇〇の庭を設計し、ハーバード大学デザイン大学院の奨学金を獲得したのである。

南カリフォルニアは私にとって新天地であった。私が一九一五年から二九年頃育ったサンフランシスコ湾岸、主にアラメダは、オークランドのすぐ西側に位置する、港湾の中の平らな島状の街であった。第二次世界大戦となって大量の軍人が押しよせてくる以前は、アラメダは、サンフランシスコにフェリーで仕事に出かけてゆく人々のための緑豊かな中流郊外住宅地であった。一九二〇年代に子供時代を過ごすには比較的平穏で快適な街であったが、ゴールデンゲイトを渡ってくる風と湿気を直接受ける地勢にあり、いつも霧で霞む冷涼な気象環境にあった。裕福な住人の間では貧しいほうであった一人の少年にとっては、それ以上人生を楽しくしてはくれないところであった。

南カリフォルニアは、全く異なる土地であった。特に一九三五年から三六年にかけて仕事をして住んでいた内陸のポモナバリーは、北カリフォルニアとは全く対照的であった。サンフランシスコ湾岸が、湿度を感じる冷涼と温暖の中間にあるとすれば、南カリフォルニアは、温暖と暑さの間にあった。冬には冠雪する木立らしい木立に覆われ、通りには、背の高いヤシの木とともに異国情緒ある木々が植えられていた。空気はいつも澄んでいた。車を出せばこの谷間を拠点としてサンタモニカの浜辺からパルムスプリングの砂漠まで南カリフォルニアのさまざまな風景をすべて味わうことができる。そのときの私のような年齢と背景をもった人間にとって、南カリフォルニアは、静かでとりすました北部に比べずっと大きく、明るく、そして力強く感じられたのである。

私の庭園デザインは、その当時のカリフォルニアの形態言語に基づくものであり、また東海岸の整形／非整形のデザイン規則を西海岸特有の気候と地形、植物素材に合うように変形したものであった。平面形はホームビューティフル誌やハウス&ガーデン誌のものと大して変わらなかったが、植栽はサンフランシスコ湾岸に比べエキゾチックであり、シエラ山脈以東、メーソンディクソン線以北では見られないような大きな葉の常緑植物によるデザインをしていた。

アラメダでも庭園の散策を楽しんでいたが、南に来て初めて私は、あのかぐわしい気候が人々の間につくり出すアウトドアリビングの魅力に出会ったのである。それは、南カリフォルニアがスモッグに覆われる以前のものであり、後に、西海岸南部の生活スタイルとなるものの原型であった。もちろんアウトドアライフは、サンフランシスコ湾岸やさらに北部でも見られる。しかし、そこには季節の制約がある。南カリフォルニアは合衆国内のどこより気楽なアウトドアリビングの好例地であった。

北アメリカのほとんどの地域において庭園文化は、ガーデニングないしは自然の中での生活を意味する文化であったし、今でもその域を出ない。植栽は従来のままであり、英国の伝統が当時も今も支配的である。しかし、合衆国の南の国境の向う側、すなわち、パティオのある生活をもつラテンアメリカの伝統では、庭は住宅の生活空間の延長であり、これが、フロリダ州からカリフォルニア州にまで強い影響を及ぼしていたのである。要するに、庭園においては、内陸の伝統と地中海の伝統が交錯するヨーロッパ事情がそのままアメリカに反映されていた。この二つの伝統様式が、一つは大陸ヨーロッパとイギリスからアメリカ東部、中西部に、そしてもう一つは、イベリア半島からラテンアメリカを通してアメリカ西南部にというように、異なるルートでアメリカに入っていたのである。

一九三六年九月、私はアイビーとニレの緑で覆われたハーバード大学にあるロビンソンホールに到着した。ここで間

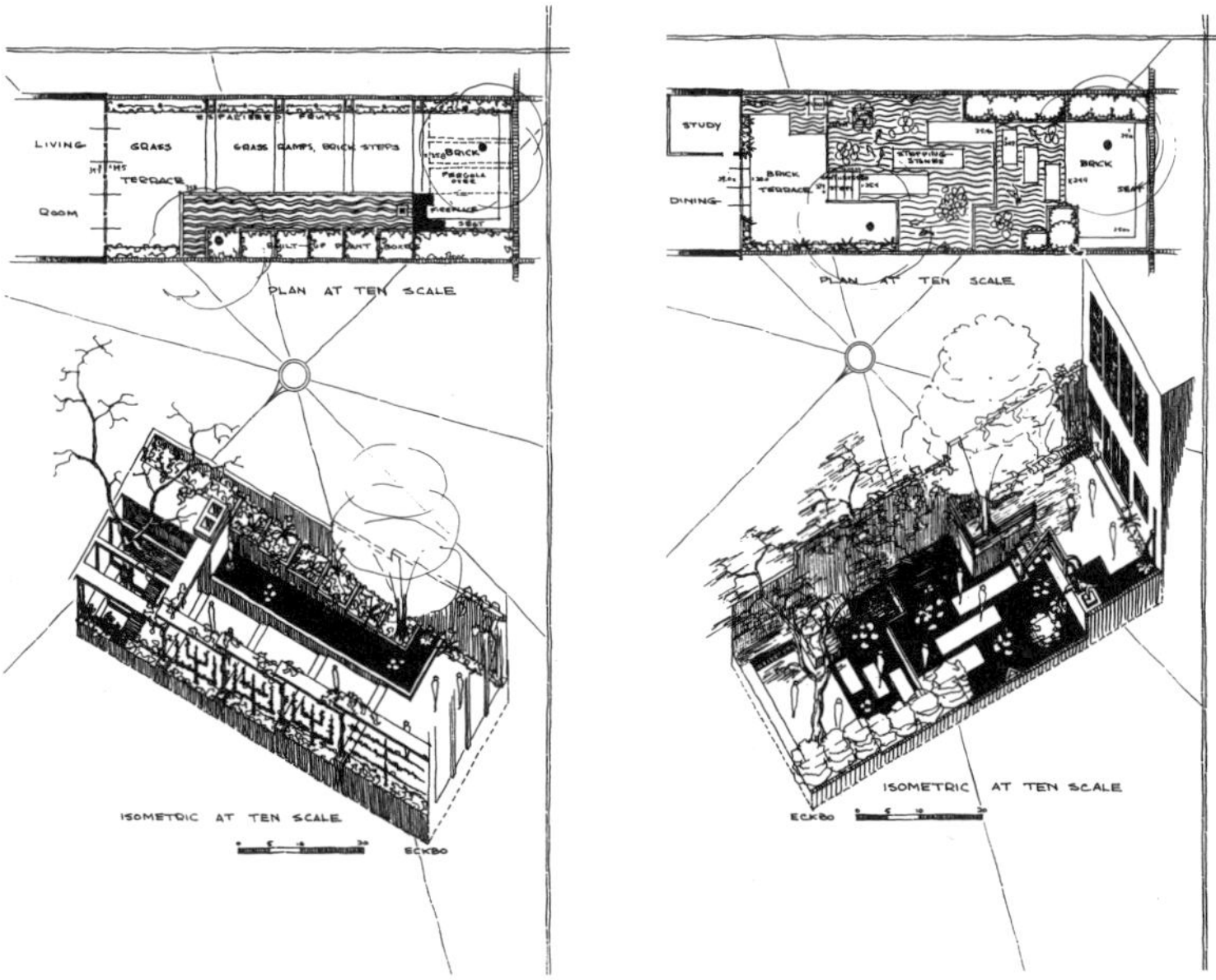

6-2：
＜都市の小庭園、平面図、アクソメ図＞　ガレット・エクボ。［Pencil Points, 1937年9月号］

もなく、友人となりパートナーとなるジェームズ・ローズとダン・カイリーに出会う。そして各々のやり方で現状に異を唱えてゆくこととなったのである。

　カリフォルニア大学バークレー校のランドスケープ学科は、堅実な実務教育の場であったが論理的思考の機会は少なかった。そして、主に東部の伝統的な形態をカリフォルニア特有の気候風土にどう適用するか、その方法を研究していたのである。ハーバード大学で私は、自分の既知のランドスケープの発信源に遭遇することになる。それは、ル・ノートル、ブラウン、レプトン、そしてオルムステッドに端を発するものであった。それらは優れ、かつ膨大な情報源であったが、同時に、初心者の私には、型にはまった発想にしか思えないものであったのも事実である。同じロビンソンホール内の建築学科では、ヨーロッパで活躍する新しい建築家の評価と解釈について熱い討議がなされていたにもかかわらず、ランドスケープ学の教授陣は、我々に注意深くこう諭していた。樹木は工場でつくられるのではない。だから、近代のランドスケープアーキテクチュアなどといってまどわされる必要はないと。それればかりか、整形／非整形のデザイン理論を丁寧にバランスさせれば、どんな新しい建築に対しても、対応できるのだといっていたのである。

ローズとカイリーと私は、これに納得がいかなかった。そして各々のやり方で、近代アートと建築の作品と理論を勉強し、それらのランドスケープアーキテクチュアにおける可能性を探っていった。このことは、当時のバイブルともいうべき、ハバード＆キンブルの「ランドスケープデザイン研究序説」から与えられる知識、尊敬に値するが融通性を欠く知識とは対比的であった。「ランドスケープデザイン研究序説」は、一八世紀以降、ヨーロッパの建築と美術に権威と統制を与えてきたボザール教育に端を発し、アメリカ東海岸北部のランドスケープの教養として受け入れられるものの基礎をなしていた。しかしその教養人たるや、いまだにバークシャー以西を先住民の領地と感じていた人々なのである。我々の試みは、小競り合いならぬ、もっと大きな闘争、すなわち人間が地上に住むようになってから繰り返されてきた永遠の文化的戦い―伝統か革新か―であったかもしれない。というのも、それは文化を揺るがしたあの産業革命に端を発しているからである。

一九三八年九月、私はペンシルポイント誌に、架空都市の一街区に新しいデザイン提案を試みる〈都市の小庭園〉を掲載した。たぶん私はこのときすでに、トーマス・チャーチがサンフランシスコ湾岸で手掛けていた庭園デザインを意識し始めていたと思う。提案は、私の生活上よく知っていた八メートル幅のローハウス―西海岸に典型的な都市密度―からイメージされている。スタディーは、小さなスペースがもちうる概念的動機をさまざまな角度から探究するのにぴったりの、まるで実験室のような場を与えてくれた。概念的動機というのは、物理的な形態とその配列の変化のことである。それはデザインの可能性の探究、すなわち、いつの時代も、その内容が利用という点から発展させた理念に基づく

6-3：
＜アルバート・ウォールステッター庭＞　ガレット・エクボ、カリフォルニア州ロスアンゼルス、1950年代。［エヴァンス・スレイター撮影、ガレット・エクボ所蔵］

6-4：
＜ヒギンズ庭＞　ガレット・エクボ、カリフォルニア州パルムスプリング、推定1950年代

現実の形態の探究である。いくつかの文節を引用してみよう。

「庭園は人々が屋外で生活するための場所である」。

これは、カリフォルニア流のものの見方であり、この庭園概念が人々の興味をひきつけ、いってみれば潜在的な施主人口を増大させたのである。カリフォルニアのような気候のもとでは、屋外を利用する人口は、庭園師の数を数倍上回るに違いない。

「庭園は喜びの家、歓楽の家、ファンタジーと幻想、想像力、冒険のための家でなければならない」。

これは、物理的な特質ではない。仮説的には、空間と素材の自由で大胆な扱いが、前述のような感覚と反応を引き起こすのであろう。今日のポストモダニズムが待望する応答から始めること、そうした応答をたしかにする伝統的源泉を見つけ出すことを欲しているように見える。伝統へアプローチするとき大事なのは、伝統となったものが、最初は人々の望みをどうかなえたのかである。

「デザインは三次元的になされるべきである。人々の生活は、平面の中ではなく空間の中で営まれる」。

これほど単純明快なことが、どうしていつも見落とされるのか。

「デザインは、軸線ではなく、広がりをもったものであるべきである」。

これは、エジプト―少なくともギリシア―にまで遡るヨーロッパ伝統とは全く異次元の考え方である。一八世紀になる頃には、ボザール様式は軸システムに凝り固まっていったが、現実世界が軸に適合することは稀であり、偶発的なものであった。空間体験は、一本の線で語れるようなものではない。

「デザインは動的であり、静的ではない」。

これは上記の考え方から自然に導かれるものである。軸のデザインの目的は明らかに階級の決定とその表現であるので、自然と静的になりがちである。我々は、そんな堅苦しい世界に住みたいとは思っていない。

このスタディーから一八の小さな庭園からなる一街区が導き出された（図6-1）。街区は、より面白い効果が得られるよう傾斜地に設定され、そのうち一一の庭園デザインが詳細に描き表された。まず舗石や、階段、斜路が検討され、さらに水景、樹木、灌木、そして自立壁、パーゴラ、藤棚などがスタディーされた。―これらは皆、昔からある素材で、すぐ手に入るものである。平面（たぶんもっとも創造的な部分）を見てみよう。長方形、対角線、鋭角、曲線、市松パターン、六角形の舗石による形態などが試みられ、水景は基本的に直線形をとらず、中島をもつもの（非整形式、あるいは東洋的といおうか）とされた。どれも、新規の理念というのではなく、むしろオリジナルと同じように用いられ、展開されているといえよう。注目すべきは、それらの要素の用い方であり、各々のデザインが、固有の空間体験を生み出すように慎重に整合させられていることである。これは、それまでのデザイナーが長年議論してきた整形か非整形かといった問題をはるかに超えている。

庭園空間に関するこうした取組みの好例は、数年後にロバート・ロイストンによりサンフランシスコに実現された同規模の庭園であろう。それは利用する場としてだけでなく、上階から見降ろされることも意識して、カラーコンクリートによる絵画のような自由なパターン構成がデザインされたものである。私の街区計画は、一九三七年の春に終了した。そして、一九三八年の春は、ランドスケープアーキテクチュア修士論文として、郊外スケール―一ヘクタール強の敷地―の比較研究を行った。

一九三八年秋には、ジェームズ・ローズがランドスケープ全般を包括するより体系的論説「庭園の自由（Freedom in the Garden）」を発表する。この時代はまた、サンフランシスコでトーマス・チャーチが、ウィリアム・ウィルソン・ワースターなどの近代建築家とともに次々とプロジェクトを実現していたときであり、彼も現場の庭園設計から、理論的、形態的比較研究を展開していた。

チャーチは私より一〇歳年上の、設計、人格ともに秀でた人物である。彼は、実に二〇〇〇を超える庭園をつくったが、同じものは一つもない。その様式は首尾一貫し、繊細で居心地のよいものであった。ボザール教育を受けた身でありながら、彼は経歴半ばにして、途方もない力強さで、近代デザイン理念に巧妙かつ確実に適合する術を身につけていった。説教臭い教養ではなく、優雅な技をもって、施主の要望と敷地の条件にそのデザイン理念をぴたりと合わせていっ

6-5：
<ユニオン銀行広場>　建築：ハリソン＆アラモウィッツ、A・C・マーチン、ランドスケープ：ガレット・エクボ、カリフォルニア州ロスアンゼルス、1968年。［ケント・オッペンハイマー撮影、ガレット・エクボ所蔵］

たのである。数ある問題にさまざまな解決案を生み出してゆく、究極的職人であった。

一九三七年以降に私が設計した庭園は、一〇〇〇近くである。三〇年ほどの間の作品には共通して、小中規模の庭園から得られた理念の原型が見られるが、それも、もっと大きなスケールのプロジェクトを始めてから変わってきた。私のやり方は首尾一貫して、施主とその地域の状態に合わせる可変的、不定型な方法であった。私の著書、「ホームランドスケープの技（The Art of Home Landscaping）」や「風景のデザイン（Landscape for Living）」に詳述したように、融通性があり、豊かであり、実践的であることを目標とすることはついに変わらなかった。


私が一九三八年に卒業した直後に、クリストファー・タナードがイギリスでのプロジェクトを終えハーバードに戻ってきた。そして、ヨーロッパとアメリカの設計実務に橋わたしをしようとしていたが、彼の関心はまもなく都市や地域、環境計画などの大きな問題に向いていってしまう。ここに至って、近代ランドスケープデザインの火が消えてしまうのである。

しかし、近代ランドスケープアーキテクチュアとは何であったのか。まずは、ボザールが押しつけていた、ある先入観に基づく形態や配列によって環境をデザインしてゆくことの否定である。歴史や伝統、そしてそれらから敷衍される既知の形態言語をスタートとしないことである。我々はスタートラインを、敷地とその問題、施主とプログラム、素材と技術、そして地域の特性においた。我々が、歴史と伝統について無知だったのではない。その力を知るゆえに、その形態と配列を自分たちの時代や異なる場所で再現することをよしとしなかったのである。我々は、環境の形態と配列は、そのとき、その場所からもたらされ、育ってゆくものと感じていた。歴史と伝統は、霊感をもたらす。そして現代の言語でそれらに比肩するものをつくり出すよう暗に求めてくるのである。歴史と伝統は、概念や形態、細部や配置の倉庫として、扱われるべきではない。上げたり下ろしたり、使い回されたり、舞台道具のように扱われるものとは縁を切っていなければならないのである。天にましますかの偉大な計画主が、地上に最初の創造物―エジプトであれ、ギリシアであれ―を創ったとき、それを、その後の社会すべてが何世紀にもわたって永久に従うべき前例と位置づけていたとは思えない。

一九五〇年に私は最初の著書―「風景のデザイン」―を著し、上記のような考えを二〇世紀の環境デザイン理論として発展させようと試みた。特定の形態配列の概念は存在しない。挿絵のほとんどは、私自身の作品とその解釈を描いたものであるが、そこには体系立った形態は一つもない。自然素材、構造素材の組み合わせの究極的目標として、三次元「空間」の形成について論じた。また、既製の形態にあわせて処理するような不自然なやり方ではなく、それ自体の可能性と性質に基づく方法で空間を形づくる「素材」の用法について論じた。また「人間」の重要性について論じた。人間は、ランドスケープ空間の施主であり、その利用者となるだけでなく、我々がともに働き、そこから仕事を得る文化遺産の源泉である。そしてまた、「個別の状況」―気候や土地、水系、植性、地域性や都市性など―が各々の個性を与える力強い源泉となることを論じた。

私は、形態とその配列に関して、都市主義／自然主義、整形式／非整形式といったいかなる規則も与えなかった。そうした規則は、敷地の規模、現場、地域の特性から導き出されるべきものと感じていた。当時、既に南カリフォルニアで設計実務を精力的に展開している最中であったため、私の理論は学術的とはいいがたいものであったかもしれない。しかし、それは現場から生まれてきた理論であった。

それは、意識的に新しさを狙った様式理論ではなかったが、我々を取り巻いていた山脈のような古い様式に匹敵し、様式という意識が芽生える以前の、古典時代の仕事のあり方と相通ずる理論を目指していた。そして、拘束力をもつ先例の確立を目的とするのではなく、よき問題解決を意図するようなデザイン理論である。結果として、同様の問題によりよい解決策を与える先例となることを試みたのである。様式として陳列される象徴主義としてではなく、今、目の前にある社会文化／自然文化の「生きられるランドスケープ」であろうとしたのである。

南カリフォルニアでの設計実務は、何百という二ヘクタール以下の庭園から、以下に示す大きなプロジェクトまで多

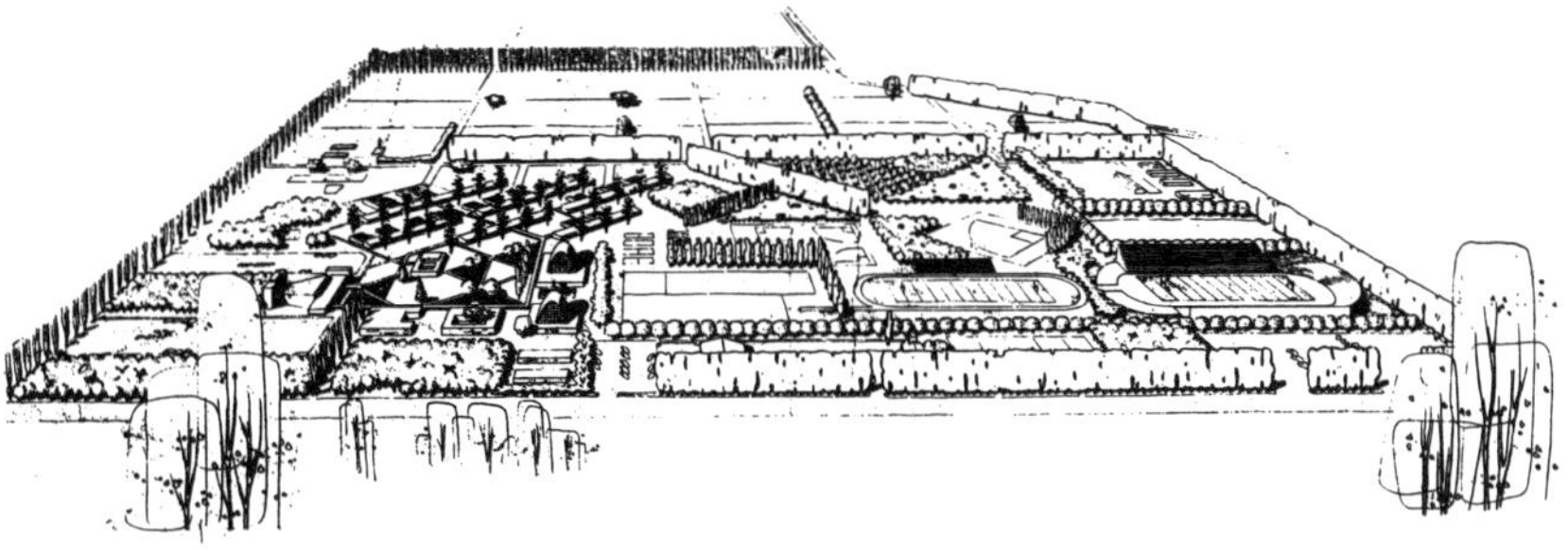

6-6：
＜オレンジ郡大学キャンパス＞　建築：ノイトラ＆アレクサンダー、ランドスケープ：ガレット・エクボ、カリフォルニア南部、1950年代

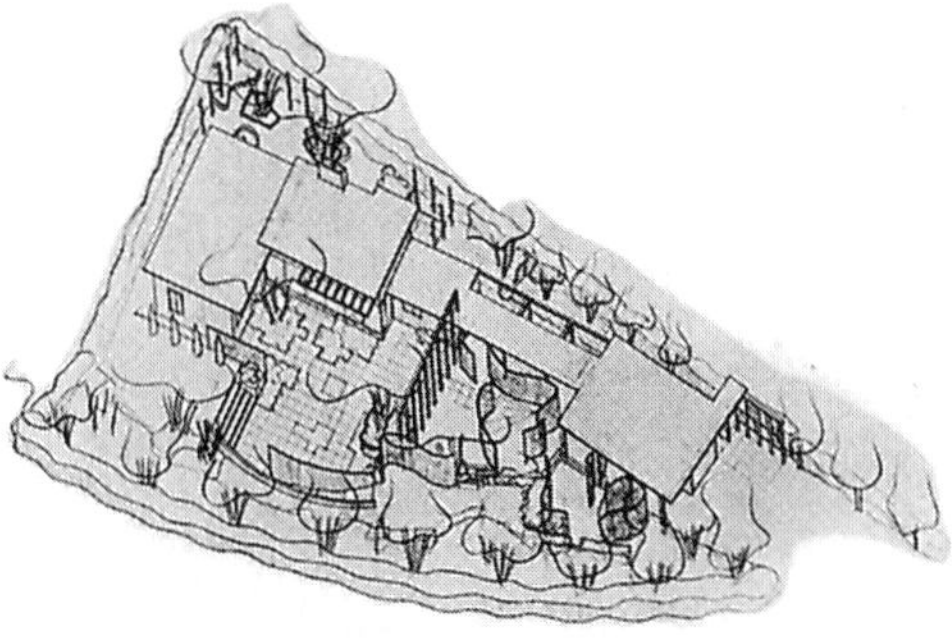

6-7：
＜コール庭＞　建築：ジョン・ディウディー、ランドスケープ：ガレット・エクボ、カリフォルニア州オークランド、1941年

岐にわたった。

〈ニューメキシコ大学、アルバカーキ〉

都市の喧噪部から手をつけた八〇ヘクタールのこのキャンパスは、二五年をかけた仕事である。徐々に道路を封鎖し、車交通を周辺の駐車場へと追い出し、それなりの豊かさと快さをもった歩行者のためのキャンパスを創り出した。キャンパス建築家ヴァン・ドーン・フーカー、キャンパスランドスケープアーキテクト、ガイ・R・ジョーンズ、その他諸々の地元の建築家たちと共同した仕事である。この土地ならではの建築の風情が、自然とキャンパスの空間展開を変化に富んだ興味深いものへと導いていった。

〈ユニオン銀行広場、ロスアンゼルス〉（図6-5）

ロスアンゼルス繁華街のプロジェクト。ユニオン銀行の四〇階建て高層棟の足下にある立体駐車場の屋上に、三層で構成された一万二〇〇〇平方メートルの広場である。サンゴ樹、ゴムの木、ジャカランダの木、ノウゼンカズラの植えられた遊歩道が、芝生と水景による彫刻的な中心部を取り囲んでいる。建築家は、ニューヨークのハリソン&アブラモウィッツ、そしてロスアンゼルスのＡ・Ｃ・マーチンであった。

〈フレズノのダウンタウンモール〉

ヴィクター・グルエン建築事務所との共同により、都市計画上中心部となっている街路を数街区にわたって歩行者空間としたもの。これは、都心のオフィス街を、郊外のショッピングモールに匹敵する空間に再生したものとして、全国でも最初の事例となった。一二街区にわたるすべての交通網―駐車場、サービス車動線、緊急車両アクセスの確保など―が再計画され、動線変更が必要とされた。歩行者空間は、社交の場、コミュニティーのイベントが集中する場所、散策し友人と出会う場所、子供が遊びティーンエイジャーが集まる場所として設計され、実際そのようになった。その結果、民間市民の運動により、二〇万ドルものアートコレクションが収集、設置された。商業売上げ高は時勢により変動するものの、総じて好調であった。

〈アンバサダー・カレッジ、パサデナ〉

テキサスやイギリスに見られる、こじんまりとした規模のカレッジである。古くからある大きな屋敷と庭園を改築した住居規模のキャンパスであり、緑地と水辺を用い、変化ある環境を実現した。

前述のものは、すべて実現したプロジェクトである。デザイン・コンセプト、私自身の興味と設計経験というより、事業団体やその土地の力にずっと多くを負っている。常に融通性と動態性を保持する我々のアプローチは、首尾一貫したものであった。これ以外に、計画、設計されたもののついに実現されなかったプロジェクトやプロポーザル、将来のデザインや開発プロジェクトの基礎を確立する地域政策のための計画研究などもあった。このように、「アメリカ計画家協会」の会員の一人として、設計と計画の間に横たわる幅広く、曖昧な領域を行ったり来たりしながら、計画／設計の政策提案と研究を重ねていった。サンディエゴのミッションベイとペンサキート、ナイアガラのアメリカ滝、カリフォルニア州ヘイワードのアーバンデザイン、フィリピンのプエルトアズールのレクリエーションコミュニティー、ミネソタ州ダラスとアイオワ州ダビュークにおける高速道路計画、クウェートにつくった実験用ナツメヤシの巨大農園、日本の横浜近郊の湘南リサーチビレッジ、などである。

実現したプロジェクトはこれ以外にも数多い。相応に複雑な設計過程さえ厭わなければ、敷地、微気象、土地の人々―皆、その場所固有のものである―への関心が、印象的かつ諧謔に富む、あるいはそのどちらかの、確実な形態を導き出してくれる。適確な解決策を実現するためには、形態要素が合体されたり融合されたりする必要がある。これは、既に述べたように、二〇年代から三〇年代にかけて現れた近代の手法である。産業革命の結果、文化的、科学的、技術的、すべての分野で生じた連鎖反応であり、価値観の革命である。このプロセスが何回も繰り返され、敷地の違いにかかわらずある「エクボ様式」と認められるものを生み出しているとしても、それは、歴史の中におけるデザインという大きな潮流から見れば、小さなさざ波（うねりくらいにはなるかもしれないが）程度であろう。

デザインという潮流は完全にスムーズなことはないし、またそうであってはならない。有名作家のデザインも、歴史のより普遍的な流れの中に溶け込んでゆくのであるが、重要なことは、そうした個々人の努力が、鈍く退屈なデザインの反復を止め、生命力、躍動力をもつ形態と配列を生み出してゆくことにある。環境デザイン／ランドスケープアーキテクチュアの世界には、次のような秀でた設計者が続々と現れてきた。トーマス・チャーチ、ロバート・ブール・マルクス、イサム・ノグチ、ルイス・バラガン、ローレンス・ハルプリン、ロバート・ロイストン、ヒデオ・ササキ、ポール・フリードバーグ、リチャード・ハーグ、ピーター・ウォーカー、ジョージ・ハーグレイブスなどなど。彼らは皆こう考えている。いかなる様式的先入観も、固定化された伝統的な形もあってはならない。唯一あるのは、敷地の状況、社会の状況だけであり、またそれらが資質、遺産として受け継いでいる真の伝統だけである。ところが、往々にしてこの考え方は、昔ながらのルールブック的、図説的設計による再生産プロセスにより圧力を受け貶められている。しかもそれは、施主というより設計者に多大な利益を与えているのである。

この点において、日本や中国のデザインの歴史も西洋と同様であるが、それでもその形態と空間は、ずっと繊細で融通性をもつ。自然との相互関係において、西洋ほど固定的でなく、より豊かな人間／自然の関係を生み出している。しかし、東洋もまたそれなりに形骸化してしまい、現在では西洋の理念と概念の影響を受け、いばらの道を進んでいる。

一方、一八世紀イギリスのロマンティシズムのデザインも、大陸ヨーロッパの自然観がもつイデオロギー規範に対してはよき範例となったが、それ自身と整形式伝統の間に関係をつくることはできなかった。「イギリス庭園」と「フランス庭園」は、互いの関係を見いだせないままずっと両極に対峙しつづけている。

折衷主義、ありとあらゆるところから何でもかんでも引用し結びつけてしまう主義、これはおそらくデザインではないだろう。が、これこそ世界のあらゆる場面に現れ、混乱をもたらし、深遠なるデザインを阻止してきたものであろう。ポストモダニズムという旗印のもと、強烈な復活をとげた折衷主義は、まるで悪魔の代理人のように見える。真摯なデザイン理論に蓋をしてしまい、本質的な形態も理論も、また地域的な意味も探らないまま、昔ながらのスタイリスティックなお祭騒ぎへと戻ってしまったのである。

モダニズムのデザインとは、何人ものデザイナーが述べるように、社会に対して責任を負い、想像力豊かなよりよいデザインを求めるさらなる努力のことである。それ相応に高いレベルの質をもち責任あるものを過去五〇年間にわたり生み出してきたにもかかわらず、今やモダニズムデザインは、ポストモダニズムの渦に呑み込まれてしまいそうである。

言語上の意味と視覚的な意味の間に、故意といってもよいほどの混同があるのを散見する。構築的形態と自然的形態、これは単純な時代には明確な枠組みを与えるものであったが、現代では、曲解され混同されている。我々は生活そのもの、文化の大半が著しく言語化された社会に生きている。このため視覚的なものの意味を見落としがちである。世界はディズニーランドにとって代わられつつあり、その先にはどこまでも平坦で無意味な世界が待ちうけている。実体の環境は、それ自体がメッセージであり、しかも、情報メディアが人々に伝えうるメッセージとは異なるものである。この認識の欠落が、混同と消化不良をもたらす。

近代デザイン運動は、人間を文化的個人や集団として認識するだけではなく、地域や国家、そして国際社会に属する

6-8：
<フォアキャスト（アルコア）庭>　ガレット・エクボ、カリフォルニア州ロスアンゼルス、1950年代後半。［ジュリアス・シャルマン撮影、ガレット・エクボ所蔵］

6-9：
<フォアキャスト（アルコア）庭>　ガレット・エクボ、カリフォルニア州ロスアンゼルス、1950年代後半。［ジュリアス・シャルマン撮影、ガレット・エクボ所蔵］

ものとして認識する理論でもあった。そしてまた、人間社会の政策と諸問題の間に厳しい不均衡が存在している—これは今日も続いている—ことをいち早く学んだ明晰な社会理論であった。美学的に優れ、道筋だった論理の展開するプロジェクトが、必ずしも、人間社会のもっとも難しい問題に取り組んでいるわけではない。これは私が、一九三九年から一九四二年の四年間に、合衆国政府の農務省での仕事から最初に学んだことである。当時、季節農場労働者たちのために、二二五から三〇〇世帯が入るキャンプと住居を合体させた住区を五〇も設計したが、この当時、社会の底辺にいた人々は、現在では社会階層の相当高いところにいる。[2]

　農務省の施策は、社会にも環境にも適切に対応したものであった。たとえば、この五〇のプロジェクトで最大でざっと一万二〇〇〇世帯のための仮設住居と二〇〇〇の定住世帯を受け入れることができた。設備こそ最小限のものであったが、安全で清潔であり、コミュニティーの交際の場も与えていた。安い土地が広大にあったため、社交や余暇、個人的に営まれる庭など、刺激的な屋外空間が可能となった。斬新な配置計画、工学、デザインが、こうした活動のための印象的な空間体験をつくり出す場合が多かった。内陸の暑い気候に対しては、樹木の管理と灌水を確保して日影を多くつくり出すなど、しっかりした維持管理体制が、プロジェクトの安全性、保安性、社会的快適さを保障した。

高学歴のデザイン学校を出たばかりの頭脳明晰な若いランドスケープアーキテクトや建築家にとって、こうした低所得者層への近代的な社会的／空間的構造をもつ事例を設計し、実現することはまたとない好機であった。彼らは、社会的栄誉や高い報酬の圧力によって傲慢になるようなことはなかった。もしそうであったら、大きな環境破壊を引き起こしかねないプロジェクトであった。

一九三五年にカリフォルニア大学バークレー校のランドスケープデザインの学科を卒業した私が、ランドスケープの、というよりランドスケープにおける理論と意味を問う純粋な探究者になったとすれば、前述のような履歴が大きな影響を与えているのであろう。

一九三五年から一九六五年の間に、基本的に民間の設計に関わるかたわら、宅地開発、共用施設のある公園、学校や大学といった仕事が次第に中心となっていった。その数は以下のようである。

庭園：六〇〇〜八〇〇
住宅地開発：一七五件
公共施設：七六件
教育関係（小学校から大学まで）：八一件
商業施設：六二件
都市計画：九件

五〇年代半ばには、一〇七件の庭園主要作品と六五件の公共施設主要作品を数えたが、その後数年ですぐに、さらに六五件の大規模なプロジェクトを手掛けた。

このことは、仕事の内容も興味の焦点も、住宅庭園の設計から、民間／公共を問わず、公に開かれたプロジェクトへと移行していったことを示している。すなわち、一般的なコミュニティーが利用する場所、常に予測可能とは限らない人々からの要求と複雑な関心事を扱う仕事である（もちろん住宅庭園は、ランドスケープアーキテクチュアの根本であり、オーナーや施主と使い手の間に直接的関係のあるほとんど唯一のものといってよい）。こうしてデザインの対象は、特定の敷地に対する特定のランドスケープから、より曖昧な境界しかもたない一般的なランドスケープへと拡張していったのである。それらはすべて、土地はあまねく個人に所有され、管理され、利用されなければならない、公共の土地—その大部分は合衆国所有である—は、民間の需要に注意深くあらねばならないと信じた社会において実現されたものである。

一九六五年、我々は、バークレーに住むためにカリフォルニア北部に戻ってきた。そこで私は、カリフォルニア州立大学の教員となり、ランドスケープアーキテクチュア学科の主任を四年間務めた。一三年間の大学勤務の間、平均して時間の半分はキャンパスに身をおき、もう半分はサンフランシスコの事務所での実務に時間を費やした。そして一九七八年に教員を定年で引退した後は、実務に専念するようになる。

一九八三年には事務所をサンフランシスコからバークレーの自宅に移し、それ以降も縮小しつつはあるが実務をこなしてきた。そして一九九一年の現在、私は意識のおもむくまま、アメリカ大陸全土かつ世界的スケールのデザインと環境に関する考案論文を書くことに集中している。

規模の大小にかかわらず、また実現したか否かにかかわらず、プロジェクトの重要性について語るべきである。規模、所在地、その内容、施工費、地域の利便と利益、概念的、空間的であり、社会的であるデザイン、文化の発展への寄与、生態的内容、もしくは社会的内容などに、その重要度は基づくのかもしれない。私は、自分の作品において施主や土地から示された問題を解くことに専念してきた。問題を解く形態とその配列は、基本的な機能はもとより、その場に応じた有意義な潜在力を引き出すのにもっとも適したものとなる。

私は今でも、以下のことは自明の理と心得ている。—デザインは、生活のための環境創造であって、コーヒーテーブルに備え付けの本や雑誌を飾る様式ではない。デザインは人間のものというより、土地、水、植物、動物、そして人間の問題を解決するものである。自然に対する人間の優位が神から与えられたものだとすれば、それは、贈り物というより試練なのであろう。そうだとすれば、人類はこの試練にまだ応えられておらず、そのうちまたノアの洪水がやってくるであろう。

ランドスケープアーキテクチュアを、デザイナー、生態学者、社会運動家の分野に個別にあてはめていっても問題解決には至らない。皆が同時に、汚れた水を張った一つの風呂桶に浸からなければならないのである。デザインは、社会や自然生態への決断がなされた後に、表層を整えるためのものではない。デザインとは、そうした決断とともに同時に、自然と文化の現実世界の中に生み落とされる形態に対する普遍的な精神なのである。

もしかしたら、仏教がこの究極的な真理に近いかもしれない。仏教では我々の生きる世界が継ぎ目のない綱の目のように捉えられている。我々のうち誰か一人でも動けば、全員が—すなわち、あなたや私、あるいは誰でも、アザラシもカワウソも—それを感じるのである。

さて次なる問いは何であろう？　二一世紀が二〇世紀世界とは全く異なったものになるであろうことは、明らかである。二〇世紀は人類にとって、自分を中心にまわる欲望と議論の世界であった。二つの世界大戦と、その他の小さな戦争、革命などを経て、人類はようやく戦争は割に合わないということだけを学んだ。これは、イラク／クェート戦争、パナマ紛争、グラナダ紛争以前も以後も同じである。二一世紀はきっと、ランドスケープを破壊するのでなく再構築する世紀になろう。

人類はなお貪欲で、議論好きで自己中心的であるが、今日では、我々の過ちもより大きな枠組みのうちに位置づけられている。それは国際連合、多国籍共同体、三権分立委員会、その他の国際的地域組織である。今のところ意識にのぼらないものの、これらをすべて優先させることで、世界の生態地理が生まれてくる。生態学的考慮は、経済や政治といった世界形成の社会的要因と同程度には扱わねばならない。これは自明のことである。もし別の道をとれば、あまりうれしくないことだが、世界はフランク・マーシャルの描く「デューン」シリーズのような殺伐としたものになるだろう。

さて、ランドスケープアーキテクトは来たる世紀に向け何を準備すべきであろうか。もっとも大事なのは、問題の規模に応じて計画／設計プロセスを統合、調整、発展させることである。地球規模、半球規模、あるいは大陸、地域、地方のスケールにおいて、問題がまさにそれ自体を定義づけるような生態／経済的、計画／設計的プロセスが必要とされているのである。将来、政治的な要求や采配はゆっくりと身をひき、来たるべき秩序ある生活のための同盟に加わっていかなければいけないであろう。地域は、その生態系と一致し、人間社会、政治組織と合体するであろう。この新国際地域主義が、これまでとは異なるよりよき世界を生み出すであろう。[3]

職能も再編される必要があろう。計画術、空間デザイン術（建築、エンジニアリング、ランドスケープアーキテクチュア、インテリアデザイン）、オブジェ／家具／施設の芸術、情報メディア／舞台芸術、これらもすべて、統合、再編し、再生させる必要があろう。建築／工学は、歴史の中でも特に二〇世紀においては、世界の環境開発を掌握してきた。この領域を、ランドスケープ／生態的概念の世界にまで広げてみれば、現在予感されている過剰な建築がもたらす死の世界から自らを救い出すことができるであろう。そして世界と一体化した完全なる環境デザインが可能となるであろう。

第6章の註

1. Dorothée Imbert, The Modernist Garden in France (New Haven: Yale University Press, 1993).
2. John Steinbeck, The Grapes of Wrath (New York: Viking, 1939).
3. Joel Garreau, Nine Nations of North America (Boston: Houghton Mifflin Co., 1981).

再録論文7

都市のランドスケープデザイン

1939年

ガレット・エクボ
ダニエル・U・カイリー
ジェームズ・C・ローズ

あらゆる生物は、自らの種に完全な進化をもたらす最適な自然環境を探し求めている。よって自然が生物的要求と合致しない場合は、生命継続のために環境か生物のどちらかの適合が発生する。各生物種は、存続競争を通して、各々の必要を満たすために独自の形態を生み出す。階層の低い生命体では、適合の過程はこれといって見分けにくいほどライフサイクルに密接した関係にある。しかし、高い階層の生命体や生長力旺盛な生物においては、形態の主要部分は、もはや個体ではなくコミュニティーによって生み出され、種の必要を充足するために、広範な適合をつくり出す。蜂のつくる巣や、ビーバーのつくるダムは、そうした形態の非常に進んだ例である。ところが昆虫などとは異なり、人類の環境への適合は、限りなく複雑なものとなっている。というのも、人は社会的であると同様に個人的構造ももち、不規則な進化過程を経て、かつ地形的、地勢的、気候的にも、ありとあらゆる状況に分布して生活しているからである。

人類の力が注がれるところ—自身の社会安定のための鉱物、植物、動物、昆虫などの形式からの搾取—は、大別して工業生産と農業生産の二つの形態をとる。このどちらかの生産形態が卓越していると、環境は結果的に独特の型をもつようになる。工業のための「都市型」、あるいは農業のための「田園型」である。もう一つ、深刻な搾取（狩猟、木材伐採など）を受けない「原始」状態にある場合もある。このうちどの環境も、社会的には好ましいものでも、効率的なものでもないし、あるいは、人間到来以前の環境より魅力的なものになったとも思えない。しかし、ある目的だけはみごとにかなえている。すなわち、より高い環境形式を敷設し、人類の生産性を驚くほど増大させるのである。

しかし、生産性が上がるにつれ、必要とされる労働時間は減少する。平凡な人間にも、労働同様遊びの時間が現実の問題となり新たな問題がもちあがった。環境を、労働だけでなく楽しみのためにコントロールする「さしせまった必要性」があり、そしてそれが「現実的に可能である」という問題である。生産と同じく余暇のための環境づくりである。

余暇の環境を計画的につくる社会的需要は爆発的に広がり、建築デザイナーのみならずランドスケープデザイナーに、おびただしい数の仕事の機会をもたらしている。この需要は全く新しく発見されたものであり、解決法は多種多様で、デザイン規範は未だ確立されていない。こうした状況下で、余暇に必要とされる環境の型について考察するためには、既製の生産形態―都市型、田園型、原始型など―と比較するのがおそらく賢明であろう。

余暇環境の創造におけるランドスケープデザインの役割について議論を始めるに先立って、この特殊な分野のルーツについていくつか事実確認をしておいても、無駄ではないであろう。農耕者こそ、最初のランドスケープデザイナーであった。しかしながら、彼らがそうであった事実とは無関係に、現代農芸からランドスケープデザインの大きな一派が台頭してきた。その中でも顕著な進歩は、新種の植物、新しい肥料、新しい耕作機械と耕法などであり、これらは農業生産性を増大させるために発達したものであって、チュイルリーやケンシントンのような庭園をつくり出すために発達したわけではない。

農耕者には形態に関する先入観は全くない。その場の必要にあわせてもちうる知識と技術を動員するのであり、デザインや美といった抽象的理論とは関係なく、植物を植え土を掘り起こす。彼らの関心は、最小の時間と労力で最大の収穫を得ることに向けられている。農耕の形態は、季節ごとの農作物や農法に応じて常に変化し、静的ではない。そこから現れるランドスケープは、人間の欲求の達成を劇的に表現し、生物的で有機的な性格を最大限に呈することになる。中国や日本の棚田、ノースダコタ州の小麦畑、ライン河沿いのブドウ畑、これらは単なる社会の産物というにはとどまらない。エステ荘やアルハンブラ宮の庭園にも匹敵するデザインなのである。

これは、過去のデザイン流派から一時目をそらすためにいうのではない。既にイギリスの庭園師、クリストファー・タナードがこう指摘している。

「新しい庭園技術がもちこまれるのであれば、庭園計画から、伝統的な要素を排除する必要は必ずしもない。むしろ目的は、伝統を新しい生活に吹き込むことにある。………ちょうど機関車や飛行機の、そして現代住宅のデザインが、科学の発明によって変わってゆくのと同じく、科学は未来の庭園の形態を変容させるであろう。特に庭園は、新しい素材やその応用法から影響を受けるに違いない。たとえば、植物の輸入や交配、そして土壌や気象の改善などによってである」。

このことは、ランドスケープデザイナーが、個人庭園のデザインから余暇の環境づくりという大いなる仕事に転ずるとき、疑いの余地のない真実として迫りくる。

生活に向け再構築される都市

ルイス・マンフォードはこう述べた。「地球とその上の都市の改造は、いまだ幼年期にとどまっている。人々は、技術世界の作品―発電ダムや高速道路など―に新しい創造のイマジネーションの息吹と力を感じ始めている。しかし実際には、与えられた環境を惰性的に受け流す日々、生命の文化の源泉を忘却する眠たい日々が終末へと続いている。今ここに新しい世界があるにもかかわらず………」。

今日の都市が、人間と余暇の源泉の間に位置していることは確実である。人は、自由な時間を費やして、労働で失われた気力を回復すべく地方から地方へと旅をする。

現代都市は、労働と休暇の世界を明分化してしまい、その相対価値に誤った評価をつくり出してしまった。すなわち、労働が人間の生活に本来的な属性であり、遊びや余暇は、それに付随した付加的贅沢品という考え方である。建築ばかりが荒涼と立ち並び、庭園はほとんど見あたらない我々の大都市。これこそその直接的な写しである。しかし、あらゆる意味の遊びと余暇は、人間の生活にとって、特に工業社会にとっては基本的必須条件である。余暇と労働と家庭生活は基本的に分ちがたい密接した単位であって、今日見られるように、不経済な細々とした交通機関で距離をとる独立事象であるべきではない。

都市におけるほとんどの生産業が屋内で行われているために、当然のことながら都市の余暇は、戸外であること、植物の息吹、光と空気を重要視する。貧弱な機構と過剰な集中で混乱している現代都市では、手足と腰を伸ばし、深呼吸をし、成長していくための柔軟で多様な屋外空間、組織立てられた空間が希求されるのである。

余暇システムに向けて

都市生活者は、年齢、趣味、性別を問わないあらゆるタイプの余暇を可能とする、柔軟で平等な完全なる「システム」を必要としている。断片的、部分的ではあるものの、そうしたシステムのおぼろげな形が、アメリカの多くの都市—ニューヨーク、クリーブランド、ワシントン、ニューオルレアン、シカゴなど—に現れ始めている。ニューヨーク市、ウェストチェスター郡、ロングアイランドなどの公園連繋システムが、その先進的事例である。

しかし、小さな不備は別にして、人口一〇〇人あたりに一エーカーの屋外空間という最低基準をとってみても、それに達している都市がアメリカには一つもない。質的な面からいうと欠点だらけである。どこの公園システムも孤立しているのである。たとえば、劇場、ダンスホール、スタジアム、競技場といった民間の娯楽演芸施設からも、かたや、学校、図書館、美術館など施設群からも距離をおいている。結果的にこうした状況は、一面的な余暇環境しかつくりえない。たとえ大きな公園—たとえばシカゴのリンカーンパーク、ニューヨークのセントラルパーク—であっても、都市生活者への適切なサービスという点からは、人口密集地から距離をおきすぎている。そのほとんどがいまだに古風なデザイン概念から抜け出しきれず、現代的な形態表現の場に浮上することはない。それでもバランスのとれたシステムの考案が本質的となる方向に世の中は動いている。余暇のそうしたシステムは、以下のようなタイプに分けられる。

1．遊戯公園—各住居街区の就学前幼児のための小さな敷地。小さくとも一区画あたり一五〇から二五〇平方メートル、三〇から六〇世帯に対応。簡素で安全かつ魅力的な遊具—イス型ブランコ、小さなブランコ、低い滑り台、砂場、素朴な遊びの素材、ジャングルジム—が複数。走りまわれる空間。低いフェンスか生垣による小空間、木陰。藤棚や母親たちのためのベンチ、ベビーカー置き場。

2．児童公園—六歳から一五歳の子供のためのもの。安全にまたすぐに行けるよう地区の中央近くに位置する。一〇〇〇人あたり一エーカーの割合で最低三から五エーカーの大きさ。主要な要素：遊具のエリア、自由遊びのオープンスペース、年長の少年少女がゲームをするための広場や中庭、そして静かな遊び、工作、演劇、お話のエリア、児童用プール。

3．近隣公園—若者と大人のためのもの。半径半マイルから一マイルの近隣に対して、最低一〇エーカー、できれば二〇エーカーの大きさ。一エーカーあたり八〇〇人として約二万人に対処する。

4．都市公園—大面積で前述の活動の一部あるいはすべて含む。加えて「風景美」をもちあわせる。集中的な群集に対処するよう動物園、博物館、興楽施設、遊戯場などのエリアで組織立てられる。

5．郡公園と緑の回廊—「田園での一日」を過ごすためのもの。より広大な面積をもち、人の集中を軽減する。自然改変は最小限にとどめ、散策と乗馬のための園路、車路、バーベキューコーナー、簡易休憩施設をもつ。

6．特別区域—ゴルフコース、水浴場、市営キャンプ場、水泳プール、運動場、スタジアム。

7．パークウェイとフリーウェイ—（1）上記の単位を統合的体系としてつなげ、（2）田園地帯、原生自然への迅速、安全かつ心地よいアクセスを提供する。

ただし量だけでは不十分

前述の類型は、しかしながら、余暇「システム」のおおまかな形式でしかない。このすべてがつくられたからといって「完全な余暇環境」が約束されているわけではない。いいかえれば、量と同じく質が問題なのである。「どれだけ」だけではなく、「どのような」余暇の施設があるかである。ここにこそ、デザインの要素が生きてくる。成否は、そこにいる住民の需要を正確に分析することにかかってくる。需要は個人的なものから、集団的なものにまで及ぶ。

人間一人ひとりが、最適な身体空間―身のまわりに要する身体と精神の成長、そして心安らぐためのある大きさの空間―をもっている。この空間は、生活の中で明確な輪郭をもつわけではないが、目に見えない因子の集合体を形成し、常に把握しやすい三次元に組織立てられる必要がある。これは、これまであまりにも等閑視されてきたことである。自然や土との接触や再結合から精神の休養と感情の解放を可能にするのも、戸外でのプライバシーなのである。

都会人は一つの集団として、著しい特徴を見せる。余暇の必要性が、年齢層や性別、習慣や風習（出身国のグルーピングはいまだもって計画上の重要課題である）などグループごとに多岐にわたるだけではない。移住、仕事、生活状況などからの影響によって常に変化するのである。ＭＩＴのフレデリック・Ｊ・アダムス教授の最近の研究によれば、ある年齢層の活動類型は常に変わり続け、積極的にスポーツに参加する年齢層も徐々に拡大し続けているという。体系的な余暇は、下は幼稚園、保育園の幼年層にまで、上は受動的な娯楽と軽いスポーツを享受する老年層にまで、徐々に広がりつつある。

加えて、都会人の余暇の種類―活動的なスポーツ、軽いスポーツ、娯楽、ゲーム、趣味の形態など―も確実に増大している。昔の娯楽（フォークダンス、あやつり人形劇）が復活し、新しいもの（ラジオ、テレビ、モータースポーツなど）が登場し、異国のもの（スキー、フェンシング、アーチェリーなど）が輸入されつつある。

前述のような要因から、余暇生活に求められるデザインの質がある程度わかってくる。これを満たす作品は、今日まず見うけられない。これからの世の中の余暇は、（1）ランドスケープと建築が一体となり（2）融通性をもち、（3）複合的機能をもち、（4）機械を応用し、（5）個人的なものでなく社会的なデザインアプローチをもたなければならない。

1．「統合」

もっとも火急な用件は、屋内空間と屋外空間の有機的関係を打ち立てることである。これにより、自動的に人口密度を調整することができる。屋内外の統合とは、内部と外部両者の生活空間の統合であり、職場と遊びの場の、そして近隣ごとに大きさが決定される社会単位すべての統合を意味している。その結果、ランドスケープは独立事象としては存在しえず、複合的な環境管理に組み込まれることとなる。社会の発展に応じて常に更新する、融通性のある環境をつくり出すことは、今日の知識と技術を用いれば不可能なことではない。再度いえば、ランドスケープを建物と一体化すること―建築が新しくつくり出す高い地平の実現―も可能である。そうすれば、歴史に名を残す偉大なランドスケープに特徴的な、おおらかで、心地よい統制のとれた空間に身を包まれているという感覚をつくり出すことができるであろう。

2.「複合的利用」

余暇の多くは季節に左右され、活動は昼から夕方の特定の時間帯に限られる。さらに、年齢層など集団の属性によって自由時間は異なる時間帯にあり、同じ集団でも余暇の過ごし方はさまざまである。それゆえ、今日どのようなデザインにも複合的機能を計画することが一般的である。それは維持管理作業を減じ、利便性を高め、不必要な移動時間を減少させる。

3. 建築デザインにおける「より高い柔軟性」

建築は、広範な利用形態と流動的な状況に高い即応性をもつべきであり、これは、ランドスケープの上にも展開可能である。今日の建築は、植物の生長に必要な外気、外光を取り入れる立体的構造をつくり出している。内部の仕切り壁に植物がとって代わり、屋外利用空間をつくり出す。もし建築とランドスケープがこうした融合を達成すれば、デザインにおける屋内と屋外の違いは、素材と技術的問題以外にはなくなる。屋内と屋外は一つになる。互換性をもち、要素の違い以外の区別はない。

デザインの融通性は、社会の内的成長と発展を図象として表現する。壮大な並木道や、軸上に据えられたメモリアルパークなどは、最大、一人あたり二倍のオープンエリアをもたらす可能性を秘めている。しかしそれらは、社会への回答という観点からは不十分である。そのような図柄は、いったん建設されてしまうと静的で融通がきかないために、コミュニティーにとって死の重りとなってしまう。生体的でも有機的でもなく、生活の役にも立てず、表象にもならない。

4．もし科学技術の進歩が、今日の都市環境をつくり出すのなら、明日の都市環境も、科学技術だけでつくられるであろう。このことはそのまま、「機械」が決定的重要因子であることを意味する。特にランドスケープデザイナーは、この認識から逃げるのではなく、受け止め習得しなければならない。ランドスケープデザイナーが、複合的で柔軟性をもち、建築と一体化する道はただ一つ、近代の材料、道具、手法を最大限用いることである。

繰り返しになるが、前述のことは実のところ、断片的ながらよく認識されていることである。アメリカの巨大なパークウェイシステムがよい例である。それは、現代の需要に純粋に即したランドスケープの新しい形態である。自動車の急激な増加が肉迫し、それをつくらせた。ここで、古めかしいデザイン標準は路傍に押しやられ顧みられることはまずない。また、ニューヨーク市やサンフランシスコ市の環境整備のランドスケープも、もう一つの例である。たぶんその建設工法は、完成形として見えてくるもの以上に進歩したものである。光と音の現代技術を用いたモービルシアターは、すでにあちこちに見られる（WPAキャラバン劇場、ランドルアイランドラバータイヤ劇場、セントルイスの屋外オペラ劇場など）。アメリカを見渡せば、農学、林学、園芸学、工学の進歩が、ランドスケープデザイナーによって徐々に取り入れられつつあることがわかる。

しかしいまだに、その可能性を最大限に応用し、真に表現した完成形態の事例はないに等しい。蛍光灯、マイクロフォン、自動車など、それらを単体で用いても、完璧なデザインが保障されるわけではない。課題はそうした先端技術が取り入れられた結果の機能にあるであろう。例えば、パークウェイは、断片的な生活と労働と余暇をつなぎとめておくだけでなく、一つの全体として統合する機構としても用いることができる。すべての都市生活者が余暇を過ごすために、半径一五〇マイルのエリアに分散するというのは、製図板上の空論である。ほとんどの人々は、交通の不便とコストのために街角に押し込められている。もしパークウェイが、家庭と職場と遊び場所の往き来に要する労力と時間と支出を減ずるとすれば、その建設費は十分に見合うものとなるであろう。

将来の余暇環境の建設においては、人間のもつもっとも進んだ形態が発展、完成し、素材とその形態が及ぼす影響が意識的につくり出されるであろう。そして形態のもつ問題を回避しようとするいかなる努力であれ、同じだけ意識された上で展開される形態を生み出すことになるだろう。この世に「ただの偶然」などない。自然に見えるものは、数限りない自然生態力学の非常に込み入った、微妙な均衡を保つ反応の結果なのである。それ自身自然の結果である人間も、さまざまな環境因子をある程度制御する力をもっている。人間がどのような要因を認識するかは、意識的な対象に向けられる意識的な目的によるのである。「無意識な」いわゆる「自然な」プロセスの結果をつくろうとする試みは、生物学的図式における人間の自然な居場所を否定することとなる。

5．将来にわたって、個人庭がランドスケープデザインの原型であり続け、個人の余暇の源として重要な位置を占め続けるであろう。しかし一方、ほとんどの都会人が庭をもてないという事実は残されており、たとえ各住戸が庭をもつときがきたとしても、都市の余暇環境のもっとも重要な展開は、都市の外に存在することになるであろう。都会にとって余暇は、労働や生活と同じく、本質的な社会問題であり続ける。

ランドスケープは前進する―建築のように―

ランドスケープデザインは、産業革命以降あらゆる計画形態を変えたのと同じ思想と手法で再構築を押し進めている。軸構成やヴィスタとファサードによる壮大な身振りが何者であるかは認識された―すなわち、現実問題を覆い隠す装飾ではありえても、その解決にはならないということである。現代のランドスケープデザインは、その基準を、都市社会の新しい需要との関係の中に発見しつつある。建築がそうであったように、取り組む内容が変位し、軸とファサードによる尊大な様式から、特定の機能を表現する特定の形態へと生まれ変わるのである。

レンガ、木材、コンクリートなどの建築素材同様、植物はそれ自体の性格をもつが、その性質は途方もなく複雑である。賢く植物を用いようとするのであれば、すべての植物についてその形態、成木樹高、生長速度、耐候性、適応土壌、常緑か落葉か、色、肌触り、開花時期などを知らねばならない。このように複雑な形質を表現するためには、各々の樹種を群植から分離させること、そして機能、動線、地形、周辺既存要素との有機的関係に従った型を準備する必要がある。そのテクニックは、ボザールのパターンより複雑なものである。しかし、それによってつくり上げられるのは、立ちつくして景色を眺めるだけでなく、そこで生活し、遊ぶために組織立てられる大きな空間群である。

（Architectural Record 誌一九三九年五月号より再録）

第7章

近代と古典

——ダン・カイリーの主題——

グレッグ・ブレム

7-1：
<ミラー邸庭園>［アラン・ワード撮影］

7-2：(左ページ)
<ミラー邸庭園> ダン・カイリー、インディアナ州コロンバス、1957年。
1 住宅 2 進入路 3 サービス路 4 スイミングプール（提案時の形態）5 ニオイヒバの生垣 6 千鳥配置の生垣 7 ニセアカシアの列植 8 ハナズオウのボスク 9 芝生 10 果樹園 11 彫刻（提案位置） 12 草原 13 シダレヤナギ 14 氾濫原 15 河川 16 瞑想の庭

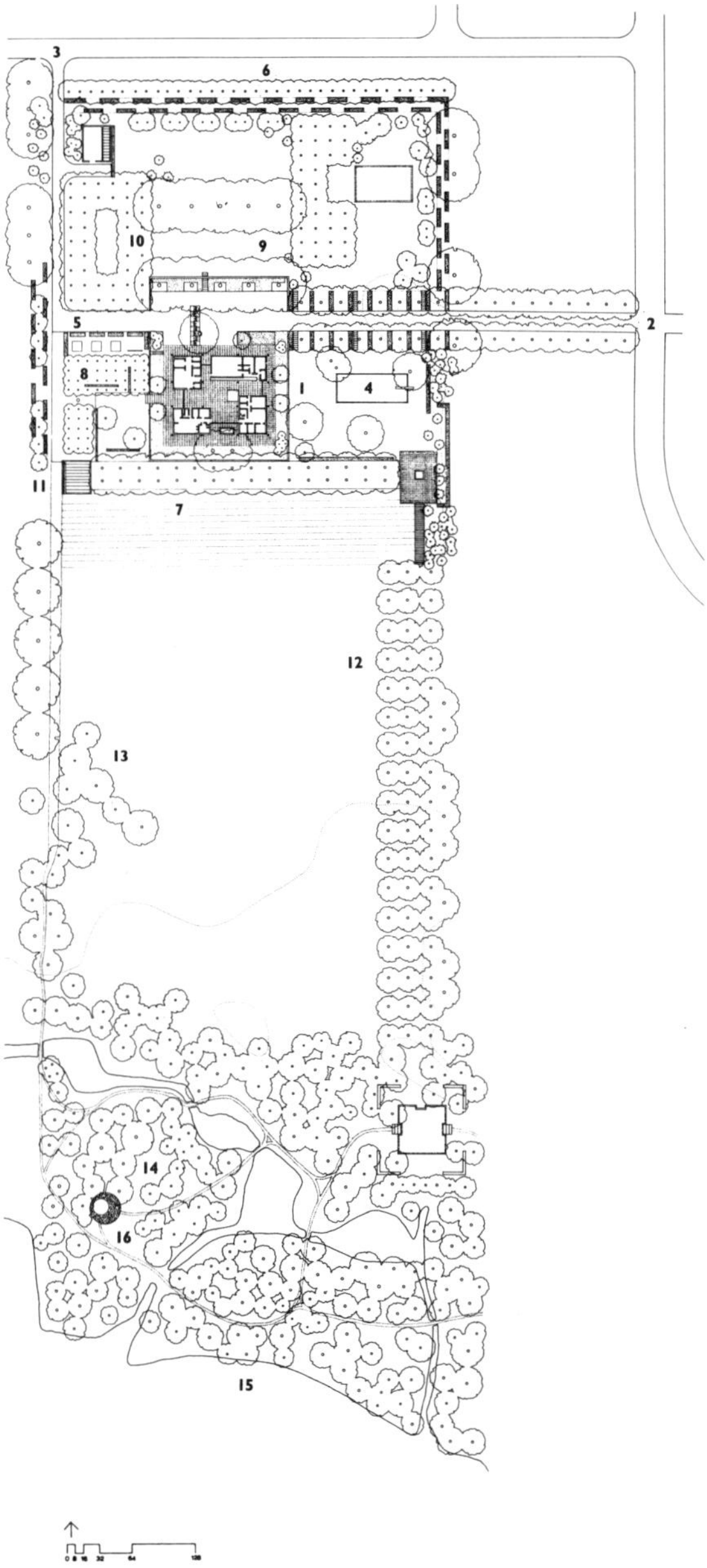

一九五五年の〈ミラー邸庭園〉のデザインは、ダニエル・ウルバン・カイリーの仕事に大きな転換期をもたらした作品である。一九三六年から一九五四年に創られたプロジェクトが、視覚芸術の形態を基調とするものとすれば、一九五五年以降今日までに創られたものは、近代建築の理念から出発したものといえる。カイリーにとって三九六番目のプロジェクトにあたるこの〈ミラー邸庭園〉は、それまでの彼の作品からの劇的な転換を象徴する。それは、「根本から近代的なランドスケープデザインの最初の事例」[1]であり、一九二九年にバルセロナ万国博のドイツ館においてルードヴィヒ・ミース・ファン・デル・ローエが展開した空間概念を表すものであった。

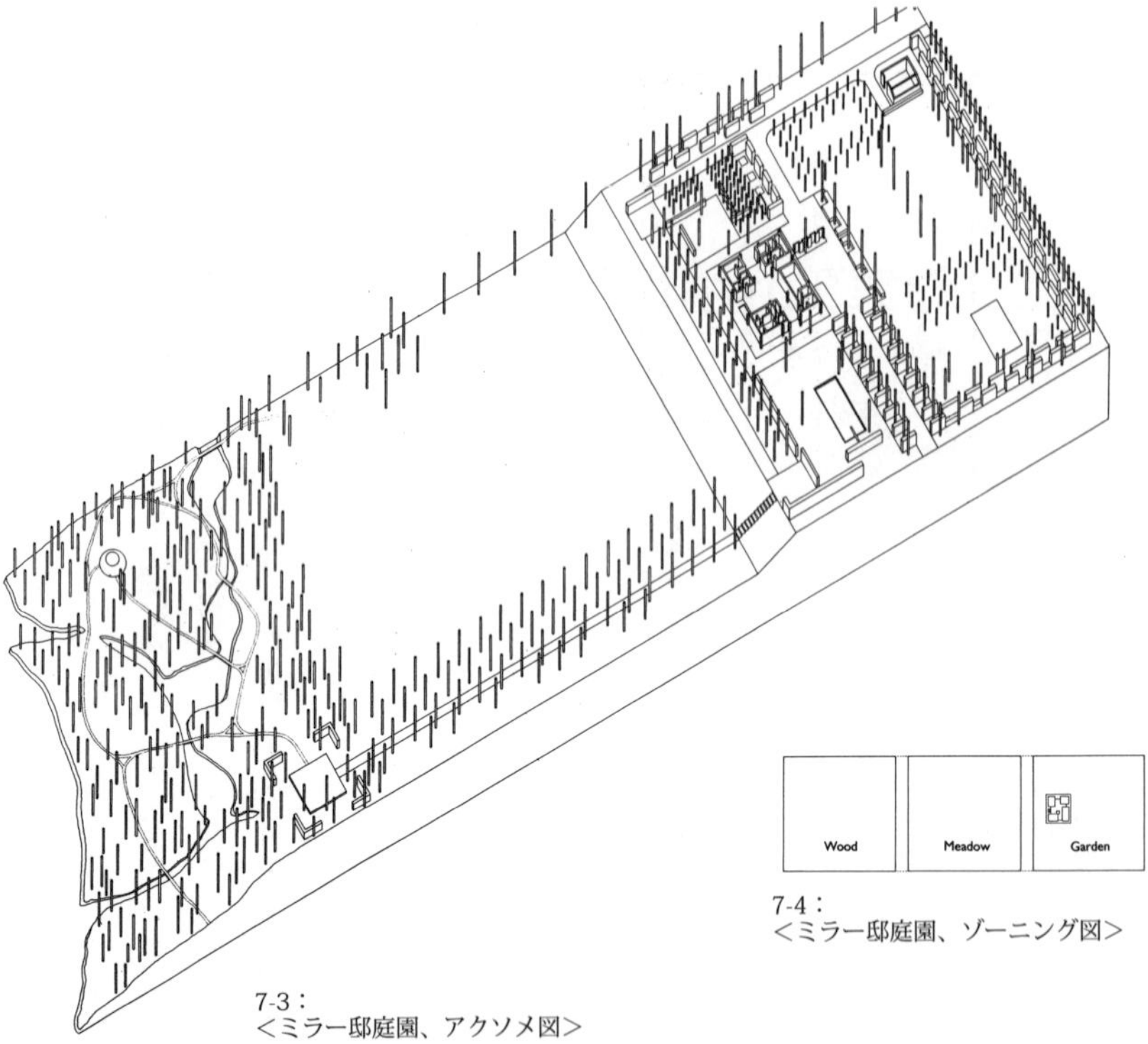

7-4：
＜ミラー邸庭園、ゾーニング図＞

7-3：
＜ミラー邸庭園、アクソメ図＞

ミラー邸とその庭園は、一九五三年から五七年にかけて、J・アーウィン・ミラー夫妻とその家族のために設計されたものである。インディアナ州コロンバスのフラットロックリバーとワシントンストリートにはさまれた一画に位置する邸宅は（図7-2）、エーロ・サーリネンとケヴィン・ローチの両者によって設計されたもので、氾濫原より五メートルほど高い矩形の敷地の上、アイビーに囲まれた大理石基壇の上に構えられている（図7-3）。一方カイリーの設計は、敷地を庭園、草原、林地の三部分に分割する（図7-4）。住宅を取り囲む高度に幾何学的な秩序をもつ庭園は、空間を縫う散策の楽しみを与えてくれる。千鳥配置の生垣が庭園の三辺を囲い込み、邸宅西面に平行して植えられたニセアカシアの並木は、日光をやわらげる木陰をつくりながら、北側のヘンリー・ムーア作の彫刻、そして草原へ降りてゆくテラスと階段を連結する役割を果たしている。草原は今日、よく刈り込まれた芝生となり、南側を

7-5：
＜ミラー邸庭園、ニセアカシア列植＞　［マーク・トライブ撮影］

縁取るように設計されたプラタナスの三列並木は、今日カエデの一列並木となっている。そしてシダレヤナギの小さな木立がこの空間にリズムを与える。さらに河川に面する氾濫原の木々が、カイリーの庭に第三の部分を与える。この低地から見返すと、透視的効果も手伝って、邸宅は大きな芝生の矩形の上に浮かぶように見えてくる。庭園と草原と木立、この構成は、古典三部構成を思わせるほどに力強い一方で、住宅を取り囲む空間は、古典的構成からはかけ離れた、全く異なる―近代的な―空間感覚を基調としている。

一九五〇年代半ばのこの〈ミラー邸庭園〉と、それ以前のデザインの間に生じた変化、それはあまりに急激で興味のつきないところである。この問いに答えるためには、まずカイリーの経歴と人となりを検証しなければなるまい。

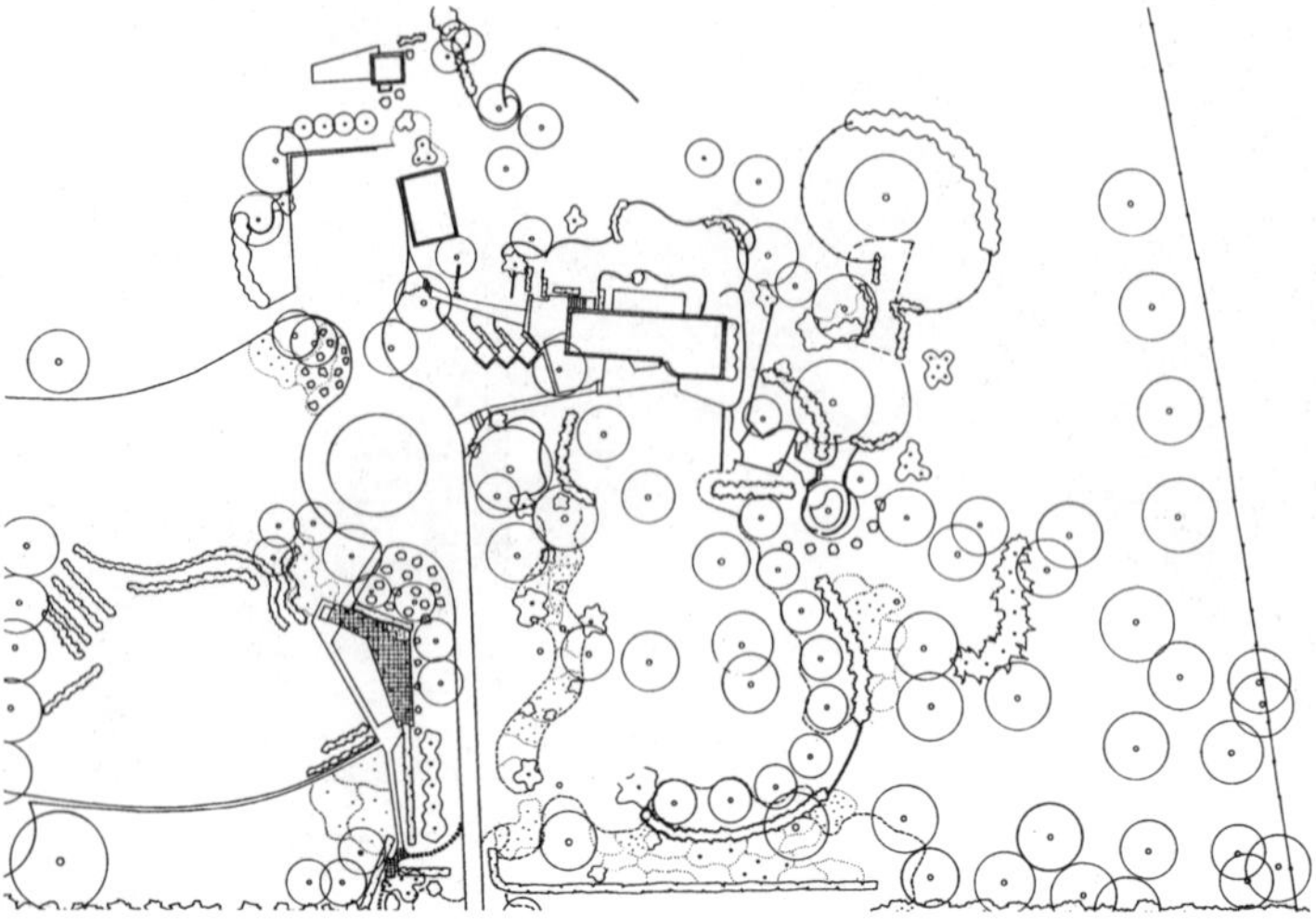

7-6：
＜コリアー邸庭園、平面図＞　ダン・カイリー、ヴァージニア州フォールズチャーチ、1940年

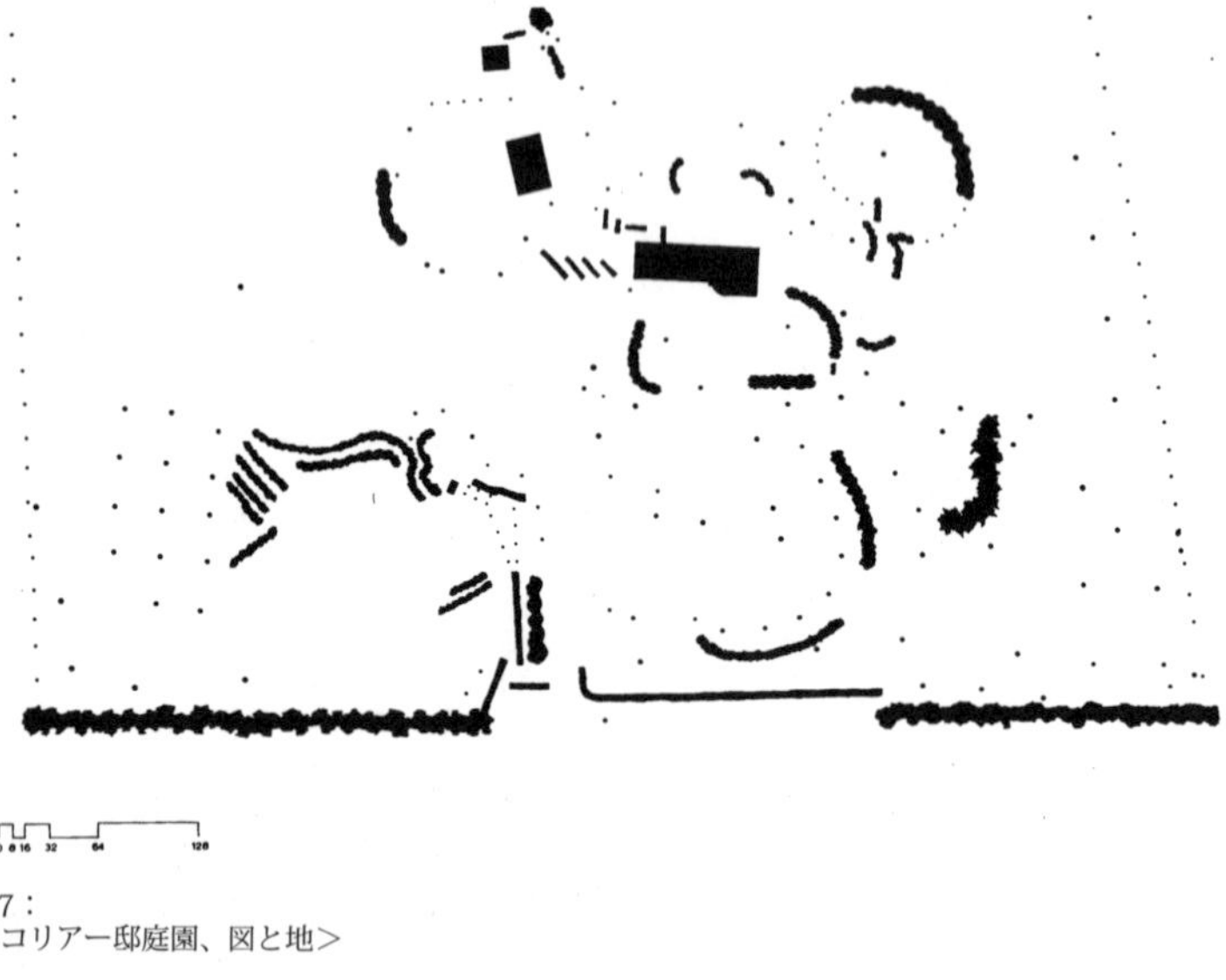

7-7：
＜コリアー邸庭園、図と地＞

背景：初期の作品

カイリーは一九一二年マサチューセッツ州ボストンに生まれる。一九三二年から三八年にかけて、ランドスケープアーキテクト、ワーレン・マニングの事務所に勤務、その後一九三六年二月にハーバード大学のランドスケープアーキテクチュアプログラムの特待生となる。ここで、彼はガレット・エクボとジェームズ・ローズに出会うのである。当時主流であった近代アートと近代建築につながる理論を模索すべくボザールの教育をしりぞけたのがこの三人である。彼らは特に、当時ハーバード大学で教鞭を執っていたワルター・グロピウスの作品に影響を受けた。一年後カイリーは学位をとることもなくハーバード大学を離れ、ワシントンD.C.に移り住む。それまでエクボが引き受けていた、合衆国住宅公社の準都市計画建築家の職につくためである。そこで、著名なランドスケープアーキテクトであり都市計画家であったエルバート・ピーツの下につき、この部局で働く間にルイス・カーンに出会い、軍需工場公営住宅プロジェクトに参加する機会を与えられた。カイリーはこの申し出を即座に引き受ける。このようにカーンが、カイリーと協同することとなる数多い建築家の中の最初の人物だったのである。カーンはさらにカイリーをもう一人の若い建築家に紹介する。その名をエーロ・サーリネンという。この出会いこそもっとも重要な出来事となった。[2]

カイリーは一九四〇年に住宅公社を辞め、ワシントンD.C.とヴァージニア州ミドルバーグに、ダン・カイリー事務所を開いた。最初の仕事の依頼は、ヴァージニア州ファールチャーチにある一六ヘクタールの〈コリアー邸〉—カイリーの言によれば、「近代的」ではあるが近代建築ではない住宅—の庭である[3]（図7-6、7）。この庭園平面に用いたのは、曲線の多い形態である。起伏のある雑木林を主役とし、それに重ねあわせるように生垣—これらは、隠れ庭、菜園、子供のための遊び場などを囲い込む—を袖章型に配している。ソメイヨシノの曲線形に囲まれた中央の芝生は、既存のレッドシーダーの樹により分節される。庭園建設に要した四ケ月の間、ランドスケープアーキテクトとしてカイリーはコリアー一家に住みこみ、自ら敷地の造成や新しい植栽計画の監理をしている。

この一九四〇年に、カイリーは小住宅の庭園を数多く設計している。ニュージャージー州プリンストンの〈ケネス・カスラー邸の庭園〉、ヴァージニア州ミドルバーグの〈A・A・S・デイビー邸の庭園〉などである。ガレット・エク

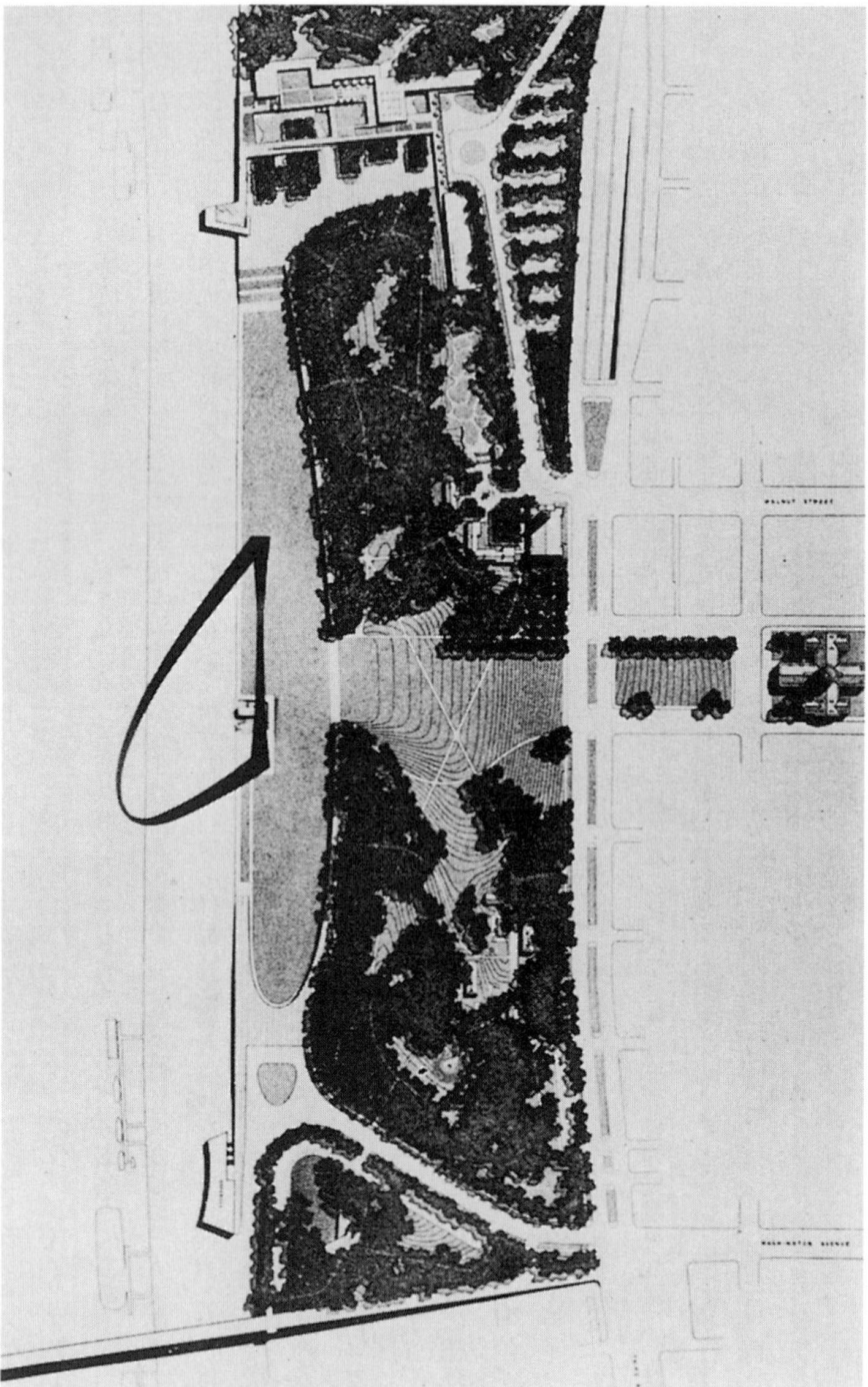

7-8：
＜ジェファーソン記念メモリアル、平面図＞　エーロ・サーリネン、ダン・カイリー、ミズーリ州セントルイス、1947 年。［ジェファーソン記念メモリアル／国立公園局］

ボがこれらの庭園を「地方伝統素材の新しい用法」の事例として一九四一年のマガジン・オブ・アートにとりあげ、当時カイリーとともに模索していたテーマ―田園風景の理念から出発する―を適確に記述している。

「そこには、構築物と自然の素材で生み出された三次元空間の形態をいくつも見つけることができる。自然林の中に切り取られた長方形や多角形の耕地、平面を縁取る並木や植林帯、果樹園の規則的形態、樹木の生長とともに大きくなる高木の生垣や防風林の直線、そしてフェンスや古い石垣の直線、自然のパビリオンをつくりだす孤立した木立、そしてこれらの樹木や生垣や石垣の交差による平面が、断続的な空間構成を形成している」[4]。

同様の形式で、カイリーは、一九四一年に都市計画家エドモンド・ベーコンのために二つ庭園を完成し、ルイス・カーンとは、ワシントンD.C.において〈リリーポンド住宅開発〉(一九四二年完成)を含む複数の大きな住宅開発プロジェクトで共同した。これらの設計の多くは、エクボやローズの作品に共通な生物的形態を強く感じさせるものであり、今日のカイリーの設計に特徴的に見られる、幾何学的純粋性や古典への参照の兆しはまだ見られない。

一九四二年から四五年にかけての戦時中、カイリーとエーロ・サーリネンはともにヴァージニア州フォートベルボアで戦略諜報局の陸軍技術師団に務めている。一九四四年、カイリーは、サーリネンとともにエクアドル、キトの新議事堂の設計競技に応募する。これが二人の最初の共同作品となった。一九四五年サーリネンは、父親エリエル・サーリネンの仕事―ミシガン州ウォレンの〈ジェネラルモーターズ技術センター〉の設計―を手伝うためにミシガンへと帰郷する。エーロ・サーリネンは、このプロジェクトにカイリーを誘うが、カイリーは軍務が忙しく、代わりに三人の仲間、トーマス・チャーチ、ガレット・エクボ、ジェームズ・ローズを推薦する。[5] サーリネンはチャーチと共同し、このプロジェクトは新古典主義のランドスケープを抱き込んだモダニズムのもっとも完成された建築表現となった。[6]

サーリネンが戦略諜報局を離れるのと同時にカイリーは、設計支部長の地位を固め、ドイツのニュルンベルク裁判所の建築家として指名された。[7] この任職がカイリーに初のヨーロッパ訪問の機会を与えることとなった。この渡欧中に彼は、ベルサイユ、パーク・ド・ソーといった、アンドレ・ル・ノートルの手による一七世紀の古典に触れたのである。ル・ノートルの作品との出会い―その単純性、幾何学がもつ秩序の明晰さと抑制―は、カイリーの成長に重大な影響を与え

7-9：
＜ハミルトン邸庭園＞　ダン・カイリー、インディアナ州コロンバス、1965年。［マーク・トライブ撮影］

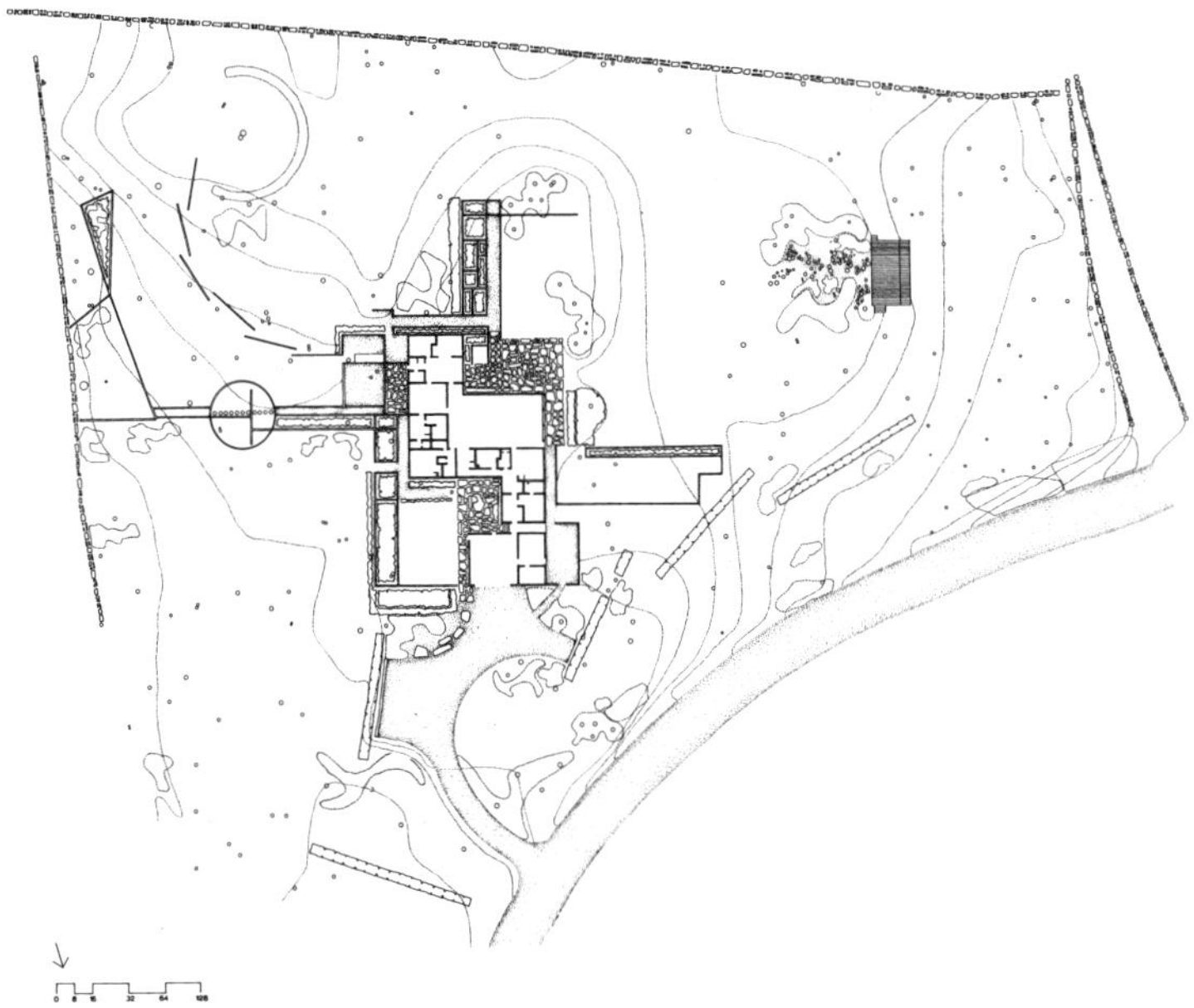

7-10：
＜ルイス・ベイカー邸庭園、平面図＞　建築：ミノル・ヤマサキ、ランドスケープ：ダン・カイリー、コネティカット州グリーンウィッチ

たに違いない。近代の空間理念に古典的形態言語を共鳴させる後年のランドスケープの作風は、ここに端を発するのかもしれない。

戦後、カイリーは事務所をニューハンプシャー州フランコニアに移す。彼自身の言によれば「いいスキー場がある」というのがその理由である。基本的に一人で実務をこなし、一九四六年には、ニューハンプシャーのB・M・キンベル氏のための〈ニューイングランド式の近代農家〉、バーモント州アーリントンのジョン・アサートン氏のための〈フラットルーフの近代住宅〉などの小住宅を完成させた。[8] 両者とも、東海岸北部の田舎に見られる素材を近代の言語に読み代えてつくられたプロジェクトである。

一九四七年、再びエーロ・サーリネンと組んで、カイリーはミズーリ州セントルイスの〈ジェファーソン記念メモリアル〉の設計競技に応募するが、それが入選となる（図7-8）。プロジェクトは、この二人の建築家とランドスケープアーキテクトの名を世に知らしめることとなるが、その完成は、一九六〇年代初頭を待たねばならなかった。[9] この間カイリーは、同時に自分自身のプロジェクトを完成させてゆく。たとえば、一九四九年ニュージャージー州プリンストンの〈デイビッド・ハミルトン氏の庭園〉で、エントランスコートのタイムの格子パターンが特徴的なランドスケープである。[10] その後、カイリーが事務所兼用の住居をバーモント州シャーロットに構えたのが一九五一年である。敷地は、シャンプレイン湖に面し、ア

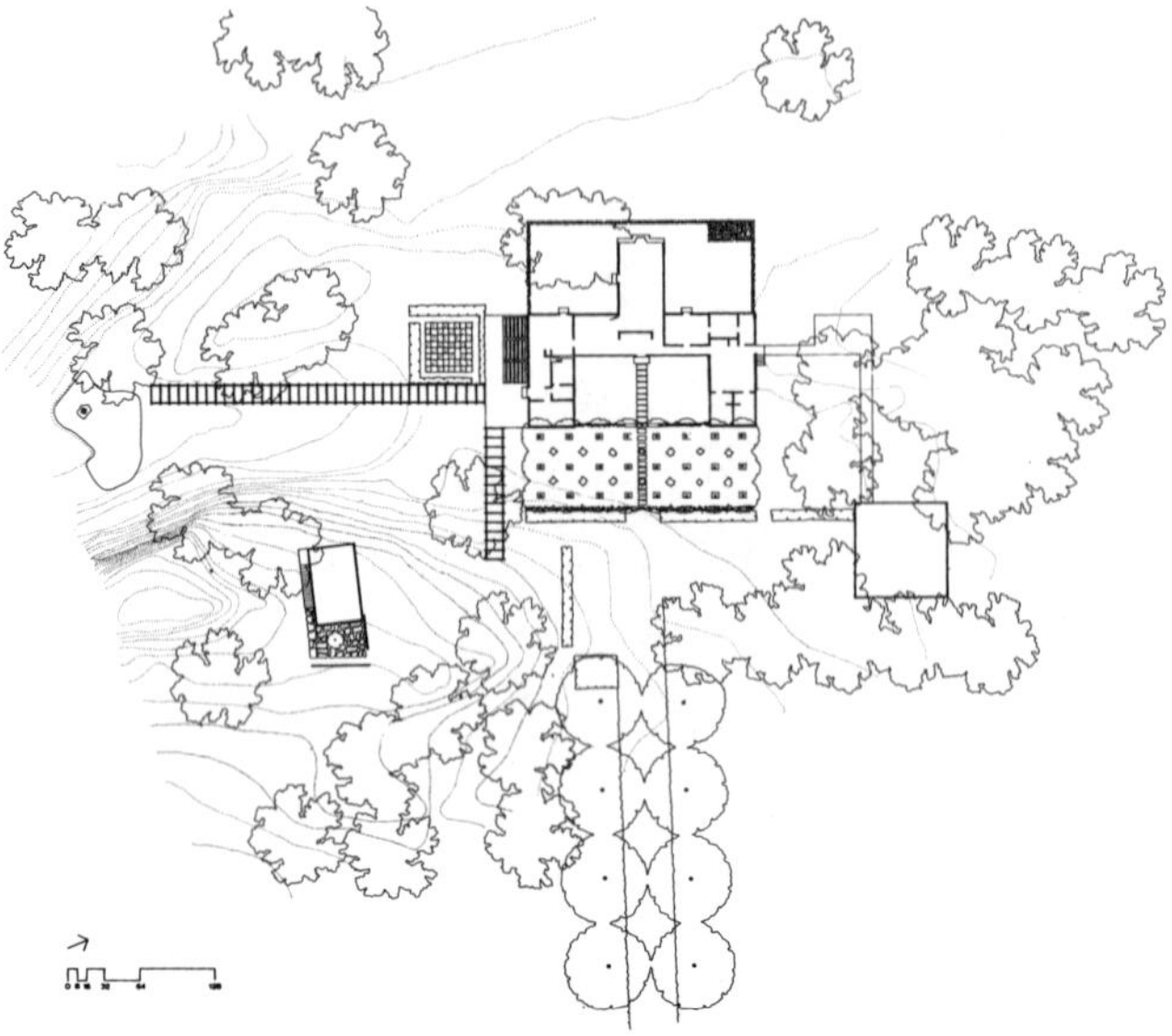

7-11：
＜ロバート・オズボーン邸庭園、平面図＞　建築：エドワード・ララビー・バーンズ、ランドスケープ：ダン・カイリー、コネティカット州サリスベリー、1954年

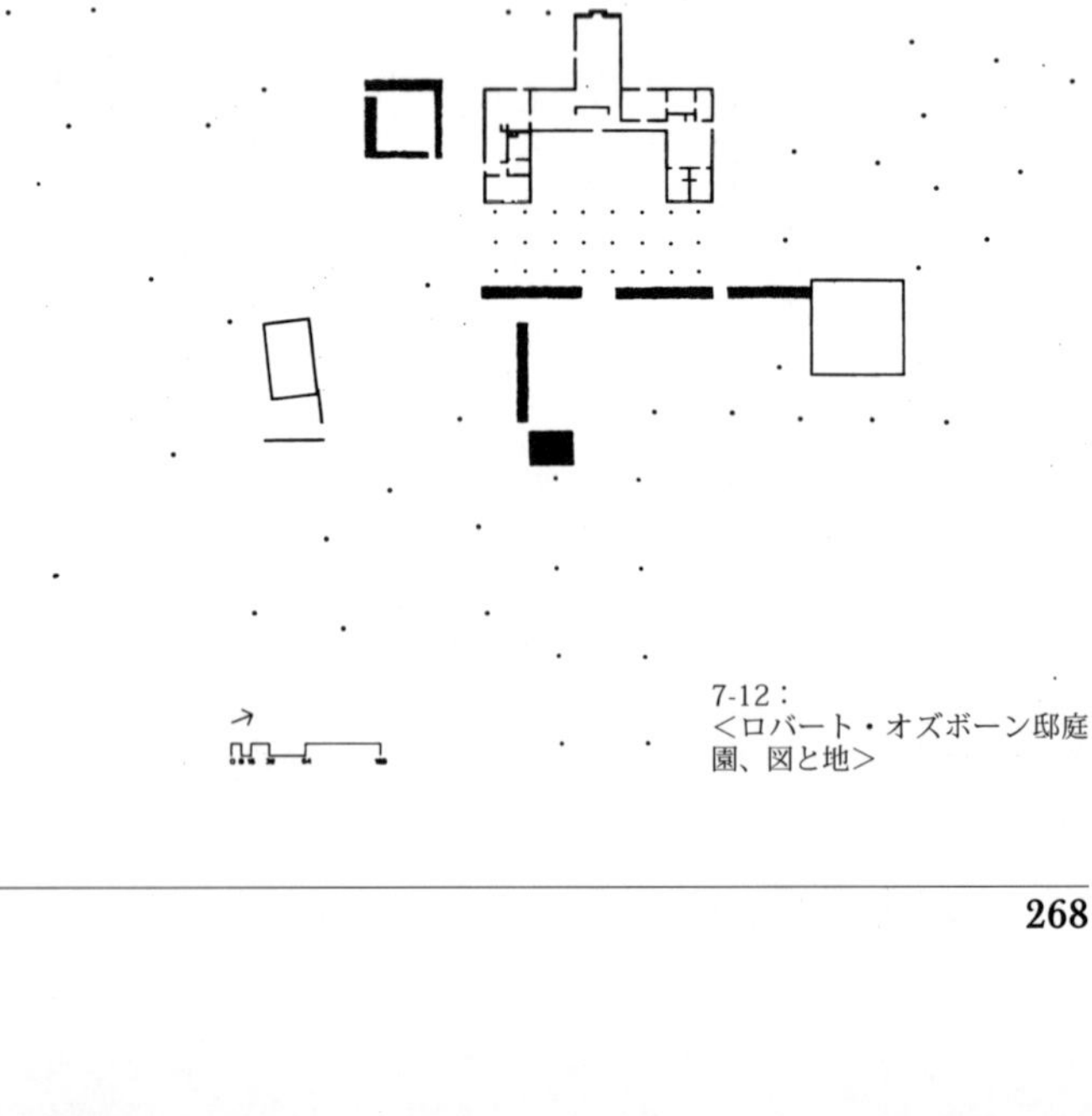

7-12：
＜ロバート・オズボーン邸庭園、図と地＞

ディロンダック山系を見晴らす高台に選ばれた。この年は、コネティカット州グリニッチに建てられたミノル・ヤマサキ設計の〈ルイス・ベイカー邸〉—中心から周辺の林地に向かって旋回するように広がる構えの建物—のために一連の庭園を設計した年でもある[11]（図7-10）。そして、〈ミラー邸庭園〉の完成に先立つ一九五四年、サーリネンはカイリーをコネティカット州サリスベリーに建てられた〈ロバート・オズボン邸〉のランドスケープアーキテクトとして推薦している。建築家はエドワード・ララビー・バーンズである。この、ミースに触発されつつ左右対称形を維持する住宅は、一九五六年に、バーンズが書いた記事「プラットホーム・ハウス」の中に紹介されている[12]。ここでカイリーは、進入路のニレの木や、格子状に植栽されたカエデのボスクなど、それまででもっとも幾何学的な植栽デザインを行っている（図7-11）。砂利敷きの車寄せは生垣で直角に囲まれ、それが住宅と一致して配置されることにより前庭の風景をつくり出す。南側には、〈デイビッド・ハミルトン邸〉で計画されたものと同じ市松模様のハーブガーデンがつくられている。この〈オズボーン邸庭園〉の平面にこそ、初期の散在的な形態を離れ、幾何学の新しい秩序に移行するカイリーの動きが明瞭に見てとれるのである（図7-7、12）。

一九五五年、カイリーは、エーロ・サーリネンと組んで〈ミラー邸庭園〉の仕事を始める。サーリネンの住宅がもつ確固とした秩序は、カイリーに、新プラトン主義的な幾何学形態の可能性を試みる絶好の機会を与えた。建築家もカイリーが共通の幾何学秩序を自由に用いることで、住宅を取り巻く庭園を一体的に扱うことを良しとした。サーリネンのランドスケープに対する考え方を、ミース・ファン・デル・ローエのそれと比較してみると、二人の建築家のアプローチの違いが明らかであり、サーリネンがミラー邸の設計にもちこんだ形態概念がよりはっきり認識されてくるのである。

エーロ・サーリネンとミース・ファン・デル・ローエ

サーリネンは、同時代の建築家の中でもとりわけ、建築と屋外空間の一体化を重視していた建築家であろう。彼はディ

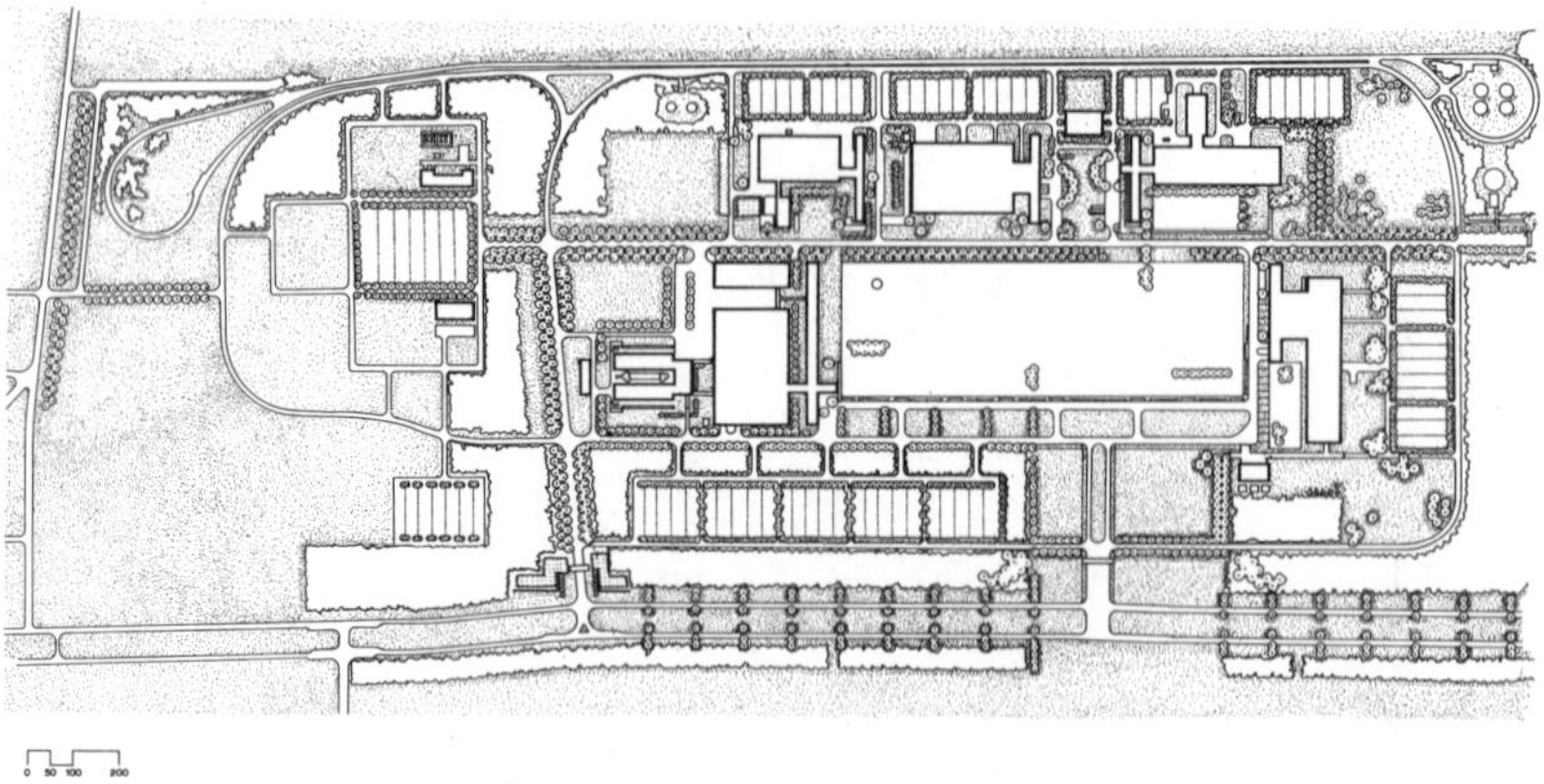

7-13：
＜ジェネラルモーターズ技術センター、敷地配置図＞　エーロ・サーリネン&トーマス・チャーチ、ミシガン州ウォレン、1953年。［Architect's Year Book 5に基づく］

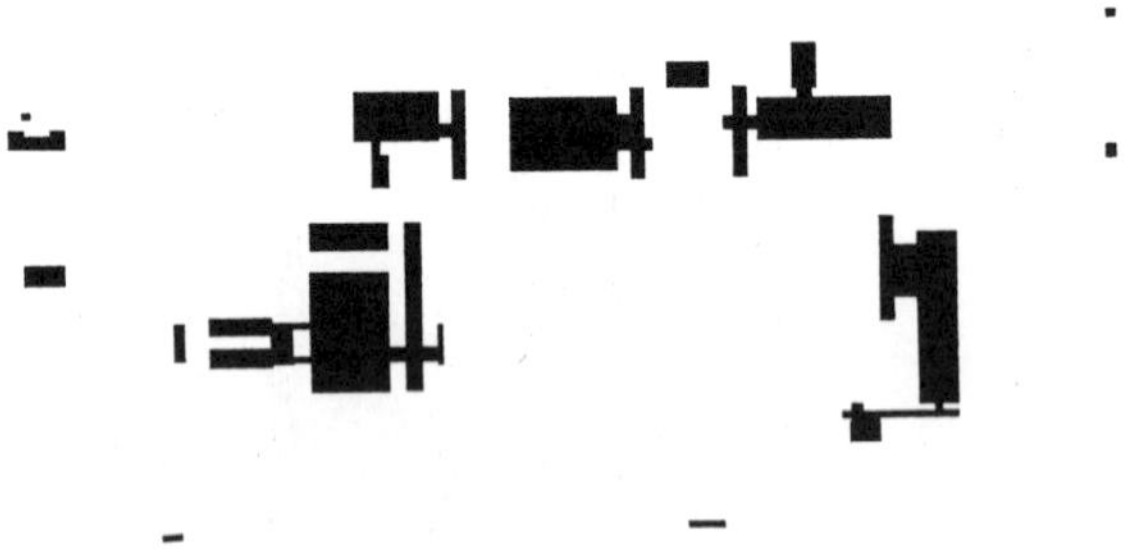

7-14：
＜ジェネラルモーターズ技術センター、図と地＞

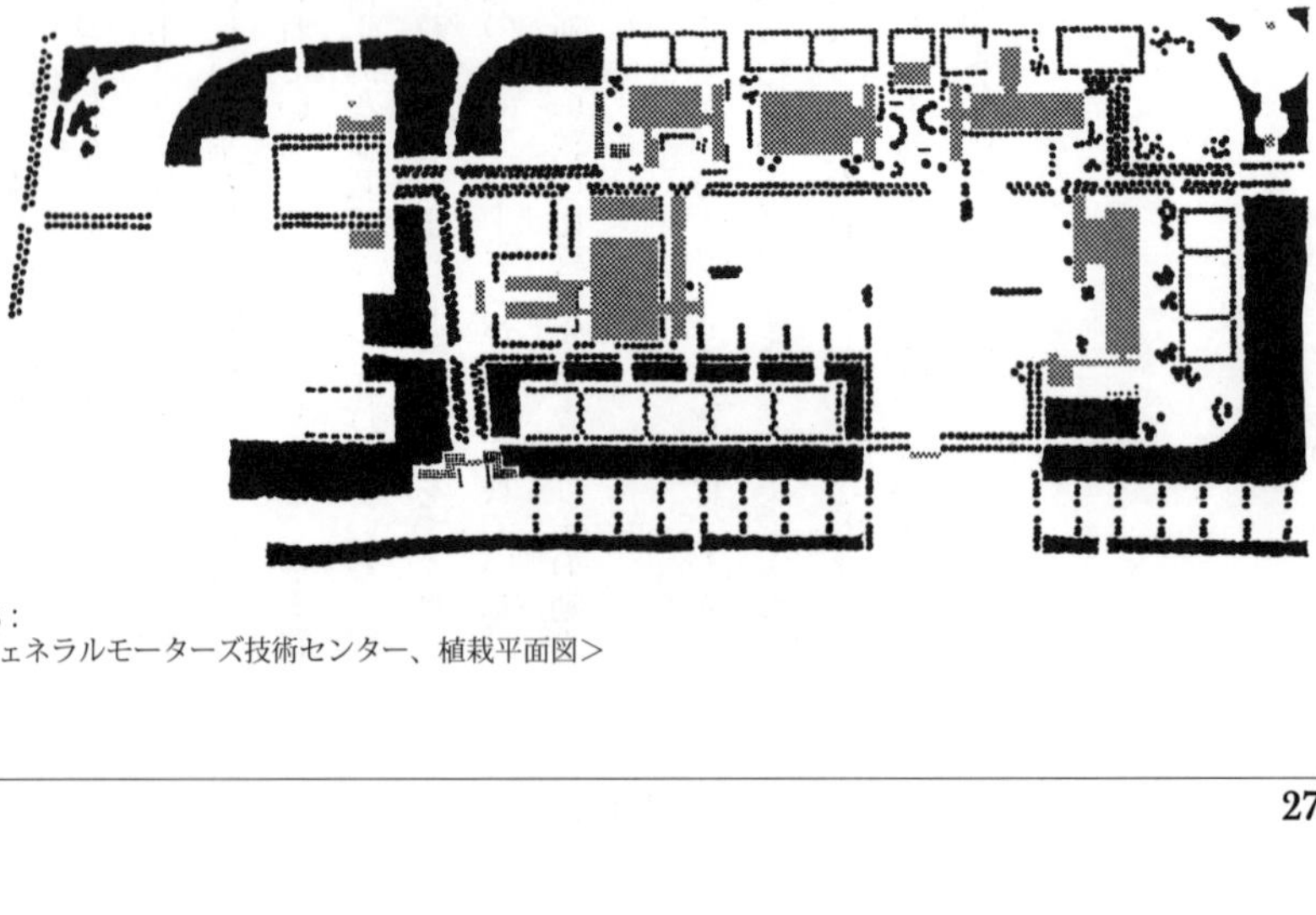

7-15：
＜ジェネラルモーターズ技術センター、植栽平面図＞

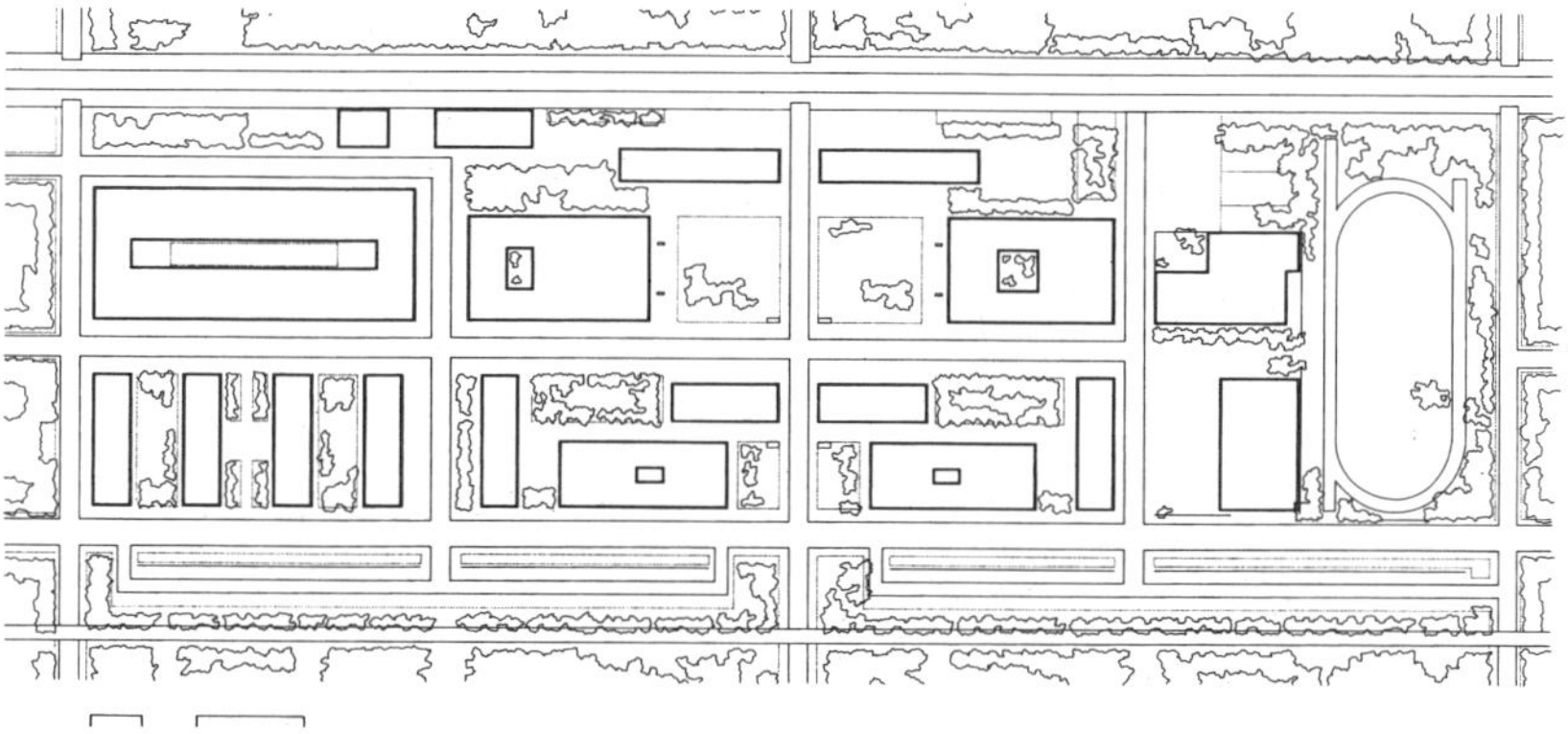

7-16：
＜イリノイ工科大学、敷地配置図＞　ミース・ファン・デル・ローエ、アルフレッド・カルドウェル、イリノイ州シカゴ、1939-40年。［資料提供イリノイ工科大学］

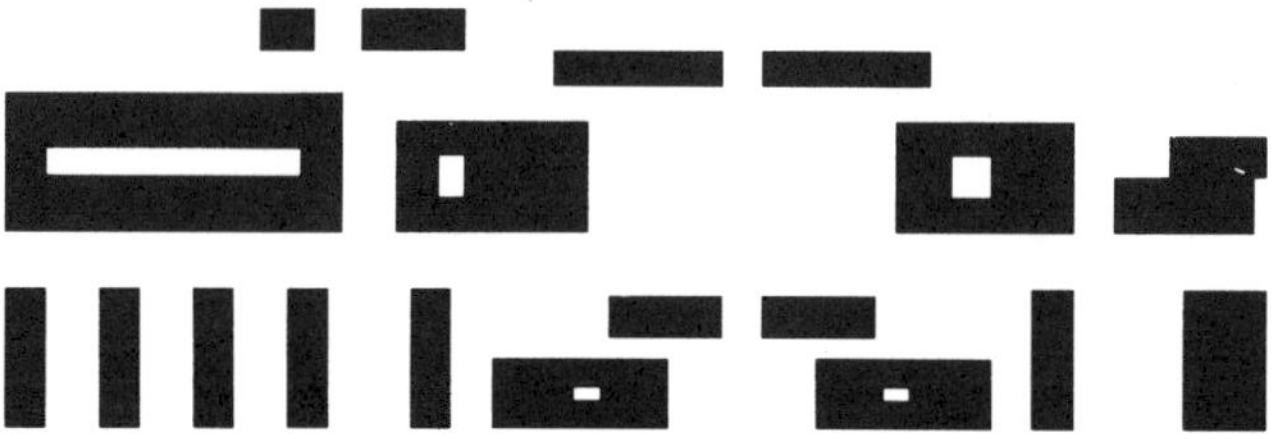

7-17：
＜イリノイ工科大学、図と地＞

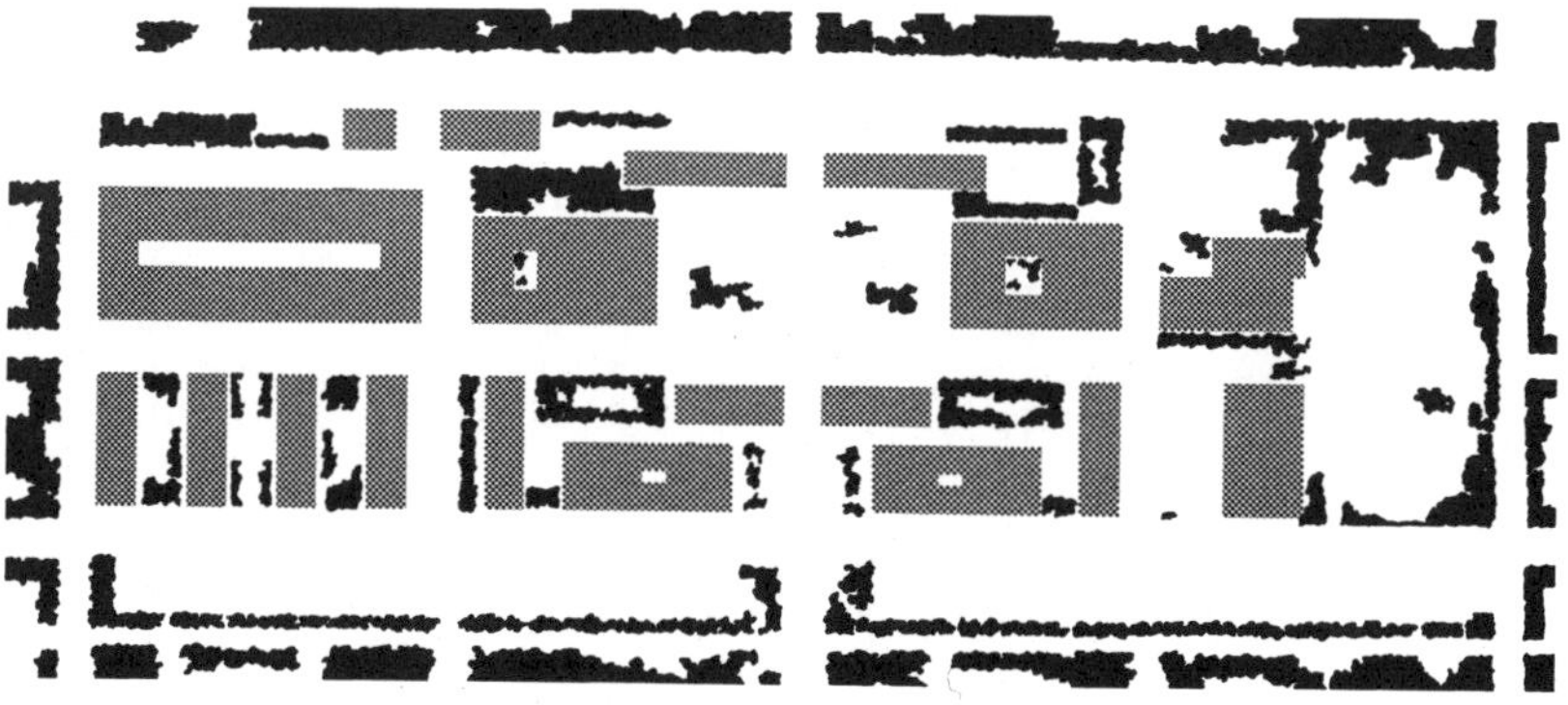

7-18：
＜イリノイ工科大学、植栽平面図＞

7-19：
<ミラー邸庭園、大人の庭写真>　1957年［ダン・カイリー事務所］

キンソン・カレッジで一九五九年に行った講演の中で、こう述べる。

「私は、建築を建物単体として見るのでなく、それを取り巻くもの、人工のものであれ、自然のものであれ、それらと関係をもつ建造物として見ています。たとえ一つの建物でも、それがつくり出す屋外空間全体と注意深く関係づけられなければなりません。容量、大きさ、素材、どの点から見ても、環境全体の中で魅力的な要素とならなければならない。これは、建物が全体に隷属せねばならないという意味ではありません。建築ならば、その頭を垂れてはいけないが、全体をまとめるための方法も見つけられねばならない。なぜならば、全体の環境は建築単体にまさるからです[13]」。

こうした見識が一九四〇年代、五〇年代の建築家実務の間で一般的であったかというと、そうではない。彼らの多くは、植栽を内部空間と外部空間を連続させる構造的要素としては考えず、自分たちの建物の装飾物とし

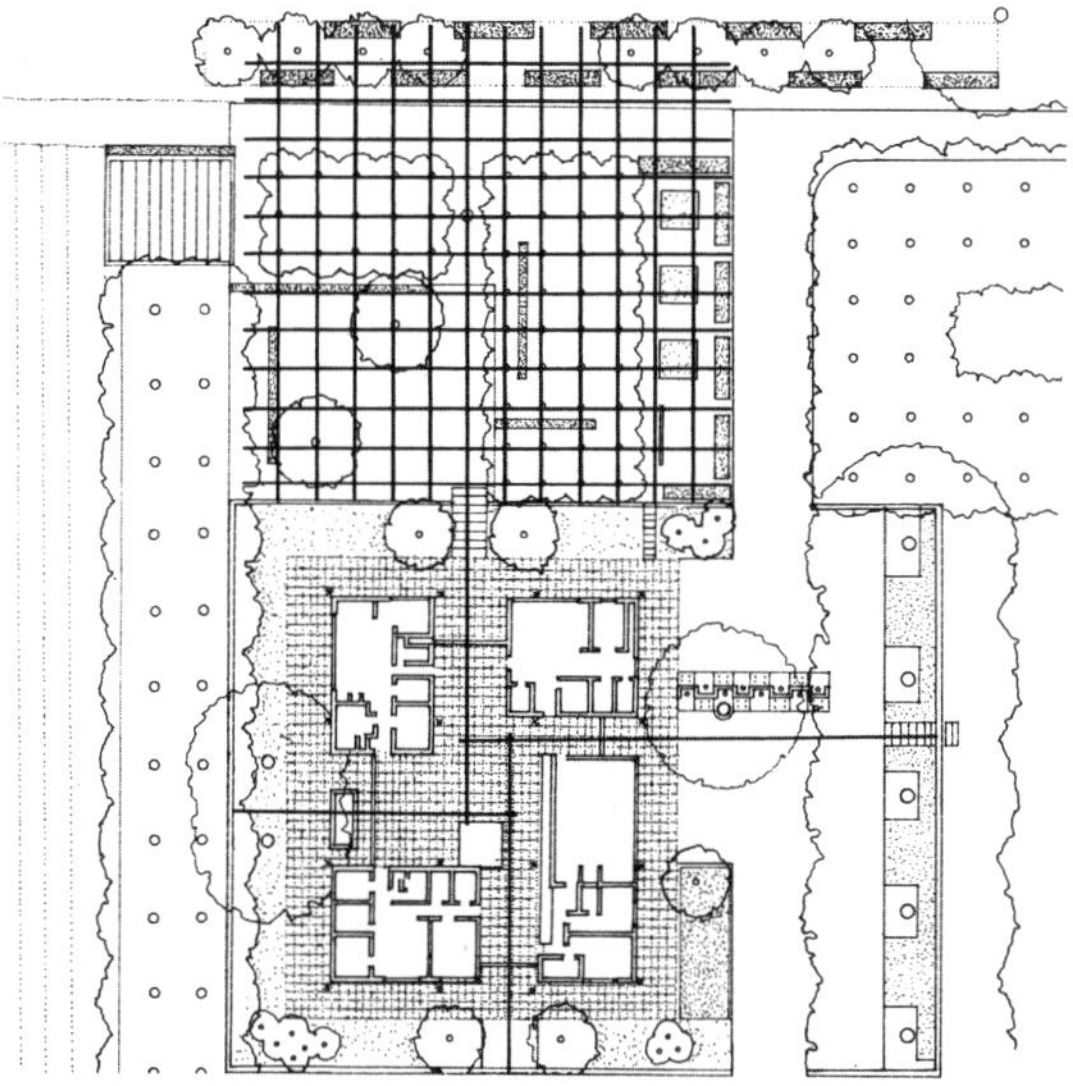

7-20：
＜ミラー邸、平面図、軸の構成＞　エーロ・サーリネン、インディアナ州コロンバス、1953-1957 年

てしか見ていなかった。サーリネンは、イエール大学でボザールの手法を習得しているが、一方で、父親エリエル・サーリネンの哲学とスカンジナビア民族の伝統を受け継いでいる。特に後者には、ランドスケープから恵みを受けて建築をつくり出そうという伝統が秘められているのである。[14]

エーロ・サーリネンが仕事を始めたのは、建築家ミース・ファン・デル・ローエが自らの建築実務の形を変えつつある時代であった。数多くの若い建築家が、新古典主義のデザイン原理を活用しながら機能主義の流れをつくり出してゆくミースの試みにひかれた時代であり、当然サーリネンもその一人であった。「簡潔な幾何学形態を好み、相異なる容積を複数集合させてゆくこと」は、基本的に非対称構成の傾向をもつが、偶然、完全な対称形をとることもある。[15] サーリネンの〈ジェネラルモーターズ技術センター〉の祖型は、一九三九年から始められていたミースのシカゴ、〈イリノイ工科大学〉のマスタープラン

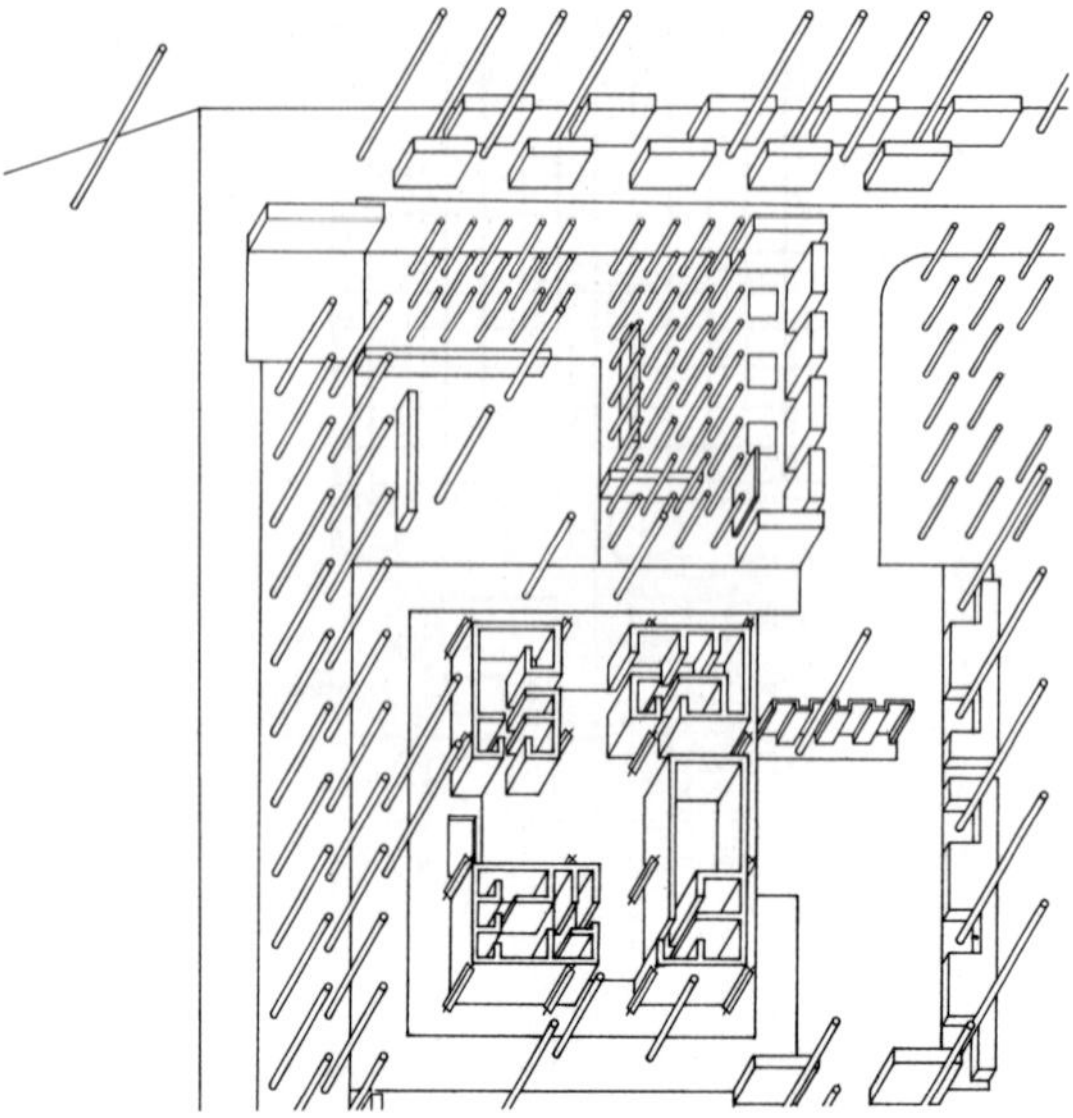

7-21：
<ミラー邸庭園、大人の庭アクソメ図>　ダン・カイリー、1957年

であり、その形態変換の明快な事例である（図7-13、14、16、17）。〈ジェネラルモーターズ技術センター〉のプロジェクトに平行して、サーリネンは、全国の大学キャンパスのマスタープランを数多く引き受けている。オハイオ州イエロースプリングスのアンティオーク大学、アイオワ州デスモイネスのドレイク大学などである。サーリネンの事務所は、当時この国でもっとも卓越したキャンパス設計事務所であり、そこで必要とされる論理性が、ジェネラルモーターズ本部の設計の出発点となったのである。[16]既存建物を組み入れる必要があったにもかかわらず、チャーチと組んだサーリネンは、ランドスケープと建築両者に共通する個性をつくり出すことに成功した。

サーリネンの〈ジェネラルモーターズ技術センター〉をミースの〈イリノイ工科大学〉のマスタープランと比較することで両者の建物とランドスケープの関係に大きな違いがあることが見えてくる。〈イリノイ工科大学〉

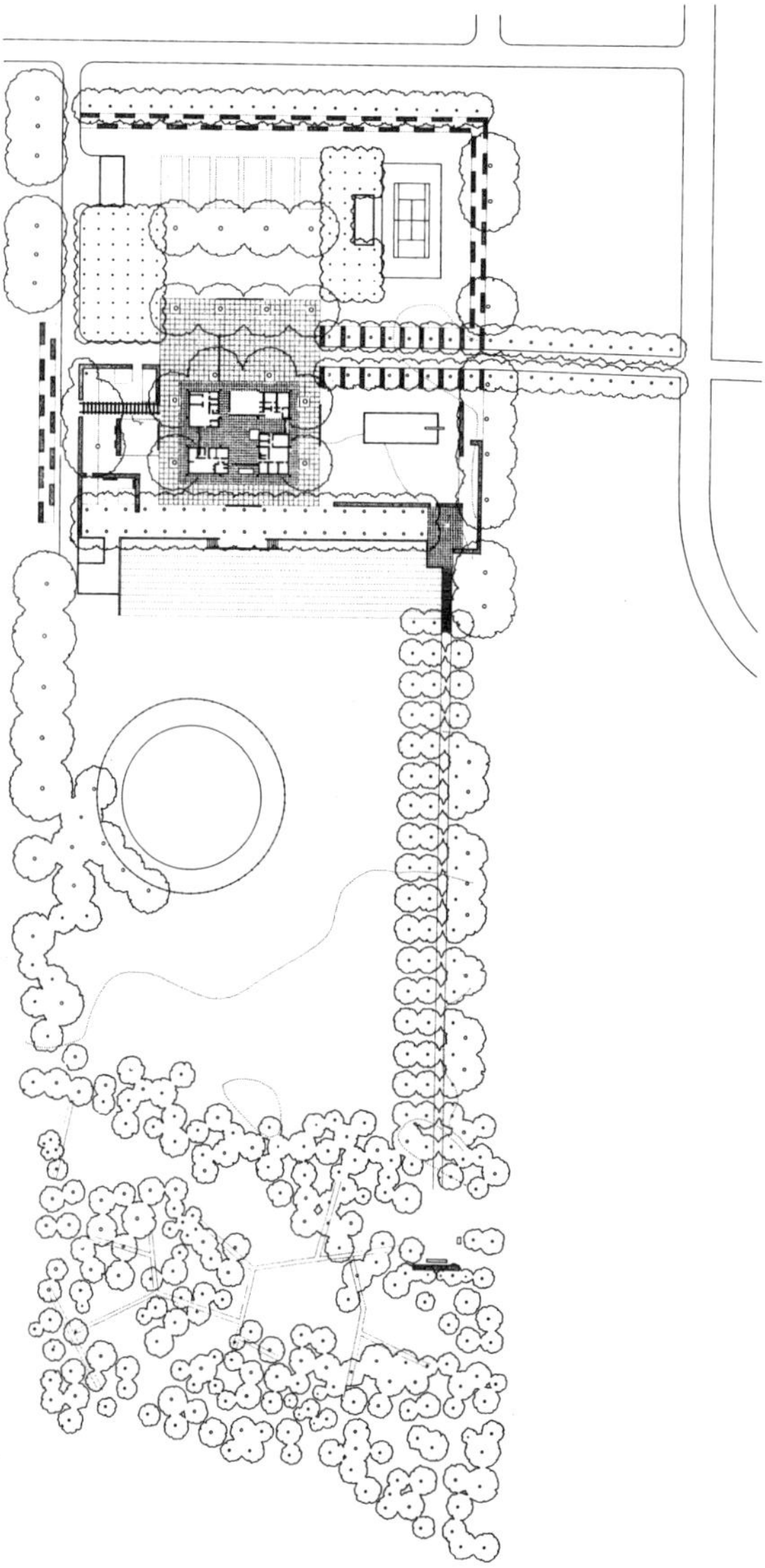

7-23：
＜ミラー邸庭園、スタディー平面図＞　ダン・カイリー、1955年

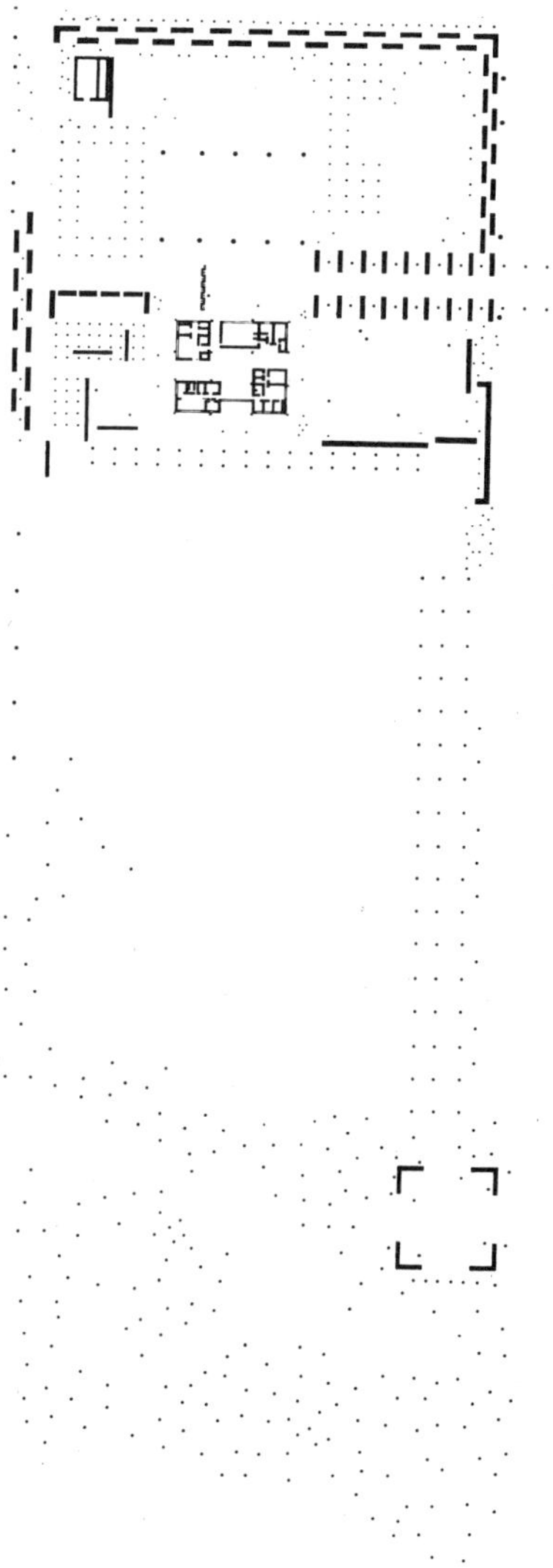

7-22：
＜ミラー邸庭園、図と地＞　ダン・カイリー、1957年

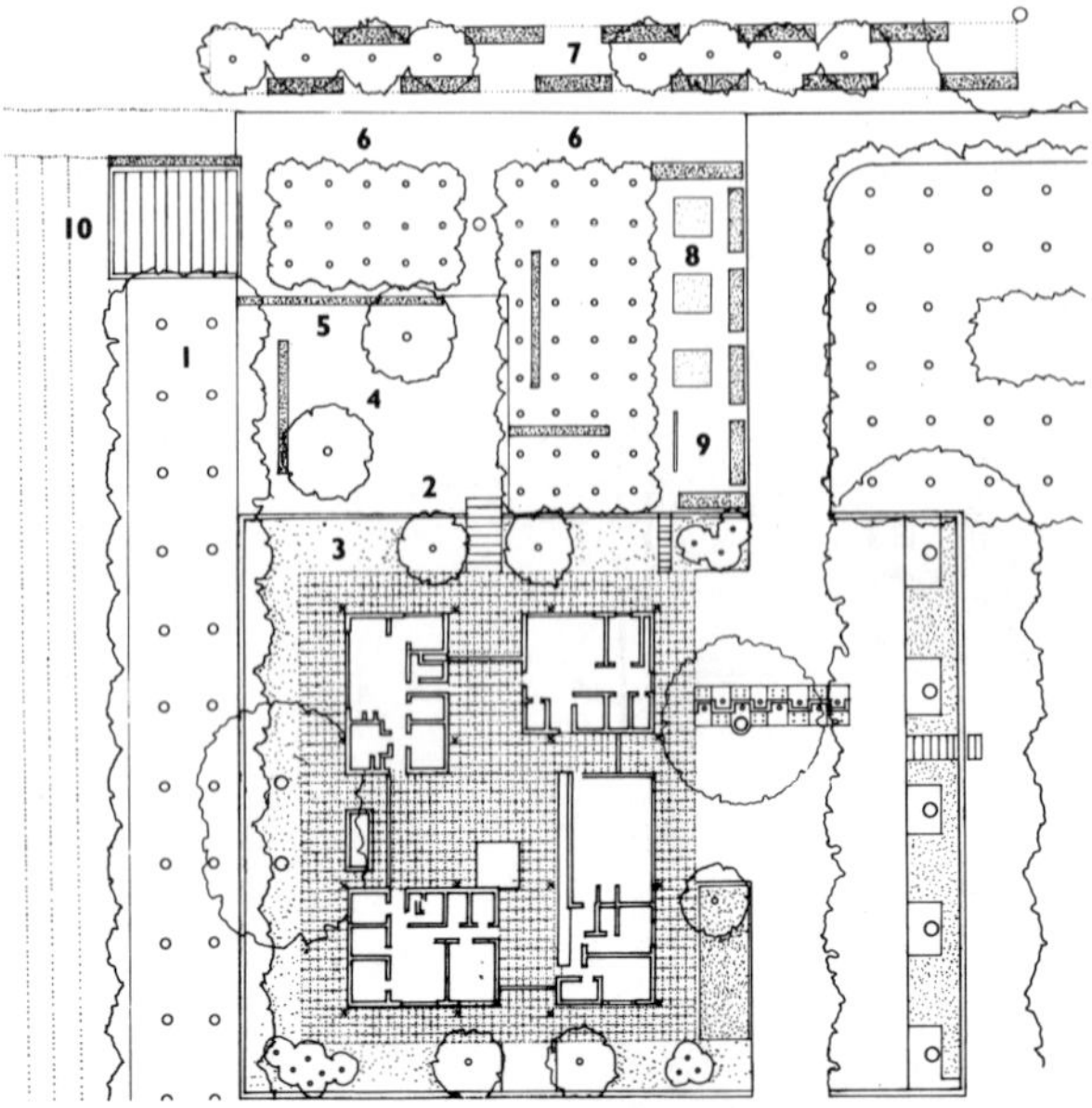

7-24：
＜ミラー邸庭園、大人の庭植栽図＞　ダン・カイリー、1957年
1 ニセアカシア列植　2 マグノリア　3 アイビー　4 イエローウッド　5 ヒイラギ生垣　6 ハナズオウのボスク　7 ニオイヒバ生垣　8 キッチンガーデン　9 洗濯場　10 彫刻（提案位置）

では、イェンズ・イェンスンの弟子でもあるプレイリースクールのランドスケープアーキテクト、アルフレッド・カルドウェルの設計による「ピクチュアレスク」なランドスケープが、ミースの古典的プロポーションをもつ建築を、まるで自然の中のギリシア神殿のように取り囲んでいる。カルドウェルの植栽プランは、建築の秩序をその周囲の屋外空間にまで拡張することになったであろう直交配置をすべて否定する(図7-18)。ひるがえって、〈ジェネラルモーターズ技術センター〉におけるサーリネンとチャーチは、高次元で秩序を保つ古典的ランドスケープをつくり出し、建築のもつ幾何学をランドスケープに直接、そして効果的に引き出している（図7-15)。一九五六年のアーキテクチュラルフォーラム誌は、このプロジェクトを、「ジェネラルモーターズ工業ベルサイユ」と名づけ、設計者の扱った巨大なスケールと、平面の基礎に古典的秩序があることを明確に記述している。[17] 樹木は建物の幾何学から引き出された線上に

まっすぐ並び、生垣は屋外空間を規定するために刈り込まれている。この高度に秩序立てられたランドスケープへの傾倒は、サーリネンの経歴に通じて存続するものである。

〈ジェネラルモーターズ技術センター〉以降のプロジェクトでもっとも著名なものは、一九五二年から一九五五年にかけてインディアナ州コロンバスに建てられた〈アーウィン・ミラー銀行〉であろう。この銀行のために、サーリネンは九つの正方形配列の柱を用いて古典的な風格をもつ銀行をつくり出した。サーリネンの建築はミースの理念を出るものではなかったが、ミースと異なり、サーリネンは高度に秩序立てられた幾何学的なランドスケープに対する信念をもち続けた。多くのプロジェクトでダン・カイリーと組んだことは、この信念の素直な現れである。その中でもミラー邸の建設にあたってのサーリネンのランドスケープに対する期待は、通常以上に大きかったようである。

バルセロナパビリオンとミラー邸

「バルセロナパビリオンは、壁の走る位置でそのすべてを語っていた。……我々は、その空間という理念に魅了されたのだ[18]」

ミースの〈バルセロナパビリオン〉は、現在、近代建築を決定づけた画期的建造物の一つと見なされている。パビリオンはたった六ヶ月しか建っていなかったが（最近の再建設までは）、一九三二年のMOMA展覧会にともなって著されたヘンリー・ラッセル・ヒッチコックとフィリップ・ジョンソンの「インターナショナル・スタイル（International Style）」に掲載され、またクリストファー・タナードによっても一九三八年の「近代ランドスケープの庭（Gardens in the Modern Landscape）」の中で論説された。多くのデザイナーがこの独創的な作品を知ったのは、出版物を通じてであり、カイリーもまた最初はハーバード大学の学生時代に雑誌を通じて学んだのであった[19]。

パビリオンの構造システムは、基壇の上にグリッド上に並ぶ十字型の八本の柱で構成されている。それにより自由になった壁が、まるですべりこむように空間を分節する。このパビリオンでは空間は曖昧であり、中心は一つではなく常にかき消され、空間が連続し流れる感覚が現れてくる。「ミースの作品における重要な二つの展開―〈自由な平面〉と〈空間連続体という概念〉―が表現されている」とデイビッド・スペースは記述している。

「自由な平面において、壁は荷重を支える機能から開放されて軽いスクリーンとなり、空間の皮膜となる。ミースが〈バルセロナパビリオン〉で明確化したもう一つの理念は、連続体として存在する空間である。それはメビウスの輪のような特徴をもつ。パビリオンを歩きまわってみると、いったん内部と思われたものが実は外部であったりする。床、屋根、壁面は空間を囲い込むのではなく、規定し、分節するのである。その結果パビリオンは、構成の深層部を露わにする一方、空間的には曖昧である[20]」。

この空間概念は、それ以前にも、ミースの一九二四年のレンガ造のカントリーハウス、〈レンガの家〉（図1-7）で試みられており、フランク・ロイド・ライトの概念、自由に流れる空間や、デ・スティル絵画のテオ・ヴァン・ドゥースブルグの重層する幾何学面の用い方に通ずるものである。

ハーバード大学の大学院生でまだかけ出しの設計者であったガレット・エクボもまた、〈バルセロナパビリオン〉に魅了されることでデ・スティルの空間概念に触れてゆく。学位プロジェクト〈スーパーブロックの仮想公園〉では、〈バルセロナパビリオン〉の影響が顕著にコミュニティーセンターに現れている[21]。エクボのミースの理念の探究は、一九四〇年にカリフォルニア州メンロパークに実現した庭園に反映されている。そこでは、既存のナシの果樹園に、風車型構成の生垣によって変化が与えられている。メンロパークの設計にミースの影響があったことは、エクボ自身によって彼の著書「風景のデザインLandscape for Living」で明らかにされている。「居間と食堂の空間は、ごく自然に大きな後庭と関係をもつ。まっすぐだが堅苦しくない生垣で秩序立てられ、住宅から引き出された構造が、ある種自由な矩形へと変化してゆく。これは、デ・スティルとミース・ファン・デル・ローエの平面形をもとにしている[22]」。

エクボが最初からミースの空間に挑んだのに対し、ダン・カイリーは、ほぼ一五年後の〈ミラー邸庭園〉の設計までそれほど興味を示してはいない。ミラー邸のときには既に四三歳、熟練の設計士であった。そのカイリーに、複数の好運が重なり、ミース・ファン・デル・ローエの空間概念を庭園に変換する理想的環境を準備したことになる。すなわち、

7-25：
＜ミラー邸庭園、リンゴ園と芝生＞　［マーク・トライブ撮影］

ミラー氏という依頼主、四ヘクタールに及ぶ比較的平坦な敷地、サーリネンが着手していたミース流の住宅の存在である。

　エーロ・サーリネンとケヴィン・ローチ、そしてインテリアアーキテクトのアレクザンダー・ギラードがミラー邸の設計に関わったのは一九五〇年になってすぐである。この時代、他の建築家たち（たとえば、ルイス・カーン、ジョン・ジョアソン、フィリップ・ジョンソン、ミース・ファン・デル・ローエ）は、近代建築の非対称から、より対称性の高い建築へと関心を移していた。建築理論家のコーリン・ローはこれを「新パラディアニズム」と呼んだ。「ごく一般化していってしまえば、現在、新パラディアニズムの建築は、ミース流の立面とディテールで構築された小住宅として現れている。それは、概念的には単体のヴォリュームすなわちパビリオンであり、外観とともに（可能であれば）内部も厳密な対称性を追求する[23]」。

　アーキテクチュラルフォーラム誌は

7-26：
＜ミラー邸庭園＞［マーク・トライブ撮影］

一九五八年にミラー邸を掲載し、アンドレ・パラディオのヴィラ・ロトンダと比較しながら「現代のパラディアン・ヴィラ」と称した。[24] この比喩の理解には少々想像力を要する。ヴィラ・ロトンダの中心性の強い平面とは異なり、ミラー邸の理論上の中心（談話室）は、風車型に構成されている諸室や開口によって、明確に定義づけられていないからである（図7-20）。

ミラー邸は、格子状に配列された一六本の白い柱と九つの矩形グリッドで形成される。一六本の構造柱は鉄骨フレームを支持し、ミース流に洗練された建築の特徴、柱、壁、水平な屋根を際立たせる。自由になった内部空間には、七五センチメートルピッチのグリッドモデュールに、四つの独立した部屋―「家」―が各々の機能を満たすように配置されている。それらは、両親の家、子供の家、来客の家、サービスの家である。曖昧な住宅の中心のまわりに各部屋が風車型に集合するこの空間構成が、カイリーに建築周辺の庭園設計の手掛かりを与える。

モダニズム形態としての〈ミラー邸庭園〉

もっとも広く出版されているカイリーの平面計画は一九五五年のものであるが、一九五七年の平面とは、ダイアグラムとしては同じながらプログラムの面からは異なる（図7-23）。実現されなかった初期の設計図面では、馬場が草原の中に、また馬小屋が住宅の北西側斜面の下に計画されている。菜園とテニスコートもこの初期計画図には見られるが、どちらもミラー夫妻の判断で隣地に移された。[25] また、住宅内部の機能に呼応した庭園のゾーニングも一九五五年の平面に明瞭に出ている。大人の庭、プライベートガーデン、ダイニングガーデンは両親の部屋に隣接するように配置され、キッチンガーデン、洗濯場、温室、菜園、果樹園がサービス機能をもつ部屋に、テニスコート、スイミングプール、玄関の芝生が来客の部屋近くに、遊戯のための芝生とレクリエーションエリアが子供の部屋から出やすいように、それぞれ対となるよう隣接して配置された。こうしたプログラムごとの要素は重なり合う一連の空間として組み立てられ、さらに、進入路のアカシアの並木が、住宅の平面と呼応した旋回するような動きを与える。[26] 上記した差異を除いて、このダイアグラムの本質的な部分は一九五七年に出版された設計においても変わっていない（図7-22）。

カイリーの〈ミラー邸庭園〉の設計の源泉は、その他にも数多くある。施主の意向や敷地の状況も源泉であるが、ル・ノートルの庭園がもつ古典的幾何学へのカイリーの憧憬もまた、明らかに〈ミラー邸庭園〉のデザイン言語の源泉である。たとえば、一九五五年の平面では、菜園がフランス式キッチンガーデンのように構成され、また、玄関車寄せに至るセイヨウトチノキの目のつまった並木も、ル・ノートルおなじみの道具立てである。ボスク、刈込まれた生垣、芝生、砂利敷き園路、これらもまた、ル・ノートルの庭園を連想させる。カイリーは、込み入った説明を嫌い、「住宅は、台所、食堂、主寝室、居間などの機能の区画に沿って設計されているため私も同じ幾何学を用い、樹木を木立や並木として用いながら、屋外の部屋をつくり出したのである」[27] という。それでも、この〈ミラー邸庭園〉には、近代空間理念のモデ

7-27：
<オークランド美術館>　ローチ・ディンケルー＆アソシエイツ、カリフォルニア州オークランド、1969年。
［ジョー・サンバーグ撮影、オークランド美術館所蔵］

7-28：
<オークランド美術館　エントランスと中庭>　［ダン・カイリー事務所］

ル、〈バルセロナパビリオン〉の影響が容易に見つけられる。実際、体系的にこの二つのスキームを比較してゆくと、〈バルセロナパビリオン〉と〈ミラー邸庭園〉後期の計画（図7-21）の両者には、五つの共通するデザイン的特徴があることがわかってくる。すなわち、新古典主義、グリッド、非対称、水平性、デ・スティル空間である。

新古典主義

フィリップ・ジョンソンは一九四七年に、ミースのパビリオンについて、「構造体としての立面をもち、基壇に載せられたシンケル的雰囲気を醸す」と記している。[28] シンケルとは、ミースに新古典主義デザインの影響を与えたドイツの建築家カール・フリードリヒ・シンケルのことである。ケネス・フランプトンもまた、このパビリオンが古典的形態言語の恩恵を受けていることを注記している。「直交グリッドの上に規則的に配置された八本の柱が、それが支える水平の屋根と対称の関係をもっている形式は、古典的なあずま屋の隠喩と読むことができる」[29]と。さらにその基壇にも、ロマン主義の香り高いポツダム公園ガーデナーズハウスのためのシンケルの設計を連想させる。なぜなら基壇は古典主義建築の要素であり、これが、ミースが自立した壁面でつくり出した近代空間構成と対比関係を織りなすからである。

一九五〇年代の建築家は、あらゆる場面で、新古典主義を近代建築のルーツとして再認識していた。ルドルフ・ウィットコウアーの著した「ヒューマニズム建築の源流（Architectural Principles in the Age of Humanism）」が、さらに新プラトン的古典理念の平面に戻る動きに拍車をかけた。[30] こうした考え方は、レイナー・バーナムが一九六〇年に書いた「第一機械時代の理論とデザイン（Theory and Design in th First Machine Age）」にも著され、その中で機能主義は新古典の様式原理の最解釈として提示された（モダニズムの先駆者たちはこの新古典様式で教育を受けているのである）。バーナムは「近代建築大系（Encyclopedia of Modern Architecture）」の「新古典主義」の冒頭で自らのポジションを明らかにするとともに、一つのプロジェクトを「古典的」かつ「近代的」と呼ぶ両義性を記している。[31] 相反する古典主義とモダニズムの概念がどのような形に統合されていくか、それを示した建築家として、たぶんミースは当時から際立った建築家であったろう。[32]

ダン・カイリーの〈ミラー邸庭園〉もまた近代空間理念と古典的構造の統合を表現したものである。この混成系についてカイリーは次のように述べている。

「機能と敷地がその力を最大限に発揮するための、端的で簡潔な表現方法を発見しました。いつでもというわけではありませんが、多くの場合この方法は、古典的幾何学を用いながら空間を連続するシステムとして関係づけ、秩序立ててゆく設計へと私を導きます。それは、空間自体が彼岸を示し、究極的には宇宙全体への連続感を与えるシステムです」[33]。

〈ミラー邸庭園〉では、古典的庭園要素—並木、ボスク、刈込みの生垣、芝生面—が近代の空間概念と併置されている。格子形に植えられたハナズオウのボスクは、芝生面の二方向を囲い込むL形の空間を形成する。またヘンリー・ムーアの彫刻（一九六〇年設置）に向かうニセアカシアの列植が、庭園、草原、木立へと続く三部構成の流れを遮る方向に走っていることも独創的である。庭園の西側に透けた壁を創り出すこの列植を、カイリーは住宅テラスの「欄干」といい表した。[34]カイリーのこの統合的手法は、一九四八年のジョゼフ・ハドナットの警句への回答と見ることもできなくはない。

「近代住宅のための庭を創り出す何らかの造形原理の基盤を見つける必要があり、その基礎が、住宅自体の中に見つけられたのである。それは壁を超えて拡張し、住宅を内包し、秩序も無秩序ものみこむような何らかの秩序の原理である。そうした原理は、これまでのところ少なくとも一つは提示されてきた。それは機能主義と呼ばれる魅惑的な原理である」[35]。

当時、ミースの影響下で設計を実践していた建築家やカイリーに、機能主義が提示したものは、まず古典的図式から始めて、その後それを非対称におかれた壁と空間、そして究極的には矩形による純粋幾何学によって制御されうるものすべてを用いて変形してゆく方法である。

7-29：
＜インディペンデンスモール第３街区、平面図＞　ダン・カイリー、ハリー・ターボット共同、ペンシルバニア州フィラデルフィア、1963年

7-30：
＜インディペンデンスモール第３街区＞　［ダン・カイリー事務所］

7-31：
＜アリード銀行、ファウンテンプレイス＞ ［ダン・カイリー事務所］

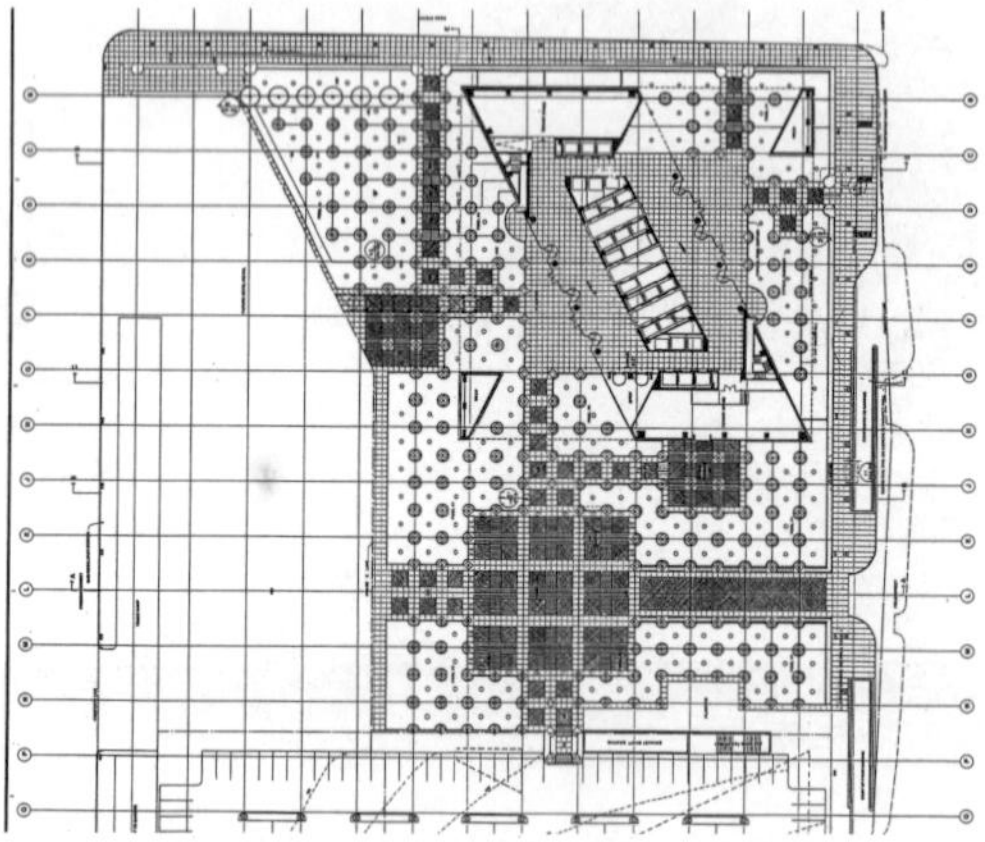

7-32：
＜アリード銀行、ファウンテンプレイス、平面図＞ 建築：I・M・ペイ、ハリー・コブ、ハリー・ウィーズ、ランドスケープ：ダン・カイリー、ピーター・ウォーカー、テキサス州ダラス、1987年

グリッド

グリッドは現代特有の理念というわけではない。その歴史は、ヤシの木を規則的に植えていたエジプトの庭園まで遡る。ところが二〇世紀初頭になって、グリッドはすべての近代アート、近代建築の象徴となった。ロザリンド・クラウスは、こう述べる。「グリッドの『発見』により、キュビズム、デ・スティル、モンドリアン、マーレビッチ等々は、……過去の何ものも到達しえなかった領域に着地することになった。いってみれば、すべてを過去のものとしてしまう勢いで現在という地点に着地したのである」[36]。空間の中心を消し周縁を展開する形態に焦点をあてていた建築にとって、グリッドの全方位に拡張する連続感はうってつけであった。その反復性は、中心性を打ち消し、見る者の視線を周縁へと誘い、階層性のない秩序と連続性を暗示する。ル・コルビュジエが一九一四年に発明したドミノ住宅を見れば、コンクリート床を支えるグリッド配置の柱が、自由な平面を得るためにいかに重要であるかがわかる。同様に二〇世紀の庭園を形づくるのにグリッドを応用した事例も数多くある。一九三八年マサチューセッツ州リンカーンに建てられた、ワルター・グロピウスの自邸は、既存のリンゴ園の斜交グリッドのただ中に位置し、またガレット・エクボは、既に述べたようにメンロ・パークの庭を構成するのに既存のナシ園のグリッドを利用している。

ミラー邸のプロジェクトでは、サーリネンの住宅もカイリーの庭園も、構成の基本要素としてグリッドを下敷きとする。こうしたモダニストの信任に加え、グリッドは、アメリカ西部という地域にとっても妥当性をもっていた。この地域では、大平原の上に街区や都市を区画するグリッド以上に象徴的なものはないからである。サーリネンは、壁と柱の配置を規格化するのに七五センチメートルモデュールのグリッドを用い、それを住宅の内部から外部のポディウムにまで拡張した。カイリーもまた、三メートルグリッドを用いて、樹木や生垣の位置を規則化した。しかし住宅のポディウムのグリッドと庭園のグリッドが平面上一致することはない。庭園の中でもあちこちにグリッドが用いられるが、多くの場合各々は互いに干渉せず、庭園の中に独立したルームをつくり出す。平面図に見られるこれら複数のグリッドは住宅を中心に分散してゆき、空間の動きを強調するパターンをつくり出す。カイリーは、壁面―生垣―と直交する構造―樹木の列植―を決定することにより、建築の自由な平面の概念に近づいたのである。

非対称

〈ミラー邸庭園〉デザインのもう一つの特徴、非対称性もまたモダニズムの旗印である。カイリーのハーバード大学在籍中、建築プログラムで教鞭をとっていた人物ワルター・グロピウスは、一九二三年に非対称構成に関する「新」原理を書きあらわした。「一本の中心軸に向きあい建築の部位を対称形に関係づけていく方法は、今やそれを凌ぐ新しい概念によっておきかえられようとしている。それは非対称だが躍動的な均衡であり、どの部分も同じ繰り返しの死に体の対称構成を変貌させる」[37]。ミースの〈バルセロナパビリオン〉では、この軸の否定と非対称構成への傾倒が最大限に表現されている。壁面のつくり出す自由な平面が、基壇の古典的形態と対比をなしながら、非対称構成をつくり出している。パビリオンの入口もメインプールも、パビリオンの空間と同一軸上にくることはいっさいなく、むしろ古典の伝統と近代の間に強い対比を生み出している。

〈ミラー邸庭園〉にはまた、連続する形態の非対称的重合も見られる。この構成はモダニズムの様式からだけでなく、日本の様式から引用されたものでもある。クリストファー・タナードの「近代ランドスケープの庭」では、近代庭園を象徴する非対称が日本の住宅に見られることが述べられている。カイリーもまた同様にこう述べる。「日本の住宅は、私を興奮させ設計に影響を与えた。それは実用的でありながら、統一的全体を与える連続と相互貫入の空間秩序をもっていたのである」[38]。〈ミラー邸庭園〉でも非対称性が明らかな大人の領域を見てみよう（図7-24）。まず芝生の矩形に植えられている二本の立派なイエローウッドの木が非対称である。また、住宅からこの部分に向かう動線は、ハナズオウの長方形ボスクの長辺に沿うと同時に、ちょうど住宅の出入口の軸上に一致しながら、空間の中心から偏心している小さな噴水に向かう。これらの樹木が庭園の小部屋の北東側を囲い込み、またニセアカシアの列植が西側境界を縁取る。

7-33：
<ダラス美術館>　建築：エドワード・ララビー・バーンズ、ランドスケープ：ダン・カイリー、協力：クリストファー・デューン、テキサス州ダラス、1985年。［ダン・カイリー事務所］

水平性

グロピウスは、バウハウスにおいて「水平性に関する新美学」を発展させた。これは、フランク・ロイド・ライトの一九一〇年および一一年の作品をおさめたワスマス作品集の出版からヒントを得たものである。水平を強調するライトの手法は、ミース・ファン・デル・ローエの作品に多大な影響を与えた。たとえば、壁体を超えて張り出すバルセロナパビリオンの片持ち屋根の水平面の構成に明らかである。この浮揚する水平屋根は地面を包容するかのようであり、建築とランドスケープの関係がさらに強調されるのである。

ミラー邸とその庭園においてもまた、水平性は支配的である。サーリネン設計の住宅は、長方形平面の平屋建てであり、張り出し屋根が住宅をめぐり基壇の上にさしかけられ、住宅から庭園への中間領域がつくられる。カイリーはニオイヒバを四メートルの高さの生垣とすることで、その水平性を強調した。生垣は長い壁として機能し、庭園の境界を決める役割を担う。ハナズオウのボスク、ニセアカシアの列植など、同種植物を同じ高さでグリッド状に植えることにより、大人の庭の水平スケールを増幅している。芝生と砕石敷きの水平な床に呼応して、水平に枝を広げる植栽が施されることで、庭園の広々とした風情がさらに強調される。下方の氾濫原から住宅を見返すと水平性はさらに明瞭である。住宅は庭園と一体に溶け合い、長く水平な並木の線に透かして見える白い家は、緑の箱におさめられた宝石のようでさえある。急勾配の斜面は住宅と庭園のための基壇に見え、まさしくミースやライトが表現したもののごとく、不動の水平線を際立たせるのである。

デ・スティルの空間

自立した面と格子状の柱の配列による〈バルセロナパビリオン〉のデザインは、水平で遠心的な空間を生み出す。その源泉はたしかにライトにあるが（例えば一九〇六年ライト設計の〈ガーツ邸〉と、一九二四年のミースの〈レンガの家〉を比べるだけでもわかる）、また、ライトの理論をデ・スティルの空間概念に翻訳したものでもある。[39] ミースは、デ・スティルの彼の作品に対する影響を否定するが、一九三〇年以前の彼の建物には、デ・スティルの創始者テオ・ファン・ドゥースブルグの絵画との見かけ上の類似が強い。この類似は多くの場合、ドゥースブルグの一九一七年の絵画〈ロシア舞踏のリズム〉とミースの〈レンガの家〉の平面図の間で指摘される（図1-5、7参照）。ジェームズ・ローズは一九三八年の記事「庭園の自由（Freedom in the Garden）」においてこの二つを比較し、「パターンから建築へ、ランドスケープへと続く同時代の様式の連続[40]」と呼んだ。

ピエト・モンドリアンの抽象絵画は、仮説的には無限に反復可能な秩序立ったシステムの一部を提示して見せたデ・スティル美学の、たぶんもっとも明快な表現であろう。彼の絵画は哲学者ショーエンメイカー、そして究極的にはプラトンの理念から引き出された、神智学的で宇宙的な空間思想に基づいている。[41] カイリーもまた（神智学とまではいわないまでも）自らの設計手法の中で「世界とつながれていることの表現」を試みたのである。[42]

デ・スティルのこの空間概念は、〈ミラー邸庭園〉において、最初の設計で大人の庭に植えられていた背の低いヒイラギの生垣の形態として見ることができる（図7-19）。この生垣は、ハナズオウの幹がつくる直交グリッドの間に配置されており、少なくとも平面図上、その手法は〈バルセロナパビリオン〉の壁と柱の関係に類似する。この配置手法は、〈メンロパークの庭〉でエクボが芝生の周囲に用いた生垣にも見られる。しかし、エクボが各々の生垣に異なる種類の植物（そのいくつかは花のつく植物である）を用い、空間の純粋性を損なってしまっているのに対して、カイリーは、すべての生垣を一種類の常緑樹とすることを選んでいる。残念ながらカイリーの「風車型」の生垣が取り除かれたことで、大人の庭の部分からは、自由平面の空間、連続する空間の理念は失われてしまった。カイリーはこう述べている。

「変更があった大きな部分は、彫刻とハナズオウのある西側の部分である。ミラー家の人々がそれを取り払う前は、ここにミース・ファン・デル・ローエのような生垣が存在し、芝生の領域を空間として位置づけるのに多く寄与していたのである[43]」。

〈ミラー邸庭園〉以降

カイリーにとって、グリッド、非対称、水平性の使用は、ランドスケープデザインに対する彼のアプローチの劇的な変更を意味した。〈ミラー邸庭園〉を設計した後、カイリーは、それまで一九年近く追い求めてきた自由形態と非直角な構成の型を廃棄し、建築とランドスケープをつなぐものとして一連の幾何学を試みる旅にのり出したのである。一九五六年から一九六八年にかけてつくられた〈空軍アカデミー〉（図1-13）、一九五八年の〈ダレス空港〉、一九六五年の〈クラレンス・ハミルトンのための庭園〉、このどれにも背後にある新しい原理を見て取ることができる。幾何学で秩序立てられ、建築と密な関係を結ぶランドスケープを理想とする建築家の多くが、カイリーを共同設計者として選ぶことを好んだ。折り目正しい、そして古典的でさえある空間性の探求は、カイリーのハーバード大学時代の友人、ガレット・エクボやジェームズ・ローズのデザインには見られないものである。彼らの構成は、比較的オープンで実験的なもの―現代芸術を参照するもの―であり続け、カイリーの感性に訴えた古典伝統を顧みることはほとんどなかった。ランドスケープにモダニズムの自由な平面を展開してゆくにあたり、古典言語を否定するのではなくその構成を作品の中に生かしたこと、これがカイリーを成功に導いた大きな要因となったことは確かである。

第7章の註

この小論に力を貸してくださった多くの方に感謝の意を表する。ダン・カイリー氏はインタビューに応対し、親切にも自分の資料からドローイングのコピーをとらせてくれた。アーウィン・ミラー夫妻は、自邸の写真の出版を了承してくれた。マーク・トライブ、ルーベン・レイニー、リチャード・ウィルソンは、初稿の段階からコメントと指導を与えてくれた。ジェフリー&サラ・ミドラーの編集の助力と、ヴァージニア大学の仲間の助力に感謝する。

本論中の図版は、ヴァージニア大学の学部教員研究助成金なしにはつくりえなかったものである。キャプション中に特記がないかぎり、すべてダン・カイリー事務所の好意により使用したものである。作図は筆者監修のもと、図7-4、6、7、10、12、22、23がリサ・ミューラー、図7-2、11、13、14、15、20、24がメアリー・ウィリアムス、図7-3、21がヘレン・ウィルソン（三名ともヴァージニア大学大学院生）により作図された。図7-16、17、18はヴァージニア大学建築学部生により作図された。

1. Dan Kiley, "Miller Garden," Process Architecture No. 33, Landscape Design of Dan Kiley (October 1982), 21.
2. ダン・カイリーと筆者の一九九〇年一月一日のインタビューより。
3. 前出に同じ。
4. Garrett Eckbo, "Outdoors and In: Gardens as Living Space," Magazine of Art 34 (October 1941), 425, 426.
5. 前出2.に同じ。
6. チャーチのこのプロジェクトのデザインに対する関与は、正確には知られていない。
7. ニュルンベルク裁判所のデザインに関してのダン・カイリーとのインタビューについては、Mark Pendergrast, "Trial and Error," North by Northeast 3, no. 3 (Winooski, Vermont: Vermont Public Radio, July 1988), 6-9, 24. 参照。
8. "The Bones of a New Hampshire Farmhouse Are Retained in This Warm Country Home," Architectural Forum 88 (March 1948), 81-85.
9. この議論の完全版は Ruth Layton, "St. Louis Riverfront Revisited 1933-1964," Landscape Architecture Magazine (April 1964), 182-186. 参照。
10. このプロジェクトを、一九六三年に完成したインディアナ州コロンバスのクラレンス・ハミルトンのための庭と混同しないこと。
11. "A House Hidden in the Woods," Architectural Forum 95 (December 1956), 101-107.

12. Edward L. Barnes, "Platform Houses," Architectural Record (October 1956), 205-212.
13. Eero Saarinen, Eero Saarinen on His Work (New Haven and London: Yale University Press, 1962), 6.
14. Peter Papademetriou, "Coming of Age: Eero Saarinen and Modern American Architecture," Perspecta: 21, Yale Architectural Journal, 120.
15. Reyner Banham, "Neoclassicism," in Encyclopedia of Modern Architecture (New York: Harry N. Abrams, 1964), 202.
16. Papademetriou, "Coming of Age," 128-131.
17. "GM's Industrial Versailles," Architectural Forum 104 (May 1956), 122-128.
18. 前出2。「我々」とはカイリーとエクボのこと。
19. Juan Pablo Bonta, An Anatomy of Architectural Interpretation: A Semiotic Review of the Criticism of Mies van der Rohe's Barcelona Pavilion (Barcelona: Editorial Gustavo Gili, 1975), 57-58.
20. David Spaeth, "Ludwig Mies van der Rohe: A Biographical Essay," Mies Reconsidered: His Career, Legacy, and Disciples (New York: The Art Institute of Chicago and Rizzoli International Publications, 1986), 17-18.
21. Garrett Eckbo, Landscape for Living (New York: Architectural Record with Duell, Sloan, and Pearce, 1950), 178. 邦訳書：「風景のデザイン」（久保貞・上杉武夫・小林竑一訳、鹿島出版会、一九八六年
22. 前出、136。
23. Colin Rowe, "Neo-'Classicism' and Modern Architecture I," は、一九五六〜五七年に書かれ、最初、「Oppositions 1」(1973) で発行され、後に The Mathematics of the Ideal Villa and Other Essays (Cambridge: MIT Press, 1976), 120. として出版されている。邦訳書：「マニエリスムと近代建築—コーリン・ロウ建築論選集」、伊東豊雄、松永安光訳、彰国社、一九八一年
24. "A Contemporary Palladian Villa," Architectural Forum 109, no. 3 (September 1958), 126-131.
25. 一九九〇年六月二日の筆者によるダン・カイリーとのインタビューより。
26. この回転の動きについて、ダン・カイリーが、"Miller House," Process Architecture No. 33, 21. に記述している。
27. Dan Kiley, in Warren T. Byrd and Reuben Rainey, eds., The Works of Dan Kiley: A Dialogue on Design Theory, Proceedings of the 1st Annual Symposium on Landscape Architecture, University of Virginia, 6 February 1982, 14.
28. Philip C. Johnson, Mies van der Rohe (New York: The Museum of Mordern Art, 1947), 58.
29. Kenneth Frampton, "Modernism and Tradition in the Work of Mies van der Rohe, 1920-1968," in Mies Reconsidered, 41.

30. Henry A. Millon, "Rudolf Wittkower, Architectural Principles in the Age of Humanism: Its Influence on the Development and Interpretation of Modern Architecture," Journal of the Society of Architectural Historians 31 (1972), 83-91.
31. Reyner Banham, "Neoclassicism," 204-205.
32. Kenneth Frampton, "Notes on Classical and Modern Themes in the Architecture of Mies van der Rohe and Auguste Perret," in Classical Tradition and the Modern Movement (Helsinki: Finnish Association of Architects, Museum of Finnish Architecture, Alvar Aalto Museum, 1985), 22.
33. Dan Kiley, "My Design Process," Process Architecture No.33, 15.
34. Byrd and Rainey,eds., The Works of Dan Kiley, 30.
35. Joseph Hudnut, "Space in the Modern Garden," in Architecture and the Spirit of Man (Cambridge: Harvard University Press, 1949), 137. Christopher Tunnard's Gardens in the Modern Landscape, 2d ed. (1948), 176.
36. Rosalind E. Krauss, "Grids," in The Originality of the Avant-Garde and Other Modernist Myths (Cambridge: MIT Press, 1985), 10.
37. Walter Gropius, "The Theory and Organization of the Bauhaus," in Herbert Bayer, Walter Gropius, and Ise Gropius, eds., Bauhaus 1919-1928 (New York: The Museum of Modern Art, 1938), 30
38. Kiley, "My Design Process," 17.
39. Kenneth Frampton, Modern Architecture: A Critical History (London: Thames and Hudson, 1980), 164.
40. James Rose, "Freedom in the Garden," Pencil Points (October 1938), 640.
41. H.L.C.Jaffé, De Stijl 1917-1931 (Cambridge: Belknap Press of Harvard University Press, 1986).
42. Kiley, "Miller Garden," 15.
43. 前出、25。

第8章

ランドスケープデザインのモダニズムとポストモダニズムのランドスケープデザイン

三谷 徹

「ランドスケープデザインにおけるモダニズム」と「ポストモダニズムにおけるランドスケープデザイン」、この混乱については、モダニズム考である本書において今一度記しておかねばならないことであろう。混乱の要因を端的に述べよう。それは、単純にランドスケープのモダニズムが非常に遅れて、ゆっくりやってきたということ、美術、建築界におけるポストモダニズムが、ランドスケープデザインのモダニズム熟成期と軌を一にしたことに起因する。

マーク・トライブの本書編集が、今改めて重要な一つの理由は、このランドスケープデザインのモダニズムの時間差を再認識し、美術、建築界におけるポストモダニズムとのねじれた関係から解き放つ出発点となるからである。一九五五年のミラー邸庭園が初期金字塔とすれば、たしかにランドスケープのモダニズムはほぼ半世紀の遅れをとって発現したことになる。このことを意識しないままに、建築とランドスケープのモダニズムを同時に論じてはなるまい。

建築にとってのポストモダニズムとは何であったのか。ユートピア思想の終焉、近代化思考への懐疑、自然環境への回帰などの諸相を見せるが、基本的には単一原理に帰結することの限界を認識しての外部への（建築以外への）規範の依存といえる。そして、その外部としてもっとも身近にいたのがランドスケープであった（文字通り建築のすぐ外に）。ランドスケープアーキテクチュアは基本的に構築物でない自然を扱うという意味において、反建築（建築外）であり、それゆえにこそ建築ポストモダニズムはその規範をランドスケープに求めやすかったであろう。具体的事例をあげてみよう。例えば、暴走したコンテクスチュアリズムとしてのデコンストラクティビズム。建築は秩序に立たなければ成立しえない世界である。その相反事項として風景に累積する文脈の積み重ねが参照された。たとえば、環境グリーニズムへの迎合。アーキグラムは徹底的に植物によって侵食される建築、内臓的な建築、生態の自己増殖などを描き出すことにより、建築に相反する規範を希求した。このとき、それ自体の意志とはかかわりなく、ランドスケープデザインの立ち位置は実にポストモダニズムとして人々の眼に映ったようである。しかしながら、ランドスケープデザインはようやくモダニズムを完成しつつある時代であった。本来、熟成期を迎えたランドスケープのモダニズムとして真摯に受けとめられるべきデザイン思潮が、そのまま隣接する外領域（建築界、都市計画界）から、ポストモダニズムとして熱い視線を向けられたことは、大いなる迷惑である。

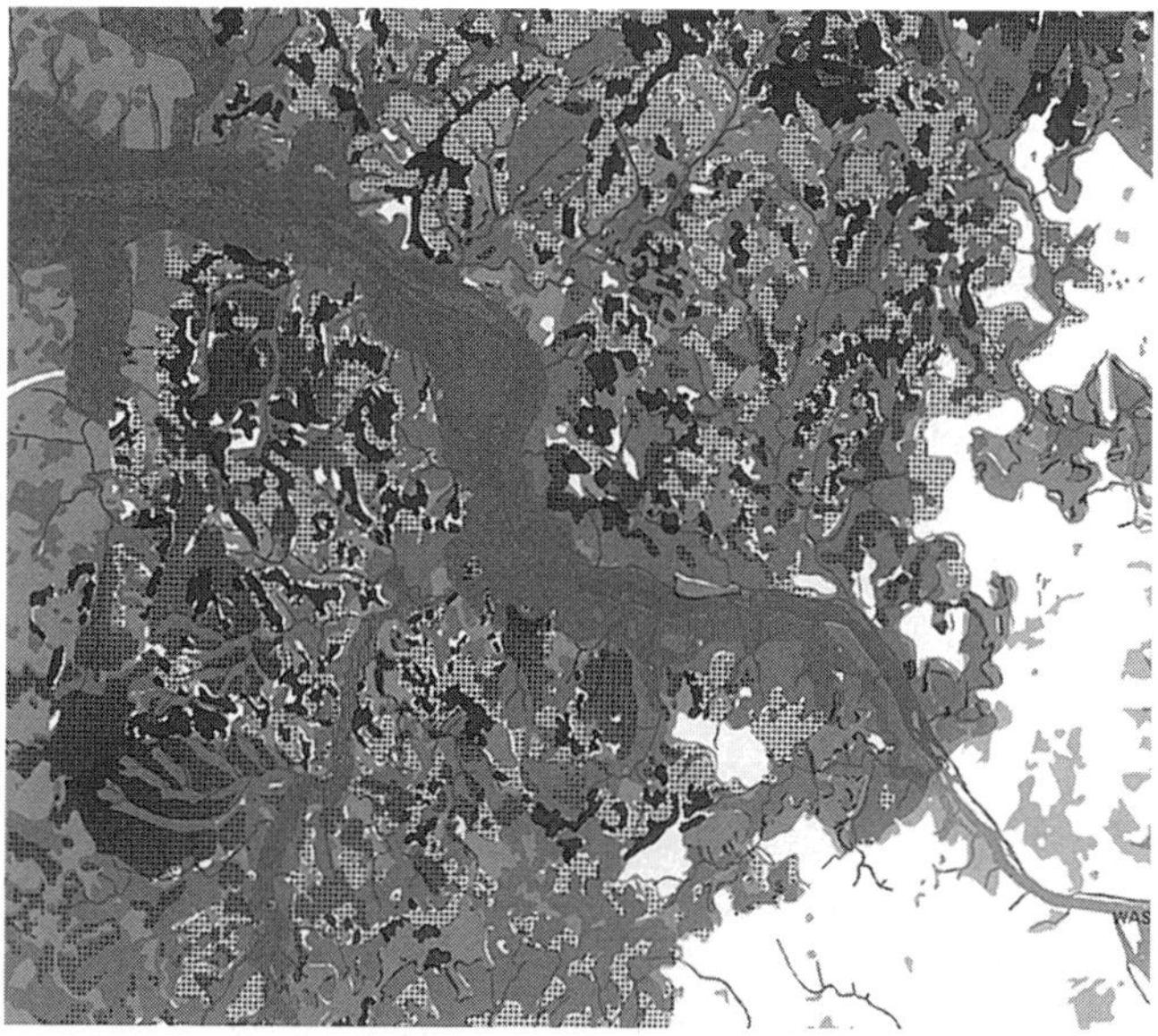

8-1：
〈メトロポリタンエリア、水系、緑地、地勢の総合図〉［デザイン・ウィズ・ネイチャー、イアン・L・マクハーグ、1969年より］

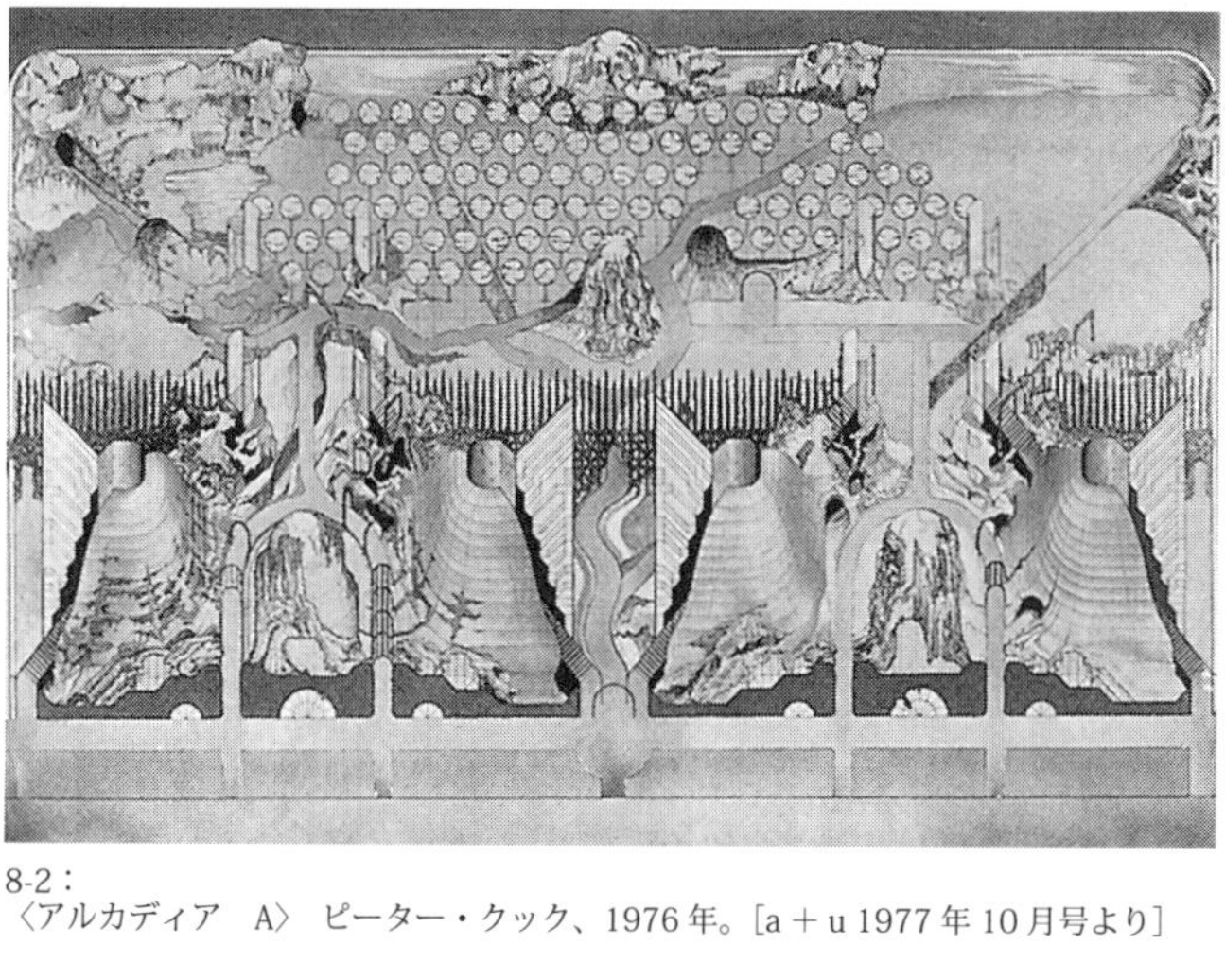

8-2：
〈アルカディア　A〉　ピーター・クック、1976年。［a＋u 1977年10月号より］

8-3：
〈シーランチ、遠景〉 建築：チャールズ・ムーア、ランドスケープ：ローレンス・ハルプリン、カリフォルニア州北部、1965 年設計着手。［筆者撮影］

実は、こうした庭園やランドスケープの様式形成の時代差は、今世紀に限ったことではなく、歴史の中で繰り返されてきたものである。この時代差のもっとも大きな要因は、マーク・トライブが第1章で述べる通りである。「生物である緑地を計画するために植物学や生態学の理解が必要とされる」ためであり、植物単体にしても緑地にしても生長と安定に時間がかかるという単純な物理的制約のためである。もちろんランドスケープの空間は、舗装や構造物といった無機物によっても表現されうるのであるが、最終的には植物をはじめとする生態との融合によって空間が規定されるものであり、それが本質であることを考えれば、やはり数十年という短い年月の間にその様式を問うことができるものではない。二〇世紀末になって、ようやく本書のようなランドスケープのモダニズム考がまとめられたのもうなずけるところである。

ランドスケープのモダニズム初期

さて、ランドスケープのモダニズム、その特徴については、本書がさまざまな角度から光を当てている。再度まとめてみれば、それは「空間の両義性」「機能（生活の需要）の反映」「伝統様式の排除」の三点に集約できるであろう。

このうち第一の特徴については、少々頁を割いておくべきであろう。それは、コーリン・ロー&・スタッキーが小論「透明性（Transparency）」において明確にしたごとく、[1] 複数の秩序が折り重なることによって、単位空間が一つ以上の上位構造に同時に所属するあり方である。空間知覚としては、古典の静的空間から「流れる空間」への移行である。これは新しい設計手法であるとともに、新しい空間読解の視点でもあった。しかしながら、ローが「実の透明性」「虚の透明性」という二つの概念をあげて進める議論は、絵画美術の分析から近代建築へと移行するものの、そこで終わってしまう。ランドスケープに関しては何も述べられない。その理由は、この小論が建築批評であるためというばかりではなく、まさに当時はまだ、ランドスケープのモダニズムを論じる機が熟していなかったためでもある。

「実の透明性、虚の透明性」の概念は、実に明晰な議論であるため、そのまま本書におさめられたいくつかの作品に応用できるものである。虚の透明性、すなわち、複数の空間秩序の併存は、ガレット・エクボやダン・カイリーの作品分析として本書の中でよく論じられている。しかしここで、あえて加筆しておきたいことは、これら近代のランドスケープ作品に現れている「実の透明性」のほうである。ローの指摘する建築の「実の透明性」は、グロピウスを典型例として指摘される、近代建築工法がもたらしたガラスのカーテンウォールに集約されている。それは新しい工法がもたらした新しい空間表現として、実にわかりやすい。

ランドスケープにおいては、このような明確な技術革新はもたらされなかったのであり、したがって、透明性の概念が議論されることすらなかった。しかし素材は不変であり、もしかしたらその扱いも同じでありながら、樹木による「実の透明性」が明確に認識されていたのではないかと思われる空間言語がいくつか認識される。たとえば、〈ミラー邸庭園〉において住宅のすぐ西側に接するニセアカシアの列植である。この配置は尋常でない。なぜならば、住宅内部と外部の呼応性と連続性がこれだけ意識されながら、その境界を縁取るように植栽配置をとることは、内外空間を分断してしまう行為、一見モダニズムの理念に逆行した処置とも見えるからである。〈バルセロナパビリオン〉においても〈レンガの家〉においても、自由壁は中心から外に向かう方向に配置され、決して建築を囲い込むように配置されてはいない。しかしながら、ここでは、それが列植というランドスケープの形態言語であるゆえに問題とならないのである。すなわち列植は、壁ではなく透けたフィルターとして扱われているのである。カイリーはこの列植をテラスの「欄干」といい表したようだが、近代語法の展開という流れの中で見れば、この表現は謙虚にすぎるだろう。それはまさに、ランドスケープにおける「実の透明性」を顕在化する言語として位置づけられるべきものである。グロピウスがコンクリート躯体をガラスカーテンウォールの背後に表現したごとく、住宅はニセアカシアの列植を透かして見えてくる。もちろん列植は、古典の中でもヴィスタの軸を強調する要素として典型的な造形言語である。しかしまさにそのヴィスタに直交する形で配置されたという点において、この列植は反古典的である。植栽を基本とするランドスケープ特有の「実の透明性」を達成しているのであり、まさしく近代的語法なのである。

「木は木であり、いつまでも木であり続ける。よってランドスケープデザインに近代は決して訪れない」とジェームズ・

ローズがあえて反語的にいい表したように、[2]素材は変わらない。加えてその配列もさほど変わらないというランドスケープにおいて、何がその素材の近代的扱いを可能にしたのであろうか。それは、植物、大地などを、空間構成のための「要素」として見る眼差しである。そして、「要素」を組み合わせることにより、空間という全体が現れるという思考法である。ローズが、「なにゆえ科学を試みないのか？」[3]と叫ぶとき、彼は、むやみに樹木をかき集めて木立の塊として扱うこと

8-4：
〈ベトナム戦争服役兵のメモリアル〉　マヤ・リン、ワシントンD.C.、1982年。最深部3m、延長160m。［筆者撮影］

を拒否し、代わって、樹木一本一本の生態的、形態的特徴を最大限に引き出して、それにより空間をコントロールできるとするのである。タナードも早くから「植物の特性を理解し、それ本来の形態がもつ特質を提供させるように用いること、これが近代作庭家の目指すところである」といい切っていた。[4] エクボは、敷地計画は囲み（enclosure）、地表面（ground plane）、構造物（structure）の三つからなるとした。[5] この、風景をいったん「要素」に分解し、それらの組み合わせにより改めて空間を再生するという考え方、これはまさしく近代科学の思考法なのである。こうしたランドスケープ特有の近代語法の発見がいくつも本書を通して明らかとされている。

ポストモダニズム時代のモダニズム

それにしても多くの人が、こういうであろう。「空間の両義性」「機能の反映」「伝統様式の排除」、このいずれも、今世紀半ばには十分見なれた言葉であり、であるとすれば、ランドスケープは建築に単に追随したにすぎないのかと。

これは、半ば妥当な意見である。ガレット・エクボが本書で回想するように、彼らは、「上階の連中（建築学科の学生たち）」の議論をオープンスペースに転用するところから始めたのであるから。しかしながら、その具体的な形態言語の展開においては、ランドスケープしかもちえない空間の質あるいは言語がもたらされたことも事実であり、それが本書で明らかにされている。さらに加えて、冒頭に述べたごとく、それが一般的なポストモダニズムの時代に重なったことが、ランドスケープのモダニズムに独特のスペクトルを与える結果となった。この成熟期を押し進めた幾人かのランドスケープアーキテクトの試みに、その二面性—ランドスケープのモダニズム追求がポストモダニズム的であったこと—を見ることができる。

ローレンス・ハルプリンの名をまずあげよう。本書はモダニズムを切り開いた創始時代の記録に集中しているが、もしかしたらハルプリンの仕事もそれに加えられて然るべきであったかもしれない。彼の終始一貫した興味は、ランドスケープの空間がもつ動的な因子にあったといえるであろう。[6] たとえばそれは、車社会におけるランドスケープの位置づけを問いかけるプロジェクトとして現れ、一方で、地域生態系のダイナミズムを反映した風景づくりのプロジェクトとなって現れた。前者は、近代が都市空間構造にもたらしたもっとも大きな変化の一つであり、それを真っ向から受け止めたプロジェクトを彼はいくつも展開した。〈ニコレットモール〉〈フリーウェイパーク〉は、車の侵入により抑圧された人間のための空間を都市に取り戻す試みであり、さらに人間と車の共存と相乗効果を生む空間デザインが追求された。〈ニコレットモール〉における蛇行するバスの動きは、歩行者の速度に対する対比項を与え、都市風景の中で二つの速度が織りなす動的な空間を導き出した。ここで特筆すべきは、それまでは当たり前のことであった「歩行」という人間尺度の速度が、一つのデザイン要素として意識化されたことにある。速度や動きへの関心は、さらに行為の楽譜と名づける設計発想法となり、設計手法自体が動的因子の解析に基づく思考法として位置づけられようとした。後者の生態系への関心は、チャールズ・ムーアと共同した〈シーランチ〉（図 8-3）に結実した。ここで我々が着目しておかなければならないのは、一九六〇年代当時の生態系への関心がややもすると造形の否定的態度に短絡しやすいのに比べ、このプロジェクトでハルプリンは、微気象や生物相の行動パターンを、居住空間を形成する形態言語として読み解いていることである。しかも美しく住むという域にまで高めている。

これらの動的因子のデザイン言語への統合というハルプリンの関心は、人間の知覚現象に着目したまさに近代のゲシュタルト心理学の流れをくむ視点である。一九世紀初頭にまで遡る視知覚の科学は、真っ先に印象派、キュビズムといった絵画芸術に反映されたのであるが、そのランドスケープへの浸透にはさらに半世紀以上かかったことになる。都市の動的因子や人間の知覚現象への関心は、彼にとって近代以外の何ものでもなかったであろう。ランドスケープは本質的に空間の変幻の中にその造形的本質を秘めている。水や大気の動き、植物の生長と季節変化、そうした変化の合間にランドスケープの空間は巣食うのである。しかしこれをランドスケープ外部から見れば、実にポストモダニズム的であったのかもしれない。

もう一人、冒頭で述べたイアン・マクハーグの名をあげよう。彼もまた建築の、都市のポストモダニズムに多大な影響を与えたモダニストである。彼の「デザイン・ウィズ・ネイチャー」[7]は、都市計画に生態学的解析手法をもちこみ、

8-5：
ミニマルアートの代表的作家、カール・アンドレの作品、ハウス・デア・クンスト、ミュンヘンでの展示、1993年。[筆者撮影]

それまでの恣意的なダイアグラムからの脱却を促した。前近代の都市が古典的な幾何美学により理念的に構成されていたのに対し、構成原理の規範を、水系、植生、地質などの生態系の秩序に委ねてしまおうとするものであった（図8-1）。この構成原理を大きく飛躍させたのが、当時の最先端技術、電算処理工学と宇宙衛生工学である。衛生からのランドサット映像が与えたインパクトは大きい。なぜならばその非幾何学は、生態「的」な形なのではなく、生態の形そのものだったからである。本書の中で、マーク・トライブとマイケル・ローリーがトーマス・チャーチやブール・マルクスの多用した有機的形態について、その初源を視覚美術の中に求めている。それらがキドニーシェイプ（腎臓型）、アメーバシェイプ（原生虫型）と呼ばれるのにはその由縁がある。それはまさに一九世紀科学の一側面、顕微鏡の急速な発達がもたらした世界像だったのである。世界は目に映るままではない。動物も植物も一本の軸を中心

8-6：
〈ターナー・ファウンテン〉 ピーター・ウォーカー、マサチューセッツ州ケンブリッジ、1985年。［筆者撮影］

に左右対称な秩序として目に映るが、それを構成する細胞群は実に多様でとりとめのない非幾何学的にうごめいているという発見である。これがダリ、ミロ、アルプの多用する形へと映し込まれた。マクハーグは半世紀以上をおいて、これと全く並行する現象を都市計画学にもたらした。都市は幾何学という鎧を脱ぎ捨て、その立脚点、大地の諸因子をあぶり出すものと捉えられた。マクハーグは、その都市計画家としての役割の他に、有機形態の根拠を視覚美術からランドスケープに取り戻すという、第二の役割を果たしていることは特記すべきである。建築ポストモダニズムの記号的存在ともなったアーキグラムの生態的造形がマクハーグの仕事と全く軌を一にしているのは偶然ではなかろう。[8]

さて、ポストモダニズムとモダニズムという二つの位相の考察において、最後にピーター・ウォーカーをあげておかねばならないだろう。なぜならば彼が参照したミニマリズムこそ、モダニズムの中心的奔流、抽象芸術の結晶ともいえるからである。ウォーカーの作品は、基本的に六〇年代以降のミニマリズムを基調とし、ミニマリズムがいかに風景を現出せしめるかを追求したランドスケープアーキテクトである。ミニマリズムそのものは、マーレビッチの絶対主義や抽象表現主義から派生して生まれ出てきたものであり、カンディンスキーが「抽象芸術論」[9]の中で説く「内的必然性」を追求した点で、近代そのものである。ミニマリズムは、習慣や趣味がもたらす過剰な連想による形態への意味づけを徹底的に忌避するという点で、モダニズム抽象芸術の立脚点であり最終地点である。この意味において、八〇年代にピーター・ウォーカーが、ランドスケープにミニマリズムをもちこんだことは意義深い。世はポストモダニズム全盛期であり、引用につぐ引用、連想の反復作用、その結末としての意味の匿名化が横行した時代である。ガレット・エクボが本書第6章でこう語っている。

「言語上の意味と視覚的な意味の間に、故意といってもよいほどの混同があるのを散見する。世界はディズニーランドにとって代わられつつあり、その先にはどこまでも平坦で無意味な世界が待ちうけている」と。そのような時代に、建築界が目を向けたのが、ようやくランドスケープのモダニズムを改めて芸術としてまとめあげていたピーター・ウォーカーだったわけである。

彼が発掘したミニマリズムが特別ランドスケープデザインにおいて重要度をもつのは、それが「環境アート」の基礎となる形態言語を与えたことによる。ミニマリズムの形態が美術館の展示室から屋外へもちだされたとき、その極限的に寡黙な所作は環境を映し出す鏡として働き始めたのである。例えば、リチャード・セラの圧延鉄鋼板への愛情は、地形の起伏と呼応関係を結び、都市の広場において車や人の交通を意識化する装置となった。またミニマルアートの一派、ロバート・スミッソン、マイケル・ハイザーたちは、その活動を大地そのものを彫刻する「アースワーク」として展開し、ランドスケープデザインの近傍に迫ることとなった。こうした動きの中でもロバート・アーウィンは、当初よりミニマルな所作が、敷地の環境特性をあぶり出すことに意識的であったアーティストである。ウェルズリー大学のプロジェクトではステンレス鋼鈑一枚を地面に挿入することで、カリフォルニア州立大学サンディエゴ校のキャンパスでは紫色に光るネットをユーカリの林の中に張り巡らすだけで、敷地の物理的環境のみならず文化的背景まで露わにした。この

8-7：
〈二重負形〉 マイケル・ハイザー、ネバダ州オーバートン近郊、1970年。500 × 16 × 10mの造成。［筆者撮影］

8-8：
〈透かし細工の線〉 ロバート・アーウィン、マサチューセッツ州ウェルズリー大学、1980年。［筆者撮影］

繊細な手法の成功の裏には、視知覚の科学に対するアーウィンのあくなき探究が背景としてある。

形態と敷地に関するアーウィンのアプローチは、長い時間をかけた試行錯誤の中から論理的に把握されたものである。一九八五年の作品集「存在と状況」[10]におさめられた彼の序文の中に詳しい。アーウィンは、彫刻のあり方を敷地との関係において四段階に分類する。[11]その第一は、「敷地支配型」と呼ばれ、設置される敷地への配慮が全くなく、彫刻自体の内部造形原理に従って創られてしまったものである。このような彫刻は、敷地の中央に君臨し状況を支配しようとする。第二段階は「敷地順応型」として位置づけられる。敷地の状況があらかじめ考慮され制作に入るが、作者のいわゆる造形スタイルは同一であり、彫刻は敷地に応じて少しずつ調整される。しかし、第三の段階「敷地特定型」の彫刻においては、敷地を見るまでは作品の形態は発想されず、作品の内容は、もっぱら敷地に固有の物理的、文化的特性に依存する。造形はアプリオリではなく、敷地があって初めて生まれるべきものでなければならない。これがさらに発展すると「敷地発生型」に達するとアーウィンは論じる。敷地特性が作品に映し込まれるだけでなく、作品の設置によってその特性が強化され、敷地とその状況が本来の特性に従って成長する、そのような作品のあり方である。

しかしながら問題は、この概念ほど単純ではない。作品は敷地の特性に従って発想されるべきであるといっても、アーティストが全くの無色透明であり、無からいきなり有が生まれるわけではないからである。これは、アーティスト自身がよく心得ている。ここにおいて実はミニマリズムのもつ「普遍性」―アーティストの恣意を排除した形態のあり方の探究―が重要となるのである。肝心なのは敷地の特性をどのようにして反映するかであり、形態が敷地に委ねられているかどうかではないのである。時代を画した環境アートはすべて普遍的な形態に身を委ねた。マイケル・ハイザーのアースワークに見られる簡潔な形態然り、リチャード・ロングの足跡シリーズに繰り返される普遍的幾何学然り、である。[12]

ここで論点は、建築のポストモダニズムに戻る。場所の力を謳うアーウィンの小論と数々の環境アートは、ランドスケープデザインに大きな波紋を起こした一方で、インターナショナルスタイルの普遍性に対するアンチテーゼを求めていた建築ポストモダニズムにとっても魅力的なものであったのである。ここで、普遍性の位置づけが、両者の間では全く逆方向を向いていたことに注意しなければならない。インターナショナルスタイルでは普遍性が目的となっているのに対し、敷地特性型アートでは、目的はあくまで場所の固有性であり、形態の普遍性は手段にすぎない。すなわちこの逆相性ゆえに、ミニマリズムを内包した環境アートが、同じく無装飾で簡潔な形態を目指すインターナショナルスタイルに集約された近代建築に対するアンチテーゼ足りえたのである。この文脈がモダニスト、ピーター・ウォーカーの背後に見えたからこそ、彼がポストモダニズムの中で注目を集めたということを理解することが、ランドスケープのモダニズム考において重要となるのである。

補足的にいえば、インターナショナルスタイルは、極度に単純化された近代建築ともいうべきもので、実は近代建築の始まりには、普遍性よりも固有解への傾倒があったと見るべきである。特に建築と敷地の関係においてそうであり、それをモダンランドスケープの旗手クリストファー・タナードが見抜いていたことは特記しておいてよいだろう。「近代住宅は、土地の文脈から生まれ出てくるのである」「もっとも頻繁に見られる偏見の一つは、近代建築が、冷たく直線的であり、その簡素な壁面を分断してしまう装飾を受けつけないというものである。こうしたコメントをする人々は、……建築がその環境と切り離しては評価できないということに気づかない人々である」[13]など、タナードは繰り返し近代建築と土地の関係を評価していたのである。

二〇世紀後半、具体的にはこのようにして、ランドスケープにおけるモダニズムの追求が、建築のポストモダニズムと歩調を合わせるという二重構造が展開していたことに気づく人は少なかった。たとえば、バーナード・チュミの設計手法がデコンストラクティビズムと謳われ、ポストモダニズムの代表格であるかのように扱われたことに対し、それがランドスケープモダニズムの初源であったことを、第3章でランス・ネッカーが指摘している。「チュミの幾何学サンドイッチを、近代初期の革命的思考やタナードの三つのアプローチと関連づける人間がほとんどいないのだとすれば、我々は、恐ろしいほどまでに、モダニズムの基本的形態理念を忘却してしまっていることになる」と。

文化の周回遅れ

本書を通じてのランドスケープモダニズムの考察から、次の二点が知見される。一つは、それが近代建築の空間構成原理を屋外空間に応用したものと見えながらも、そこからはランドスケープ独自の空間構成手法が生まれていたのであり、それを看過してはならないということである。二つめは、ランドスケープのモダニズムは、同時に建築モダニズムがその初源にもっていながら、本流から取りこぼしてしまったいくつかの価値観を丁寧に拾い上げ、自らのモダニズム熟成の中で育て上げていたということである。そして何より、二〇世紀後半のランドスケープデザインのいくつかの目立った動きをポストモダニズムと捉えては混乱を生じるだけであり、それはゆっくりやってきたモダニズムとして光を当てなければならないということである。

8-9：
〈ブルーデルリザーブの鏡池の庭〉 トーマス・チャーチ、リチャード・ハーグ他、ワシントン州ベインブリッジアイランド、1970年。［筆者撮影］

ランドスケープデザインにモダニズムが簡単には到来しないであろうことは、既にその先駆者たちが自ら悟っていたことである。フレッチャー・スティールが一九三〇年に、「ル・コルビュジエ、ピエール・ジャンヌレ、マレ=ステファン、アンドレ・ルーサといった建築家たちのつくった庭は、植物に対する関心も知識も全くなく、植物が彼らの理念を強化し魅力を直接与えることも知らないことを示している」[14]と指摘した通り、植生への理解と知識なくしてモダニズムを急いでも本当の様式とはなりえないことがわかっていたからである。さらに、そうした物理的制約ばかりでなく、不幸なことに文化的にも、「一般の人が、庭園は『成長する』のであるから、庭園にとってデザインはそれほど重要なことではないと考える」（クリストファー・タナード、一九四二年）[15]という負のバイアスが常に存在していたからである。

「建築は文化のしんがり」とよくいわれる。思想、文化の転換期に、真っ先にその予兆を感じとるものは文学であり、それに音楽や視覚芸術が続くとされる。建築は社会芸術であるがゆえに、その成熟に、また社会に受け入れられるのに時間がかかり、技術的にもその建設に時間がかかる。そして時代の最後に、建築は文化の集大成として現れる、これを人々は「文化のしんがり」といい表すのである。さて、我々はここで次のようにいい表そう。

「ランドスケープは文化の周回遅れ」であると。そしてこの言葉に二つのことを託そう。一つは、その現れ方が、前述したようなさまざまな要因によって建築以上に遅いということである。さらに大事なことは、たとえ周回遅れであっても、ランドスケープは文化の転換を目撃しないのでも、忘れてしまうのでもなく、密やかにしかし我慢強く熟成させているということである。加えて、周回遅れには周回遅れの存在意義もまたある。トップランナーは実は、この周回遅れの背中を見て走っているのである。視点を変えれば、周回遅れはトップランナーの先を行くものでもあるのだ。これは修辞ではなく事実である。歴史の中で「庭園」がなしてきた役割こそ、そうであった。一つの文化様式がその初源に内包していたプリミティブな動機、それを次世代のトップランナーに示したのは往々にして庭園であった。「ポストモダニズムにおけるランドスケープデザイン」がなしえたことこそ、その好例である。多くのポストモダニストがこぞって「モダニズム超越」に駆けまわっていた時代、ランドスケープは、「モダニズムの源流」を真摯に見つめていた。否定の蔓延するポストモダニズムに、次なる時代への窓を開示していたもの、それがランドスケープのモダニズムであると解釈されるのである。

第8章の註

1. Colin Rowe and Robert Slutzky, Transparency: Literal and Phenomenal, Yale Architectural Journal perspecta 8,1964、邦訳書：透明性—虚と実—、「マニエリスムと近代建築—コーリン・ロウ建築論選集」、コーリン・ロー&ロバート・スラツキー、伊東豊雄、松永安光訳、彰国社、一九八一年
2. James C. Rose, 'Freedom in the Garden,' Pencil Points, Octorber 1938。本書収録
3. James C. Rose, 'Why Not Try Science?,' Pencil Points, December 1939。本書収録
4. Christopher Tunnard, 'Modern Gardens for Modern Houses: Reflections on Current Trends in Landscape Design,' Landscape Architecture, January 1942。本書収録
5. 本書第5章：「ガレット・エクボの生きられるランドスケープ」
6. ハルプリンは、それを「行為の楽譜」と自ら呼ぶ表記法によって表現し、新しい設計手法として位置づけようとした。〈ニコレットモール〉も単なる平面図ではなく、動きとともに展開する景観の連続からスタディーされた。
7. Ian L. McHarg, Design with Nature, Natural History Press, 1969, 邦訳書：「デザイン・ウィズ・ネイチャー」、イアン・L・マクハーグ、インターナショナルランゲージアンドカルチャーセンター訳、集文社、一九九四年
8. 「デザイン・ウィズ・ネイチャー」は一九六〇年代にマクハーグが進めていた地域計画プロジェクトの集大成であり、一方アーキグラムの初期活動期は一九六〇年代半ばから七〇年代にかけてである。さらにアーキグラムから植物のイメージを多用するピーター・クック、クリスティーヌ・ホーレイ等の一連のドローイングプロジェクトが発表されたのは、七〇年代後半となる。
9. Uber das Geistige in der Kunst, Wassily Kandinsky, 1912, 邦訳書：「抽象芸術論—芸術における精神的なもの—」、ワシリー・カンディンスキー、西田秀穂訳、美術出版社、一九五八年
10. Robert Irwin, Conditional, 'Being and Circumstances, Notes Toward a Conditional Art,' The Lapis Press, 1985
11. 前出、原著において四つの段階とは、原語においてSite dominant, Site adjusted, Site specific, Site conditioned/determinedである。
12. 普遍的幾何学形態の応用の意味をリチャード・ロングは、「円は過去にも現在にも未来にも同等に属し、どんな人々にも共有される知識である」と述べる。Richard Long, Five, Six, Pick up Sticks, Seven, Eight, Lay Them Straight, London: Anthony d'Offay, 1980
13. Christopher Tunnard, 'Modern Gardens for Modern Houses: Reflections on Current Trends in Landscape Design,' Landscape Architecture, January 1942。本書収録

14. Fletcher Steele, 'New Pioneering in Garden Design,' Landscape Architecture, October 1930。本書収録

15. Christopher Tunnard, 'Modern Gardens for Modern Houses: Reflections on Current Trends in Landscape Design,'

本書は、一九九二年初版、マーク・トライブの編纂による「Modern Landscape Architecture: A Critical Review」の訳書である。原著は、序章のほかに二三編の論文を含む大書であるが、翻訳書はその中から特に興味深い章のみを訳出したものである。加えて、訳者があとがきのつもりで書き出したものが思いがけず長くなり、それを最後に一章分として加えさせてもらった。残念ながら本書に掲載できなかった論文は次の通りである。

Catherine Howett 著「Modernism and American Landscape Architecture」、Thorbjorn Andersson 著「Erik Glemme and The Stockholm Park System」、John Dixon Hunt 著「The Dialogue of Modern Landscape Architecture with Its Past」、Peter Walker 著「The Practice of Landscape Architecture in the Postwar United State」、Martha Schwartz 著「Landscape and Common Culture Since Modernism」、Marc Treib 著「Pointing A Finger at The Moon: The Work of Robert Irwin」の六編のほか、再録されていた古いエッセイのうち、Garrett Eckbo, Daniel U. Kiley, and James C. Rose 共著「Landscape Design in The Rural Environment」、Garrett Eckbo, Daniel U. Kiley, and James C. Rose 共著「Landscape Design in The Primeval Environment」の二編も割愛された。

日本語版の出版にあたり、訳出する論文の取捨選択は、訳者と原著の編者であるマーク・トライブ氏との間での時間をかけた話し合いから結論されたものであるが、割愛された論文も示唆に富むものが多く、それらも是非原著においてあたっていただきたい。

ランドスケープデザインの近代に関する訳者の興味は過去二〇年ほど続くが、その間にわかったことは次の二つである。一つは、この分野に関する研究や議論が国際的に見ても数少ないということ、もう一つは、研究者が各国に散在しながらその間に議論の場が確立されていないということである。この訳書刊行の発案も、二〇〇二年の引越しの際改めて原著を手にとり、良書でありながらいっこうに訳書が出ていないことに気づいたことに始まる。特にランドスケープデザインの近代史の認識が希薄な日本において、この書が認識されないままなのは残念であると考えたのである。

ただ翻訳作業が、訳者の通勤電車での作業に限られ、また編者トライブ氏とのやりとりも間欠的であったため、五年もの歳月を費やしてしまったことは反省の至りである。それにお付合いいただいた鹿島出版会、相川幸二氏には謝意を表するばかりである。また小生の電車内悪筆のデータ化に尽力してくれた山根眞理子氏にも感謝する。

本書を機に、ランドスケープデザインの近代に関する議論が盛んになることをここに期待するものである。

二〇〇七年　春

折衷主義（折衷様式）／Eclecticism………………………………
………………………47, 158, 179, 182, 188, 189, 203, 240
抽象表現主義／Abstract Expressionism …………………308
超現実主義 (シュールレアリズム参照)
デコンストラクティビズム／Deconstrustivism……… 298, 312
デ・スティル／De Stijl ………………… 208, 278, 283, 287, 291
農務省／Farm Security Administration…… 42, 119, 140, 242
バウハウス／Bauhaus ………………………………… 219, 290
表現主義（エクスプレッショニズム）／Expressionism……… 86
ボザール様式／Baux-Arts…18, 21, 22, 41, 45, 47, 68, 71～73, 75, 78, 92, 146, 184, 190～200, 203, 203, 209, 210, 217～220, 230～235, 256, 263, 273
ポストモダニズム／Postmodernism ……………………………
………………………232, 240, 298, 304～308, 311～314
ミニマリズム／Minimalism……………… 120, 307, 308, 311
立体主義（キュビズム参照）

ハウス&ガーデン誌／House and Garden ……………………228
ハウスビューティフル誌／House Beautiful ……………58, 228
パリ博覧会1925：アールデコとインダストリアルモダン展／Exposition Internationale des Arts Decoratifs et Industriels Modernes, Paris………… 18, 78, 79, 103, 110
パリ博覧会1937：近代生活の芸術と技術展／Exposition Internationale des Arts et des Techniques dans la Vie Moderne, Paris…………………………………95, 96, 136
バルセロナ博覧会1929／International Exhibition, Barcelona·……………………………………………………………26, 92
ヒューマニズム建築の源流／Principles in the Age of Humanism ……………………………………………………283
風景のデザイン／Landscape for Living ………… 48, 63, 133, 187, 188〜191, 205, 218, 219, 222, 223, 236, 278
プログレッシブアーキテクチュア誌／Progressive Architecture ……………………………………………… 25
ペンシルポイント誌／Pencil Points ……………………25, 230
ホームランドスケープの技／The Art of Home Landscaping ……………………………………………………………………235
マガジン・オブ・アート／Magazine of Art ……………………265
ランドスケープアーキテクチュア季刊誌／Landscape Architecture ……………………………………… 132, 181
ランドスケープデザイン研究序説／An Introduction to the Study of Landscape Design ……………………… 190〜194
ランドスケープデザインの形態言語／Articulate Form in Landscape Design……………………………… 178〜182
ル・テムアン誌／Le Témoin ………………………………… 85
ワスマス作品集／Wasmuth Portfolio ……………………290

主要用語

CIAM（近代建築国際会議）／Congres Internationaux d' Architecture Moderne…………………………………… 117
FSA（農務省参照）
ICOMOS（国際遺構遺跡研究会）／International Committee on Monuments and Sites………………………………133
MARS（近代建築研究会）／Modern Architecture Research Group…………………………… 117, 124, 129〜132, 138
MOMA（ニューヨーク近代美術館）／Musium of Modern Art, New York ………………………………………29, 30, 277
RIBA（英国王立建築家協会）／Royal Institute of British Architects …………………………………………………130
アーツ&クラフツ／Arts and Crafts ………………117, 119, 158
アールデコ／Art Déco ………………………… 18, 19, 78, 81
アメリカ建築家協会／American Institute of Architects …· 176
印象主義／Impressionism·…………………………………226
インターナショナルスタイル（国際様式）／International Style·……………………………………………30, 62, 277, 311, 315
エクスプレッショニズム（表現主義参照）
オートミズム／Automism…………………………………… 33
キュビズム（立体主義）／Cubism ……… 17, 19, 21, 32, 33, 44, 47, 78, 85, 86, 92, 93, 98, 100, 102, 120, 164, 221, 226, 287, 305
構成主義（コンストラクティビズム）／Constructivism…………………………………………………………71, 78, 120, 221
国際様式（インターナショナルスタイル参照）
コンストラクティビズム（構成主義参照）
シュールレアリズム(超現実主義)／Surrealism ……33, 35, 226
新古典主義／Neoclassicism………16, 32, 40, 265, 273, 283
新パラディアニズム／Neo Palladianism……………………279

278, 291, *5-8*, *5-9*, *5-10*, *5-11*, *5-12*, *5-13*
モデュラーガーデン／Modular garden ……………………… 44
ユニオン銀行広場／Union Bank Square……… 237, 238, *6-5*
ユネスコの庭園／UNESCO garden…………………… 36, *1-19*
ラ・ヴィレット公園／Parc de La Villette……………… 134, 135
リリーポンド住宅開発／Lily Pond Housing Project ………265
リンカーンパーク（シカゴ）／Lincoln Park, Chicago………250
ルイス・ベイカー邸／Louis Baker house……………269, *7-10*
レンガの家／Brick country house …… 56, 278, 291, 302, *1-7*
ロバート・オズボン邸／Robert Osborn ………269, *7-11*, *7-12*

主要文献名

アーキテクチュラルフォーラム誌／Architectural Forum ………
……………………………………42, 173, 175 , 276, 279
アーキテクチュラルレコード誌／Architectural Record · 25, 175
明日の都市／The City of Tomorrow ……………………… 134
新しき庭／Le Nouveau Jardin …………………………… 109
異教と献身の庭園術／Gardening Heresies and Derotions 150
インターナショナルスタイル：1922年以降の建築展……… 30
輝く都市／Ville Radiense ………………………128, 129, 133
カリフォルニアサンセット誌／California Sunset ………… 159
近代建築大系／Encyclopedia of Modern Architecture ····283
近代住宅のための近代庭園／Modern Gardens for Modern Houses: Reflections on Current Trends in Landscape Design………………………………………132, 140～153
近代ランドスケープの庭／Gardens in the Modern Landscape ·
…… 16, 78, 116, 119, 122～128, 133, 134, 222, 277, 288
空間・時間・建築／Space, Time and Architecture…………16
現代ランドスケープアーキテクチュアとその源泉展／Contemporary Landscape Architecture and Its Sources 21
ゴールデンゲート博覧会1939／Golden Gate Exposition···· 164
サンフランシスコ新聞／San Francisco Chronicle ………… 58
植物が庭園形態を決める／Plants Dictate Garden Forms ……
………………………………………………………74～76
植物の形態と空間／Plant Forms and Space ……………… 48
進行中の作品（フィネガンズ・ウェイク）／Work in Progress (Finegans Wake) ……………………………………… 106
存在と状況／Being and Circumstances: Notes Toward A Conditional Art…………………………………310, 315
ターシャム・オルガナム／Tertium Organum……………… 105
第一機械時代の理論とデザイン／Theory and Design in the First Machine Age ……………………………………283
抽象芸術論ー芸術における精神的なるものー／Uber das Geistige in der Kunst……………………………… 308, 315
庭園／Les Jardins ……………………………………… 109
庭園1925／1925 Jardins ……………………………… 85
庭園デザインの新天地／New Pioneering in Garden Design …
…………………………………………………91, 104～114
庭園と庭づくり／Gardens and Gardening ……………… 45
庭園の自由／Freedom in the Garden···· 25, 67～73, 233, 291
庭園は人々のために／Gardens Are for People……… 58, 176
デザイン・ウィズ・ネイチャー／Design with Nature ……………
……………………………… 133, 205, 305, 315, *8-1*
透明性／Transparency: Literal and Phenomenal ·····301, 315
都市のランドスケープデザイン／Landscape Design in the Urban Environment ……………………………… 247～256
トリノ博覧会1902／International Exhibition, Torino ………
……………………………………………………………79, 99
なにゆえ科学を試みないのか／Why Not Try Science?………
…………………………………………47, 183～186, 303
人間の都市／The City of Man…………………………… 133

Wellesley College……………………………………308, *8-8*
鋤に捧ぐ記念碑／Monument to the Plow ………………… 36
スタンフォード医療センター／Medical Center, Stanford University ……………………………………………… *4-13*
スタンフォード大学ホワイトメモリアルプラザ／White Memorial Plaza, Stanford University……………………………… 175
スチュアートケミカル社／Stuart Chemical…………… 174, 175
セント・アンズ・ヒル／St. Ann's Hill……………………………… ……………………… 53, 124〜129, *3-5, 3-6, 3-7, 3-8, 3-9*
セントラルパーク（ニューヨーク）／Central Park, New York ……………………………………………………………250
ソビエト連邦パビリオン／USSR Pavilion ……………………81
地形の遊び場／Contoured Playground …………………… 36
デイビッド・ハミルトン氏の庭園／David Hamilton garden・268
テベドの庭園／La The'bai:de……………………………… *2-4*
ドネル庭園／Donnell garden… 59, 60, 62, 170, *1-32, 4-8, 4-9*
トルメイン邸／Tremaine residence………… 39, 65, *1-20, 1-21*
ニコレットモール／Nicollet Mall ……………………… 305, 315
ニューイングランド式の近代農家／Modernized New England Farmhouse ………………………………………………267
ニューメキシコ大学／The University of New Mexico ……237
ヌイエーの郊外住宅／House in Neuilly…………………… 112
ノエイユ邸の庭（イエール）／Garden for the Villa Noailles, Hyères…………………………………………19, 82, 119, *2-3*
ノエイユ（オテル・ド・ノエイユ）の庭園（パリ）／Garden for the hôtel de Noailles, Paris…………………………………… 109
ノースキャロライナナショナル銀行／North Carolina National Bank ………………………………………… 29, *1-10, 1-11*
ノームキーグ／Naumkeag …………………… 22, 53, *1-2, 1-4*
パーク・ド・ソー／Parc du Sceaux ……………………………265
パーク・マーシド／Park Merced……………………… 171, *4-12*
パサティエンポの庭／Pasatienpo garden…………… 163, *4-2*
ハリウッドヒルズの庭（フォアキャストの庭参照）
バルセロナパビリオン／Barcelona (German) Pavilion………… …… 26, 122, 202, 220, 277, 278, 283, 288, 290, 291, 302
バレンシア公営住宅／Valencia Public Housing …… 171, *4-11*
汎ヨーロッパ住宅／All-Europe House ……………………………… ………………………………… 129〜131, *3-13, 3-14, 3-15*
ビバリーヒルズの庭（プールガーデン参照）
ヒューレットパッカード社のための施設（パロアルト）／Hewlett Packard ………………………………………………… 175
フィリップ邸庭園／Phillips residence ………………… 58, *1-31*
プールガーデン／Pool garden, Beverly Hills …………………… …………………214〜217, *5-14, 5-15, 5-16, 5-17, 5-18, 5-19*
フォアキャストの庭（ハリウッドヒルズの庭）／The Forecast Garden …………………………… 44, 209, *1-30, 6-8, 6-9*
フラットルーフの近代住宅／Flat-roofed Modern House…267
フランクフルト＝レマースタッド集合住宅／Frankfurt-Römerstadt……………………………………………………… 119
フリーウェイパーク／Freeway Park………………………305
フレズノのダウンタウンモール／Fresno Downtown Mall …238
ヘスターコムの庭／Hestercombe…………………………… 53
ベルサイユ／Versailles …………………………… 72, 109, 265
ベントレー・ウッド／Bentley Wood・123,124, *3-1, 3-2, 3-3, 3-4*
牧場主の家／Ranch home ………… 217, 218, 5-20, *5-21, 5-22*
ボスパーク（アムステルダム）／Bos Park, Amsterdam …… 119
マイレア邸／Villa Mairea …………………………… 33, *1-15*
水と光の庭／Garden of Water and Light … 19, 82, 92, *1-1, 2-1*
ミラー邸庭園／Miller garden …26, 29, 259〜269, 278〜292, 302 , *1-8, 1-9, 7-1〜7-5, 7-19〜7-26*
ミラード邸（パサデナ）／Miillard residence ……………… 56
ムーア邸／Moore house …………………………………… 56
メイン庭園／Mein garden ……………………………169, *4-6*
メンロ・パークの庭／Menlo Park garden…… 202, 206〜213,

200, 203, 223, 226, 287, 313
ルソー、ジャン=ジャック/Rousseau, Jean-Jacques ………… 73
ル・ノートル、アンドレ/Le Notre, Andre ……………………………
……………………………………26, 49, 62,71, 220, 229, 281,
ルベトキン、エルンスト/Lubetkin, Ernst ……………………128
レイディー、アフォンソ/Reidy, Affonso ………………………… 38
レプトン、ハンフリー/Repton, Humphry………200, 219, 229
ロイストン、ロバート/Royston, Robert…… 156, 172, 176, 239
ロー、コーリンRowe, Colin …………………………279, 301, 315
ロース、アドルフ/Loose, Adolf…………………………………120
ローズ、ジェームズ・C/Rose, James C.… 22〜26, 30, 44〜48, 67, 74, 98, 103, 132, 178, 183, 203, 222, 229, 233, 247, 263, 265, 291, 292, 303, *B-1*, *B-2*, *1-6*
ローチ、ケヴィン/Roche, Kevin …………260, 279, *1-12*, *7-27*
ローラン、ヘンリ/Laurens, Henri ……………………………… 82
ロング、リチャード/Long, Richard ……………………………311
ワーグナー、マーティン/Wagner, Martin……………………… 131
ワースター、ウィリアム/Wurster, William ……………………*4-11*

主要作品名

A.A.S.デイビー邸/A.A.S. Davy garden…………………………264
アーウィン・ミラー銀行/Irwin Millar Bank…………………277
青の階段(ノームキーグ) The Blue Steps, Naumkeag…22, *1-4*
アルハンブラ宮の庭園/Alhambra ……………………………248
アンバサダー・カレッジ/Ambassador College………………238
イリノイ工科大学 ……………………… 273〜277, *7-16*, *7-17*, *7-18*
ヴィラ・ロトンダ/Villa Rotonda…………………………………280
エステ荘の庭園/Villa d'Este ……………………………… 108, 248
エスプリ・ヌーボ・パビリオン/Pavillon de L'Esprit Nouveau 81
エルウォンガー邸/Ellwanger residence……………………… 22
オールヨーロッパ住宅(汎ヨーロッパ住宅参照)
カーカムズ邸庭園/Kirkhams house garden………… 167, *4-5*
ガーツ邸/Gerts house …………………………………………291
ガーデナーズハウス(ポツダム公園)/Hofgärtnerei, Park in Potsdam ……………………………………………………………283
カイザーセンターの駐車場屋上庭園/Kaiser Center roof garden…………………………………………………………… 39
火星から見られる彫刻/Sculpture to Be Seen from Mars ·· 36
カリフォルニアシナリオ/California Scenario ………………… 36
ガンブル邸/Gamble house………………………………………158
グロピウスの自邸/Gropius house……………………………287
ケース・スタディ・ハウス/Case Study Houses……………… 56
ケネス・カスラー邸庭園/Kenneth Kassler garden …………264
ゴールドマン邸/Goldman house………………………… 56, *1-28*
コネティカットジェネラル生命保険の庭/Courtyard, Connecticut General Life Insurance ……………… 52, *1-26*
コリアー邸/Collier residence……………………… 263, *7-6*, *7-7*
サヴォワ邸/Villa Savoye ……………………………………26, 120
サンフランシスコオペラハウスの中庭/San Francisco Opera House courtyard…………………………………………… 175
シーランチ/Sea Ranch ……………………………………305, *8-3*
ジェネラルモーターズ技術センター/General Motors Technical Center ……………… 173, 273〜277, *4-10*, *7-13*, *7-14*, *7-15*
ジェファーソン記念メモリアル/Jefferson National Expansion Memorial ……………………………………………… 267, *7-8*
シャーロット邸/Charlotte residence…………………268, 269
シンドラー・チェイス邸/Schindler-Chase residence · 56, *1-29*
スイス学生会館/Swiss building of the Cité Universitaire 151
スーパーブロックの仮想公園/Hypothetical Superblock Park・ ……………………………………………………………………278
透かし細工の線(ウェルズリー大学)/Filigreed Line,

…………116, 132, 156, 176, 221, 239, 304, 305, 315, *8-3*

ピーツ、エルバート／Peets, Elbert ……………………………263

ピカソ、パブロ／Picasso, Pablo …………………… 17, 68, 226

ヒッチコック、ヘンリー=ラッセル／Hiychcock, Henry-Russell ……………………………………………………30, 44, 277

ヒンデミット、パウル／Hindemith, Paul …………………… 107

ファランド、ビートリックス／Farrand, Beatrix……………… 197

フォレスティエ、ジャン＝クロード・ニコラ／Forestier, Jean-Claude Nicolas……………………………… 81, 92, 110

プッサン、ニコラ／Poussin, Nicolas …………………………106

ブラウン、ランスロット（ケイパビリティー）／Brown, Lancelot 'Capability's …………………… 51, 124,128, 136, 137, 229

ブラック、ジョルジュ／Braque, Georges……………… 17, 226

プラトン／Plato ……………………………………………291

フランプトン、ケネス／Frampton, Kenneth …………………283

フリードバーグ、ポール／Friedberg, Paul……………………239

ブロイアー、マルセル／Breuer, Marcel Lajos ………………227

フロイト、ジークムント／Freud, Sigmund ……………………190

ベイリス、ダグラス／Baylis, Douglas………………… 156,176

ベーコン、エドモンド／Bacon, Edmund ……………………265

ペッパー、ステファン・C／Pepper, Stephen C. ……………… 164

堀口捨己／Horiguchi, Sutemi……………………………… 120

マーチン、A.C. ／Martin, A.C.……………………………… *6-5*

マクグラス、レイモンド／McGrath, Raymond…… 117, 124, *3-10*

マクハーグ、イアン・L／McHarg, Ian L.………………………………………………………… 133, 205, 305, 307, 315, *8-1*

マティス、アンリ／Matisse, Henri……………………………226

マルクス、レオ／Marx, Leo………………………………… 26

マルクス、ロバート・ブール／Marx, Roberto Burle …………………………………… 38, 51, 52, 63, 239, 306, *1-21*, *1-20*

マルテル、ジャン&ジョエル／Martel, Jan and Joël ………………………………………………… 19, 61, 81, 100, *20-2*

マレービッチ、カジミール／Malevich, Kazimir……… 287, 308

マレ=ステファン、ロベール／Malle-Stevens, Robert ……………………………………… 19, 21, 61, 81, 92, 110, 111, 313, *2-2*

マンフォード、ルイス／Mumford, Lewis ……………………249

ミース・ファン・デル・ローエ、ルードヴィヒ／Mies van der Rohe, Ludwig …… 26, 56, 122, 202, *5-13*, 220, 226, 259, 269, 273, 274, 276, 277, 278, 279, 280, 283, 284, 288, 290, 291, *1-7*, *7-16*, *7-17*, *7-18*

ミリカン、ロバート／Millikan, Robert Andrews ……………71

ミロ、ジョアン／Miró, Joan…………………… 35, 39, 307, *1-17*

ムーア、チャールズ／Moore, Charles ……………………305, *8-3*

ムーア、ヘンリー／Moore, Henry …… 123, 136, 260, 284, *3-3*

メルニコフ、コンスタンチン／Melnikov, Konstantin…………81

モーソン、トーマス／Mawson, Thomas…………………… 119

モロー、ジャン・シャルル／Moreux, Jean-Charles ………… 82

モンドリアン、ピエト／Mondrian, Piet ……………… 287, 291

ヤマサキ、ミノル／Yamasaki, Minoru ………………269, *7-10*

ヨハンセン、ジョン／Johansen, John ………………………279

ライト、フランク・ロイド／Wright, Frank Lloyd …………………………………………56, 140, 223, 226, 278, 290, 291

ラザーロ、クラウディオ／Lazzaro, Claudia ………………206

ラスキン、ジョン／Ruskin, John……………………………150

ラッチェンス、エドウィン・L／Edwin Landseer Lutyens…… 53

ラファエロ／Santi, Raffaello …………………………………107

ラプラード、アルベル／Laprade, Albert ………… 19, 92, 110

ランゴースト、フレデリック・L／Langhorst, Frederick L. …206

リプシッツ、ジャック／Lipchitz, Jacque ……………………19

ルーサ、アンドレ／Lurçat, Andre ………21, 92, 112, 113, 313

ルグラン、ピエール=エミール／Legrain, Pierre-Émile ……………… 61, 85〜98, 100〜102, 113, *2-6*, *2-7*, *2-8*, *2-9*, *2-10*, *2-11*

ル・コルビュジエ／Le Corbusier ………………………………… 21, 25, 32, 38, 92, 112, 120, 128, 133, 134, 148, 151, 164,

索引

斜体字は図版番号

主要人物名

アーウィン、ロバート／Irwin, Robert …………… 308〜310, *8-8*

アーキグラム／Archigram ………………………… 298, 307, 315

アアルト、アルヴァ／Aalto, Alvar …………… 32, 164, 226, *1-15*

アダムス、フレデリックJ.／Adams, Frederick J. …………… 252

アルプ、ハンス（ジーン）／Alp, Hans(Jean) …… 35, 63, 307, *1-16*

イェンスン、イェンズ／Jense, Jens ……………………… 36, 276

ウィットコウアー、ルドルフ／Wittkower, Rudolf …………… 283

ヴェラ、アンドレ&ポール／Vera, André …………………………
…………………………………… 82, 89, 92, 96, 99, 109, *2-4*

ウォーカー、ピーター／Walker, Peter ……………………………
…………………… 219, 221, 239, 307, 308, 311, *7-32*, *8-6*

ウォルフ、ハリー／Wolf, Harry ………………………… 29, *1-11*

ウスペンスキー、ピョートル　D.／Ouspensky, P.D. ………… 105

エクボ、ガレット／Eckbo, Garrett …………… 22, 25, 40〜58, 62, 64, 92, 119, 132, 138, 156, 166, 187〜221, 226〜246, 247, 263, 265, 278, 287, 291, 304, 308, *A-3*, *2-14*, *2-15*

オーリン、ローリー／Olin, Laurie ……………………………… 221

オスムンドソン、テオドラ／Osmundson, Theodore …… 156,176

オルムステッド、フレデリック・ロー／Olmsted, Frederick Law ・
………………………………………… 194, 198, 219,229

カーメイエフ、サージ／Chermayeff, Serge …………………… 123

カーン、ルイス／Kahn, Louis ………………………… 263, 279

カイリー、ダン（ダニエル）／Kiley, Dan(Daniel) U. …… 25〜29, 49, 49, 62, 92, 220, 221, 222, 229, 247, 257〜292, 302 , *1-8*, *1-9*, *1-10*, *1-11*, *1-12*, *1-13*

カネール＝クラス、ジーン／Canneel-Claes, Jean ……… 102, 119

カルダー、アレクサンダー／Calder, Alexander ………… 122, 152.

カルドウェル、アルフレッド／Caldwell, Alfred ………… 276, *7-16*

ガルニエ、トニー／Garnier, Tony ……………………… 92, 108

カンディンスキー、ワシリー／Kandinsky, Wassily …… 308, 315

ギーデオン、ジークフリード／Giedion. Sigfreid ……………… 16

キケロ、マルクス・トゥリウス／Cicerō, Mārcus Tullius …… 147

ギラード、アレクザンダー／Girard, Alexander ……………… 279

キンブル、テオドラ（ハバード&キンブル参照）

グーヴレキアン、ガブリエル／Guevrekian, Gabriel ……………
……………………… 82, 88, 92, 96, 110, 111, 136, *1-1*, *2-1*

クラウス、ロザリンド／Krauss, Rosalind …………………… 287

グリーン、ヘンリー&チャールズ／Greene, Henry&Charles ・158

グルエン、ヴィクター／Gruen, Victor ………………………… 238

グレベール、ジャック／Gréber, Jacques ………………… 96, 103

グロピウス、ワルター／Gropius, Walter Adolph Georg …………
…… 22, 42, 78, 99, 117, 122, 129, 131, 132, 138, 140, 198, 203, 226, 227, 263, 287, 290, 302

ケイン、パーシー・S／Cane, Percy S. …………………… 119, 136

ケント、ウィリアム／Kent, William …………………………… 128

コーテス、ウェルズ ……………………………………………… 147

コスタ、ルシオ／Costa, Lucio ………………………………… 38

コルヴィン、ブレンダ ／Colvin, Brenda ……………………… 45

ゴルキー、アーシル／Gorky, Arshile ………………………… 35

コルベット、マリオ／Corbett, Mario ………………………… 217

コワード、ノエル／Coward, Noel ……………………………… 69

サーリネン、エーロ／Saarinnen, Eero …………… 26, 173, 260, 263, 265, 267, 269, 274, 276, 277, 279, 287, 290, *4-10*, *7-8*, *7-13*, *7-14*, *7-15*, 273, *7-20*

サーリネン、エリエル／Saarinen, Eliel ……………………… 273

ササキ、ヒデオ／Sasaki, Hideo ……………………… 133, 239

ジェファーソン、トーマス／Jefferson, Thomas …… 198, 267, *7-8*

ジェリコー、ジェフリー／Jellicoe, Geoffrey …………………… 41

ジキル、ガートルード／Gertrude Jekyll ………… 52, 53, 61, 119

ジャンヌレ、シャルル＝エドゥアール（ル・コルビュジエ）／

編著者：

マーク・トライブ［Marc Treib］

カリフォルニア大学バークレー校建築学教授。デザイナーとしても活躍。建築、ランドスケープ、デザインに関する寄稿多数。

主な著書に、「Noguchi in Paris : The Unesco Garden (2003)」、「Thomas Church, Landscape Architect : Designing a Modern California Landscape (2004)」、「Settings and Stray Paths : Writings on Landscapes and Gardens(2005)」など多数。

訳著者：

三谷 徹［みたに・とおる］

一九六〇年静岡県生まれ。一九八七年ハーバード大学大学院ランドスケープアーキテクチュア修士修了。一九九二年東京大学博士(工学)取得。ピーター・ウォーカー&マーサ・シュワルツ事務所、ササキエンバイロメントデザインオフィス、滋賀県立大学を経て、現在、千葉大学助教授。オンサイト計画設計事務所とともに設計活動する。

主な作品に、「風の丘」(一九九七年)、「品川セントラルガーデン」(二〇〇三年)、「Honda和光ビルランドスケープ」(二〇〇五年)など。

主な著書に、「アースワークの地平：環境芸術から都市空間まで」(翻訳、一九九三年、鹿島出版会)、「風景を読む旅」(丸善)など。

モダンランドスケープアーキテクチュア

発行――二〇〇七年四月二十日　第一刷発行 ©
編著者――マーク・トライブ
訳著者――三谷 徹
発行者――鹿島光一
発行所――鹿島出版会
〒100-6006　東京都千代田区霞が関三―二―五　霞が関ビル六階
電話　〇三-五五一〇-五四〇〇　振替　〇〇一六〇-二-一八〇八八三

カバー・デザイン――工藤強勝
本文デザイン――辻 憲二（Brown Bunny）
本文レイアウト――シンクス
印刷――三美印刷
製本――牧製本

ISBN978-4-306-07257-2　C3052　Printed in Japan

本書の内容に関するご意見・ご感想は左記までお寄せください。
URL : http://www.kajima-publishing.co.jp　E-mail : info@kajima-publishing.co.jp